Cases of CNC
Machinery
Equipment

"数控一代"案例集
（焊接卷）

中国机械工程学会
中国机械工程学会焊接分会　编著

中国科学技术出版社
·北京·

图书在版编目（CIP）数据

"数控一代"案例集.焊接卷/中国机械工程学会，中国机械工程学会焊接分会编著．--北京：中国科学技术出版社，2023.11

ISBN 978-7-5046-8591-9

Ⅰ.①数… Ⅱ.①中… ②中… Ⅲ.①机械工业—数控技术—案例—中国 ②焊接—技术革新—案例—中国 Ⅳ.① F426.4 ② TG4

中国版本图书馆 CIP 数据核字（2021）第 119600 号

责任编辑	郭秋霞
版式设计	中文天地
责任校对	焦 宁
责任印制	马宇晨

出　　版	中国科学技术出版社
发　　行	中国科学技术出版社有限公司发行部
地　　址	北京市海淀区中关村南大街 16 号
邮　　编	100081
发行电话	010-62173865
传　　真	010-62173081
网　　址	http://www.cspbooks.com.cn

开　　本	787mm×1092mm 1/16
字　　数	385 千字
印　　张	18.25
版　　次	2023 年 11 月第 1 版
印　　次	2023 年 11 月第 1 次印刷
印　　刷	北京荣泰印刷有限公司
书　　号	ISBN 978-7-5046-8591-9 / TG·26
定　　价	159.00 元

（凡购买本社图书，如有缺页、倒页、脱页者，本社发行部负责调换）

编写组织机构

指导委员会

主　　任：宋天虎
副 主 任：冯吉才　田志凌　何　实
委　　员：陈　强　吴毅雄　薛正奎　王麟书　李宪政　李晓延
　　　　　荆洪阳　陈树君　罗　平　王　玲

编写委员会

主　　编：陈树君
副 主 编：李宪政　吴九澎　储继君　薛　龙
编　　委：（排名不分先后）

王再钦	王克鸿	王金涛	王　洋	王　悦	王绿原
孔　鑫	邓时累	龙伟民	曲　杰	朱品朝	华爱兵
邬　娜	刘黎明	刘照强	李铸国	李中权	李志岗
李志勇	李　芳	李荣东	李　洋	李恒敏	李　辉
杨战利	杨蔡雄	肖　珺	肖辉英	吴勇健	何艳兵
邹家生	宋　刚	张书生	张光先	张红卫	张　发
张春波	张林海	张善保	陈华斌	陈彦宾	陈根余
林永忠	林彦锋	林　涛	罗卫红	罗建坤	罗　震
赵衍华	郝云飞	侯怀礼	侯润石	秦　建	顾京君
徐　山	徐富家	高　飞	唐新华	陶　军	黄继强
曹东升	盖胜男	梁　武	蒋　凡	雷正龙	雷　振
鲍云杰	薛继超	魏占静			

总 序

实施"中国制造2025",加快我们国家从制造大国迈向制造强国,要以科技创新为主要驱动力,以加快新一代信息技术与制造业深度融合为主线,以推进智能制造为主攻方向。

智能制造——数字化网络化智能化制造是新一轮工业革命的核心技术,是世界各国全力争夺的技术制高点,为中国制造业结构优化和转变发展方式提供了历史性机遇,成为中国制造业"创新驱动、由大到强"的主攻方向。

制造业创新发展的内涵包括三个层面:一是产品创新;二是生产技术创新;三是产业模式创新。在这三个层面上,智能制造——数字化网络化智能化制造都是制造业创新发展的主要途径:第一,数字化网络化智能化是实现机械产品创新的共性使能技术,使机械产品向"数控一代"和"智能一代"发展,从根本上提高产品功能、性能和市场竞争力;第二,数字化网络化智能化也是生产技术创新的共性使能技术,将革命性地提升制造业的设计、生产和管理水平;第三,数字化网络化智能化还是产业模式创新的共性使能技术,将大大促进服务型制造业和生产性服务业的发展,深刻地变革制造业的生产模式和产业形态。

机械产品的数控化和智能化创新具有鲜明的特征、本质的规律,这种颠覆性共性使能技术可以普遍运用于各种机械产品创新,引起机械产品的全面升级换代,这也是"数控一代"和"智能一代"机械产品这样一个概念产生的缘由和根据。

2011年年初,18位院士联名提出了关于实施数控一代机械产品创新工程(简称"数控一代")的建议,中央领导同志高度重视、亲切关怀,科技部、工业和信息化部、中国工程院联合启动了数控一代机械产品创新应用示范工程，其战略目标是：在机械行业全面推广应用数控技术，在十年时间内，实现各行各业各类各种机械产品的全面创新，使中国的机械产品总体升级为"数控一代"，同时也为中国机械产品进一步升级为"智能一代"奠定基础。

四年来，全国工业战线的同志们团结奋斗，用产学研政协同创新，数控一代机械产品创新应用示范工程进步巨大、成就卓著，在全面推进智能制造这个主攻方向上取得了重大突破。

中国机械工程学会是实施数控一代机械产品创新应用示范工程的一支重要推动力量。四年来，学会发挥人才优势和组织优势，动员和组织学会系统包括各省区市机械工程学会和各专业分会的同志们广泛参与，着重于推动数控一代工程在各行业各区域各企业的立地和落实，为企业产品创新助力、为产业技术进步服务。在这个过程中，学会重视发现典型、总结经验，形成了《"数控一代"案例集》。

《"数控一代"案例集》总结了典型机械产品数控化创新的丰硕成果，展示了各行业各区域各企业实施创新驱动发展战略的宝贵经验，覆盖面广、代表性强，对于实现中国机械产品的全面创新升级有着重要的借鉴与促进作用。

衷心祝愿《"数控一代"案例集》持续推出、越办越好，助百花齐放、引万马奔腾，为数控一代机械产品创新应用示范工程的成功、为"中国制造2025"的胜利、为实现中国制造由大变强的历史跨越做出重要贡献。

周济

2015年4月

前 言

周济院士在总序中对"数控一代"和"智能一代"的内涵做了简明而深刻的阐释。在过去十年中,我国机械制造工业在"数控一代"上已经取得了丰硕的成果,并正在向"智能一代"迈进。焊接成形是机械制造领域的关键工艺,焊接制造是"制造强国建设"的重要组成部分。以"数字化、网络化、智能化"为核心驱动力,近十年来我国自主高端焊接装备技术水平大大提升,焊接制造模式也发生了"以机器替代人、以机器解放人"的转变,并且这种转变持续朝着更深的维度推进。《"数控一代"案例集(焊接卷)》的编写正是为了记录、展示这种提升和转变。

本书聚焦近十年来数字化、网络化、智能化焊接装备研发及应用方面典型的成功案例,分为焊接生产线、焊接工作站、特种焊接设备、焊接数字化管控、焊材生产制备五大模块进行展示,共收录案例35个,包含了供给侧的自主装备、产线集成、焊材生产等产业,覆盖了应用端的航空航天、交通运载、油气长输管线、工程钢结构等领域。

近年来,我国焊接制造产业的升级展现了以下特点。自主力量成为创新主体,国产品牌应用到众多细分领域,并向汽车制造、高铁制造等以外资品牌为主的行业拓展。高端全数字化焊接电源已成为创新主体,国产品牌占比越来越多,与国外产品的技术差距越来越小。我国自主焊材生产装备每年制造的焊接材料产量已超过世界总量的50%。国产机器人焊接工作站在船舶、盾构机和建筑钢结构等国家重大装备制造和重点设施建设中呈现蓬勃发展态势。具有完全自主知识产权的多种特种焊接装备服务我国航空、航天、国防领域，为我国重要重大工程和重点任务保驾护航！

  本书限于篇幅，必然不能全面收集"数控一代"焊接应用案例。本书编写的目的是要展示我国焊接产业升级的风貌和智能化提升的前景，但书中难免有所错漏或不当之处，还请广大读者积极指正。欢迎广大读者来稿提供新的案例内容，以便本书修订再版时予以收录。

《"数控一代"案例集（焊接卷）》编写委员会
2022 年 8 月 31 日

目录
CONTENTS

焊接生产线

案例 1 油气钢管优质高效预精焊关键技术与数控装备 / 1

案例 2 农机刀具金刚石耐磨钎涂自动化生产线 / 7

案例 3 汽车点焊机器人焊装线 / 17

案例 4 汽车白车身高节拍数字化柔性焊装生产线 / 23

案例 5 中重型桥壳焊接生产线的数字化与智能化 / 31

案例 6 汽车车身柔性焊装数字化工厂总集成 / 39

案例 7	榫头式标准节主弦杆数字化焊接生产线	/ 45
案例 8	铝合金模板自动化生产线	/ 51
案例 9	大排量摩托车架柔性智能生产线	/ 59

焊接工作站

案例 10	运载火箭贮箱智能焊接装备与工艺	/ 65
案例 11	建筑钢结构焊接机器人在北京新机场建设的应用	/ 71
案例 12	工程机械地面起重机伸臂激光电弧复合焊接成套技术与装备	/ 83
案例 13	自动扶梯桁架机器人焊接系统	/ 91
案例 14	激光自熔/填丝焊接工艺及装备的数字化控制	/ 99
案例 15	盾构机/TBM自动化焊接技术应用	/ 107
案例 16	船舶合拢管数字化制造技术与装备	/ 117

特种焊接设备

案例 17 中厚壁高强钢激光-电弧复合焊接技术与装备 / 125

案例 18 激光诱导电弧耦合焊接技术及数字化装备 / 133

案例 19 变极性等离子弧穿孔焊接数控技术与成果应用 / 141

案例 20 中厚板激光焊接技术与装备 / 149

案例 21 航天大型铝合金贮箱搅拌摩擦焊接技术及装备 / 159

案例 22 线性摩擦焊技术及装备 / 169

案例 23 飞机发动机盘轴转动部件惯性摩擦焊接技术与设备 / 179

焊接数字化管控

案例 24 专用车、煤机行业数字化焊接系统 / 189

案例 25 全数字控制伺服弧焊系统 / 199

案例 26　高精度焊接机器人的国产化　　　　　　　　　　/ 207

案例 27　数字技术在逆变电弧焊机中的应用　　　　　　/ 215

案例 28　用于中厚板拼接的智能埋弧机器人焊接系统　　/ 221

案例 29　长输管线焊接远程运维数字化、信息化管理系统　/ 231

案例 30　数字化焊装车间系统　　　　　　　　　　　　/ 237

焊材生产设备

案例 31　焊条制造的一体化升级　　　　　　　　　　　/ 243

案例 32　焊条制造的数字化转型升级　　　　　　　　　/ 251

案例 33　全流程自动化实心焊丝生产线　　　　　　　　/ 259

案例 34　药芯焊丝成套生产技术与数控装备　　　　　　/ 267

案例 35　烧结焊剂制造工艺创新与自动化数字化系统构建　/ 275

案例 1

油气钢管优质高效预精焊关键技术与数控装备

哈尔滨焊接研究院有限公司

哈尔滨焊接研究院有限公司经过近20年的持续研究与创新，取得重大突破，成功攻克大电流高速焊驼峰焊道难抑制、六弧共熔池多弧间交直流复杂场交互影响、19m高长径比（60:1）悬臂梁受电磁影响易振动等系列关键技术难题，研制出拥有自主知识产权的国际先进的高效预焊和优质多弧精焊系列成套装备（线），在国际竞标中牢牢占据国内市场，在世界级能源动脉工程建设中发挥着重要作用。

一、导语

油气长输管线动辄数千千米，穿越地区异常复杂，服役环境十分恶劣，须适应沙漠、湖泊、山区等各种复杂地质结构，耐受酷暑、霜冻等各类严峻气候条件（管网前端和后端温度差异巨大），穿越城市、乡镇等人口稠密地区，且干线管道内通常承载高压（西二线12MPa），输送介质易燃易爆。油气资源的安全输送不仅关系到国家能源安全，而且可能严重威胁管线穿越区居民的人身安全，因此高质量油气钢管制造是国家能源动脉工程规划和建设的前提和必备条件。钢管预精焊技术成功将钢管成形和最终焊接分开进行，摆脱成形机组对焊接过程产生的不利影响，焊接质量更加可靠；同时也摆脱了焊接速度对成形机组的束缚，在确保钢管质量前提下成倍提高钢管生产效率。

"西气东输"工程建设之前，钢管预精焊技术主要掌握在少数几家欧洲公司手中，我国在关键技术和核心装备方面均处于空白，陕京管线所需的高质量预精焊直缝钢管全部进口。2000年建预精焊制管生产线时，由于国外公司核心技术壁垒和绝对的定价权，致使引进国外预精焊制管装备不仅建设成本高昂、技术局限，而且后期维护十分困难，已经严重制约我国油气管线工程建设的健康发展，国产化研发势在必行。

哈尔滨焊接研究院有限公司（原哈尔滨焊接研究所）通过近20年的持续开拓与创新，在高效预焊和优质多弧精焊研究方面均取得重大突破。

二、关键技术创新

1. 油气钢管高效预焊技术

预焊是钢管在高速成形的同时进行的连续定位焊，其焊缝虽是工艺焊缝，但焊缝成形的好坏和焊接速度的高低会直接影响后序精焊工序，因此，高速条件下保持良好焊缝成形的连续可靠焊接方法成为高效预焊的基本条件。

（1）通过对高速焊接时电弧形态、熔滴过渡、外在条件影响等多重因素的系统研究，发现了粗丝超大电流焊接时熔滴后托旋转抛射独特过渡形式，揭示了熔池倾斜液面（电弧冲击力、后向流体力与熔池静压力的动态平衡点）与电弧中心间距影响焊缝成形的规律，指出任何促进动态平衡点移向电弧的因素，均有利于获得高速焊时的良好焊缝成形（图1）。基于此提出了深潜电弧工艺综合控制方法，成功解决了高速焊接时的驼峰焊道抑制难题，开发出6m/min高速MAG焊接工艺，实现了"一拖四"（1条预焊线、4条精焊线）不间断

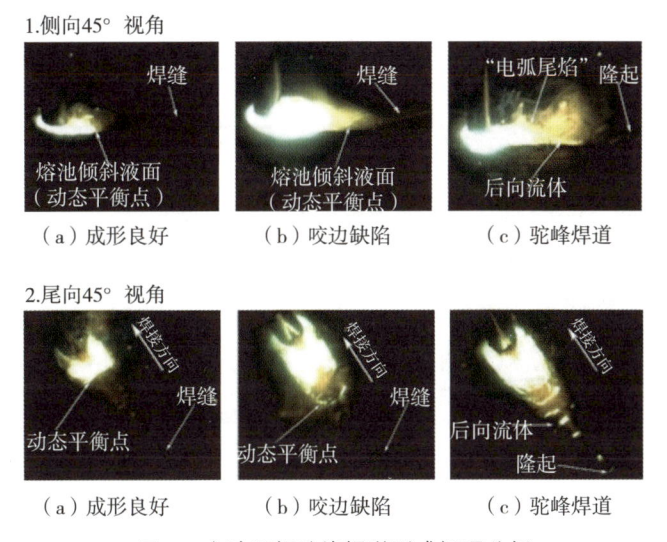

图 1 高速预焊驼峰焊道形成机理分析

的连续焊接。

（2）螺旋缝钢管预焊工序为连续焊接，机组连续工作时间越长，焊管的生产效率就越高，因此防粘渣焊枪的设计成为预焊生产效率提高的另一个关键环节。针对国外焊枪容易粘渣、连续焊接时间短，且清枪困难的行业共性难题，研究揭示异种材料晶格结构相似度与飞溅粘接喷嘴难易度之间的内在规律，发明了防飞溅黏附大电流 MAG 焊枪及狭窄空间原位快速清枪方法，不清枪连续焊接时间超 240 min（国外 40 min），狭窄空间焊枪清理时间 0.5 min（国外 15 min），实现了超长时不间断高速预焊（图 2）。

2. 油气钢管优质多弧精焊技术

图 2 防粘渣焊枪设计方案

精焊是确保钢管焊接质量的最核心工序，其焊缝为最终服役焊缝，其焊接质量的好坏会直接影响到钢管的品级，因此，高质量条件下多弧共熔池焊接技术和高可靠条件下的关键装备制造技术是高质多弧精焊的必备条件。

（1）多弧焊接时，异种电弧之间会产生复杂交互影响的电磁场，而且随着电弧数量的增加，电磁场的复杂程度和它们之间的相互影响关系会变得愈加复杂，单个电弧不再是孤立的因素，而是和其他电弧一起形成一个相互作用的整体，因此研究不同电弧之间的相互关系，破解它们之间的内在联系是获得稳定多弧焊接工艺的基础。通过研究各电弧之间的电磁力学关系以及 50 余项工艺参数之间的相互作用现象，揭示了多弧共熔池交直流复杂场交互影响规律，提出了非等距丝极排列方法与电流相位匹配原则，开发出六弧共熔池焊接工艺，确保了多弧共熔池精焊过程稳定性（图3）。

图3 六弧共熔池内/外单道焊

（2）多弧内焊时，受管径及管长限制，内焊悬臂梁必须设计为截面积小（200 mm × 300 mm）的细长（19000 mm）结构，其工况为单悬状态，而且悬臂梁前端装有多丝焊接机头、跟踪滑板、多根焊接线缆、焊剂斗等部件，是成套装备中核心承载部件，因此悬臂梁工作时的稳定性非常重要，会直接影响整个焊接过程的稳定性。内焊悬臂及其上布置的多根线缆在大电流焊接时，产生的交直流强磁场会引起钢管复杂交变磁化，在交变强磁场的交互作用下极易引起悬臂梁的机械振动，使稳定的焊接过程难以为继（图4）。

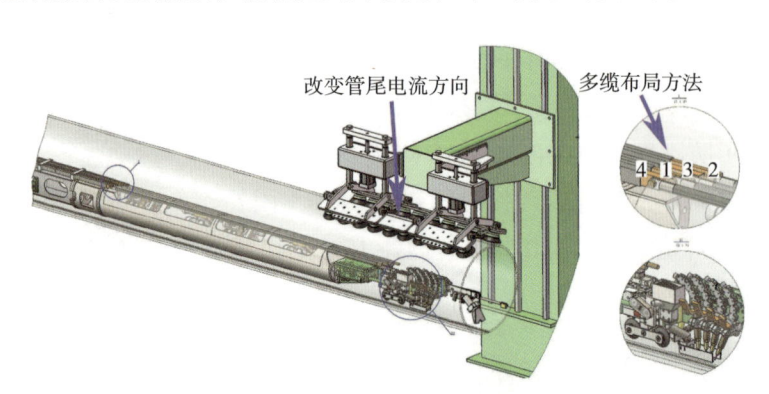

图4 多弧内焊防干扰控制技术

采用有限元计算及实物验证，揭示了细长悬臂应力分布规律，提出分级预变形设计方法，设计出变截面、预弯曲、等弯矩的新型内焊悬臂梁，提高了细长悬臂的结构稳定性；研究揭示了高长径比（60∶1）19 m长悬臂梁机械振动与交直流强磁之间的交互影响规律，提出了消减多弧交变磁场干扰的方法，降低了磁场对悬臂梁产生的不利影响，开发出直/螺旋缝焊管内焊机组成套装备，解决了多弧内焊时焊接设备的可靠性和焊接过程的稳定性问题。

（3）内焊机头是精焊设备的核心部件，受管径限制，如何在不牺牲自动跟踪、便捷调枪、视频监视等二十余项功能的基础上，设计出结构紧凑、功能齐全的多丝内焊机头成为最重要设计难题之一。发明了侧向力跟踪方法、冶金复合管内覆层带极电渣焊机头及焊接方法，并创新优选回中柱外调、滑块中移、枪缆上部迂回、焊丝渐进弯曲导向等设计方法，并通过三维再现优化布局，成功研制出结构紧凑、功能齐全的系列内焊机头，满足焊管机组多规格直/螺旋缝钢管的焊接要求，并确保冶金复合管等特殊钢管产品的生产能力。

（4）发明了螺旋钢管异位姿多螺距内外同步埋弧精焊方法，采用可预设的螺距倍数调控外焊时的管体温度，显著提升接头冲击韧性等性能指标；构建了焊缝-焊接机头和焊接机头-螺旋驱动双闭环反馈控制系统，解决了高速多弧焊接精准对中问题；研制出直缝及螺旋缝钢管预精焊系列成套装备，实现了油气钢管多弧优质精焊。

3. 钢管预精焊装备数控系统

基于PLC构建了多传感信息交互、多位置自动判别、主驱动自适应调节、焊接和控制参数焊前数字预置、过程数字调整和焊后全程追溯的整线数控系统。通过直线上料、螺旋传送、精准定位、内外起弧、顺序熄弧、成品送出等30多项传感信息的提取与融合，并在精控数字焊接系统、主驱动自适应闭环调节系统、激光跟踪系统等的基础上，成功开发出钢管精焊全过程"一键式"数字化操控系统（图5），实现了整线"无人值守"多弧精焊。同时数控系统还具有模拟运行、故障诊断、远程控制等系列功能，操作方便性、焊接可靠性和维护便捷性得到用户的广泛认可。

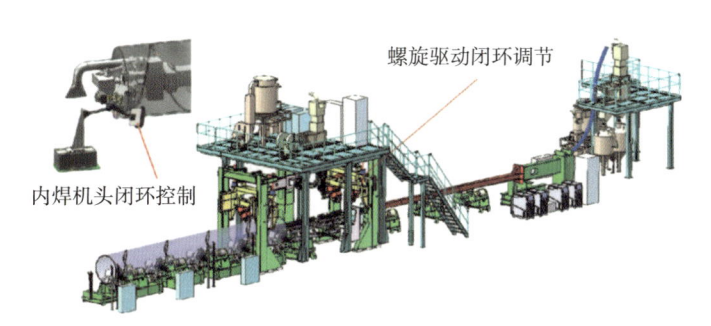

图5 一键式操控螺旋精焊机组

三、钢管预精焊数控装备的特点

哈尔滨焊接研究院有限公司自2000年开始进行钢管预精焊关键技术与焊接装备的研发工作，2003年研制出首条国产直缝钢管预精焊生产线、2009年研制出首条国产螺旋缝钢管预精焊生产线。除此之外，根据市场需求还相继开发出国内首套冶金复合管带极电渣焊数控装备、国内首套用于12 m长冶金复合管生产的热丝TIG数控装备和用于12 m长小口径钢管生

产的 φ219mm 数控埋弧内焊设备，使产品系更加丰富和完整。之后通过持续创新与突破，至今已发展至第四代高智化预精焊数控装备，装备性能达到国际同类产品的先进水平，具有下述特点：

（1）焊接系统数字化：构建了多焊接电源数字化焊接系统，实现所有焊接参数的焊前数字化预置、焊接过程中数字化精确调整和焊后的数字化全程追溯。

（2）控制系统精准化：通过 Devicenet 网络实现所有控制参数的数字化精准输入和调整，显著提高机组的操作方便性。

（3）钢管过程信息显示直观化：搭建精焊整线多位置传感探知系统，并将传感器采集的信息在控制系统中进行预处理，之后直观地将机组状态和钢管位置信息在控制界面上直观动画显示。

（4）操控系统智能化：利用激光跟踪采集的偏差信息，将滑板信息、机头位置信息、螺旋驱动姿态信息，导入建立的智控模型，构建双闭环自适应反馈控制系统，实现整线全过程"无人值守"智能化操控。

（5）节能设计绿色化：采用 IGBT 数字化焊接电源系统 + 整线大功耗单元的启停程序优化，相较传统机组节能 17%～30%。

四、主要成果与工业应用

哈尔滨焊接研究院有限公司围绕钢管预精焊关键技术与数控装备，开发出成组成套钢管预精焊数控焊接装备，发明了多项原创性技术成果，已授权国家专利 13 件（德国、俄罗斯各 1 件），公开发明专利 3 件（日本 1 件），初步形成对自主原创技术成果保护的专利集群。所研制的钢管预精焊数控焊接装备核心技术指标达到国际先进水平，部分技术指标优于国外，在与德国、意大利企业的国际竞标中不仅牢牢占据国内市场，而且在国际市场亦是连战连捷。目前，技术成果已在中石油、中石化等大型国企、上市民企及英国、意大利、哈萨克斯坦等 20 多家国内外骨干企业中获得良好应用。技术成果获得中国机械工业科学技术一等奖，引领行业发展。

装备生产能力覆盖了直缝钢管（管径 219～1422mm，壁厚 6.4～45mm）、螺旋缝钢管（559～1626mm，壁厚 6.4～25.6mm）和冶金复合管，各项指标均达到国际先进水平。

案例 2
农机刀具金刚石耐磨钎涂自动化生产线

郑州机械研究所有限公司　新型钎焊材料与技术国家重点实验室

针对农用机械刀具易磨损问题，而传统表面改性方法存在的工作效率低、操作环境差、生产成本高，通过信息化系统与智能装备的集成，应用虚拟制造仿真技术及工艺优化布局，结合自主研发的智能装备，首次开发了农机刀具金刚石耐磨钎涂自动化生产线，单套生产线产能达500万把/年，刀具寿命提升3.5倍以上。项目实现了钎涂农机刀具的绿色化、少人化、高效率生产，推动了农机刀具生产的升级改造和技术进步。

一、导语

农机刀具在使用过程中长期承受来自土壤中石英、长石、植物硅酸体及作物秸秆、杂草等的频繁冲击与磨损。石英、长石中的 SiO_2 以及植物茎秆中的硅酸体都是硬度极高的磨料，显微维氏硬度最高可达 HV1250。旋耕刀、深松铲、开沟器、犁铧等农机刀具在与这些硬质颗粒接触的过程中极易因磨粒磨损而失效。据不完全统计，80% 以上的农机触土部件因磨粒磨损失效而报废。刀具在使用过程中，还受到土壤较大的冲击力，会造成刀体变形，甚至断裂而报废。

农机刀具的磨损不仅降低了作业质量，频繁换刀更会导致耕作进度延迟，极易错失最佳播种时机，而晚播一天将危及农作物 2% 的减产。农机刀具因磨损导致寿命不足问题日益凸显，已严重制约国内农用机械向智能农机转型升级。

项目面向消耗量巨大的农用刀具，以创新的金刚石钎涂技术提升农机刀具耐磨性，在农用机具延长作业寿命方面实现了颠覆性的创新，提升了农机作业效率。项目开发的国际首条农机刀具金刚石耐磨钎涂自动化生产线创新的将钎涂与热处理结合在了一起，降低了能源消耗，避免了重新加热带来的涂层性能下降问题，实现了钎涂农机刀具的 24 h 不停歇式生产，单线产能达到 500 万把/年。该生产线的开发摆脱了传统制造业高投入低产出、高排放低能效的粗放模式，助力高效、清洁、低碳、循环的绿色制造体系构建，环境效益显著，引领行业绿色化、智能化转型升级。

二、主要研究内容

1. 气保护钎涂材料及钎涂工艺开发

将金刚石钎焊涂层用于耐磨领域是金刚石研究及应用的新方向。金刚石与钎料合金形成牢固的冶金结合，是金刚石涂层发挥耐磨作用的先决条件。但项目执行期间尚无成熟的金刚石钎涂技术可借鉴，项目组针对金刚石钎涂技术缺失的问题，项目通过优化钎料合金成分、探明金刚石与钎料微区冶金机理、研究涂层性能变化的影响规律及刀具磨损特征，开发了多种适用于气保护钎涂的低成本复合钎涂材料。

传统的钎焊金刚石工具均是在真空条件下进行，生产效率低、生产成本高一直是金刚石工具的行业难题。针对此现状，项目组开发了气保护钎涂工艺，通过成本低、绿色无害的氨分解气进行金刚石的钎涂保护，实现了金刚石的非真空外场钎涂，打破了金刚石必须在真空下钎焊的行业定论，并实现了金刚石钎涂刀具的高效连续式生产，极大促进了耐磨农机刀具的生产转型升级。

2. 钎涂－热处理一体化工艺开发

农机刀具经表面钎涂金刚石涂层后，实现了农机刀具耐磨性能的成倍提升，但刀身基体经过钎涂热循环（低温－高温－低温）、热冲击（快速高温、快速低温），可能发生组织粗化、相转变、应力增加、微裂纹增多、元素渗入等变化，导致基体变软或变脆，使用时刀身易变形或断裂，降低了使用寿命。因此在钎涂之后需要进行热处理来恢复刀身的性能。但是钎涂后进行热处理会对钎涂层带来额外的高温热循环，极易导致涂层组织转变、金刚石烧损、金刚石界面结构破坏，甚至会造成涂层与基体结合强度下降等变化，降低涂层耐磨性。针对此问题项目组开发了钎涂－热处理一体化技术，利用钎涂的余热直接进行刀身的淬火处理，既保证了涂层的耐磨性能，又实现了刀身的性能恢复，同时省去了单独热处理的能源消耗。

3. 农机刀具金刚石耐磨钎涂自动化生产线开发与装备研制

（1）生产线整体方案设计。

项目综合前期开发的基础工艺数据，开发了农机刀具金刚石钎涂连续式生产线，通过信息化系统与智能装备的集成，应用虚拟制造仿真技术及工艺优化布局，结合自主研发的智能装备组建智能生产线，实现绿色化、少人化、高效率生产模式。

生产线围绕各生产工序进行了整体设计，采用流水线形式，通过机械夹具拆卸、自动回流，中间无须人员衔接。生产线预先设计制造出各模块单元，并设置数据通信接口，随后使用智能控制系统及应用软件，配合自主研发的夹具系统实现快速灵活变成、快速切换功能的柔性制造模式。具体模块单元包括（图1）：清洁抗疲劳单元、自动涂覆烘干单元、连续钎涂热处理单元、局部回火热处理单元、自动喷塑单元、自动包装码垛单元等。

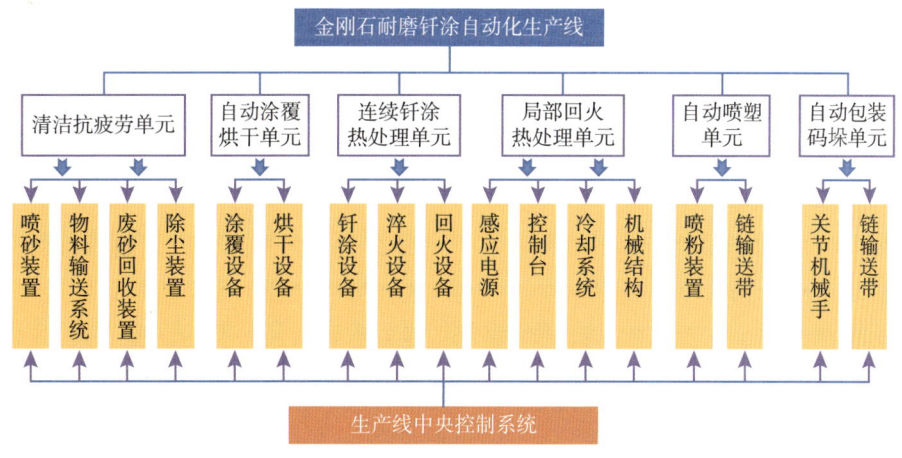

图1 金刚石钎涂连续式生产线组成

(2)清洁抗疲劳单元研制。

清洁抗疲劳单元用于刀体涂覆前的氧化皮去除和产品喷塑前的表面预处理。项目针对旋耕刀复杂多维结构，研发多维度定位喷砂/喷丸技术，实现旋耕刀多维无死角清洁抗疲劳处理；面向高效生产需求，研发物料自动传输系统；针对绿色生产需求，研发废砂回收技术，实现砂尘回收再利用；针对绿色环保需要，开发除尘装置，实现喷砂清洁式作业，最终集成自动清洁抗疲劳单元。

(3)自动涂覆–烘干单元。

自动涂覆–烘干单元用于钎涂前的复合钎料的预置及烘干。项目针对手工涂覆厚度不均匀、宜分层等现象，研发自流平刮刀均匀涂覆技术；针对涂层烘干气泡、分层开发均匀温度控制技术及装置；针对传统涂覆效率低、工序多、周期长、钎料易氧化等问题，研发连续式即时烘干技术及装置，最终集成实现连续式流延自动烘干涂膜生产单元，实现涂层均匀预置、无分层、烘干无发泡现象发生。

(4)连续式钎涂–热处理单元研制。

连续式钎涂–热处理单元用于刀体的钎涂、整体淬火及低温回火。涵盖钎涂–淬火–整体回火三大工序，具体功能区包括进料段、预热段、加热炉体、冷却段、出料段、淬火段、回火段、水路控制系统、电气控制系统及配套的氨分解炉、恒温水塔等。关键技术及装置包括温度控制技术及装置研发、余热回收装置研发和数字化操作系统研制。项目通过集成钎涂、淬火及回火于一体，通过开展自动钎涂、余热淬火、连续低温回火、均温调控、数字化控制等多种技术，开发相应装置，最终实现旋耕刀的高效优质钎涂制备。

(5)局部回火热处理单元。

局部回火热处理单元用于刀柄部位的中高温回火，由数字化感应焊机、高效感应器、定位装置、传送装置与控制系统组成。自动局部回火线由数字化IGBT串联/并联变频感应电源、操作控制台（工业触摸屏或工控机+西门子PLC）、感应加热装置、电容器柜、智能化控制系统、红外线测温仪及温度闭环控制系统、冷却系统、机械装置等组成，集成电力电子、机械、自动化控制、工业计算机、智能化技术、感应加热工艺等机电一体化技术，构成系统化解决方案，实现局部回火的连续快速稳定运行。

(6)自动喷塑单元。

自动喷塑单元用于最终产品的表面防腐。项目在表面防腐方面设计制造自动喷塑单元，利用电晕放电现象使粉末涂料吸附在工件，实现表面坚硬涂膜的制备。项目针对传统喷漆方法使用稀料、环境污染大、工作条件差等缺点，开发喷塑技术及装置研制、粉末回收与循环利用技术及装置，最终实现生产效率高、无毒害、外观质量优异、附着力及机械强度高的自动喷塑单元研制。

（7）自动包装码垛单元。

自动包装码垛单元用于最终旋耕刀具的包装及存储。自动包装码垛单元是集合了工业自动化技术、计算机应用技术、电子通信技术和工业机器人于一体的综合性高技术含量产品。本生产线的自动包装码垛单元由多关节机械手、链条输送带、自动控制系统及识别反馈系统等组成。自动控制系统控制多关节机械手将链条输送带上的旋耕刀具依次抓取下来，并通过多关节机械手配合识别反馈系统将旋耕刀具有序地摆放到箱子里，通过自动控制系统控制输箱链道将箱子有规律地集中到整理平台上，实现农机刀具的快速存储，以适应金刚石耐磨钎涂自动化生产线产能的需求。

（8）生产线全过程控制系统开发。

为实现刀具高效生产，项目开发了全过程控制系统。针对现有机械加工自动生产线监控方法主要存在监控目标系统性不足和集成性不够等问题，项目针对旋耕刀钎涂自动生产线开发生产控制中心（PCC）中央控制软硬件系统，并对其中多目标监控与管理系统的功能、关键技术、硬件结构、软件结构、网络化管理、分布式多服务存储等多个功能开展了大量的研发工作。

1）系统设备。该系统如图2所示，主要包括中央控制系统、数据采集设备和各显示终端，由数据输入输出终端、远程控制终端、中央服务器、中央控制柜、中央视频监视屏、系统备用电源、网络机柜及各模块单元组成。该系统设备采用分布式控制结构，由现场控

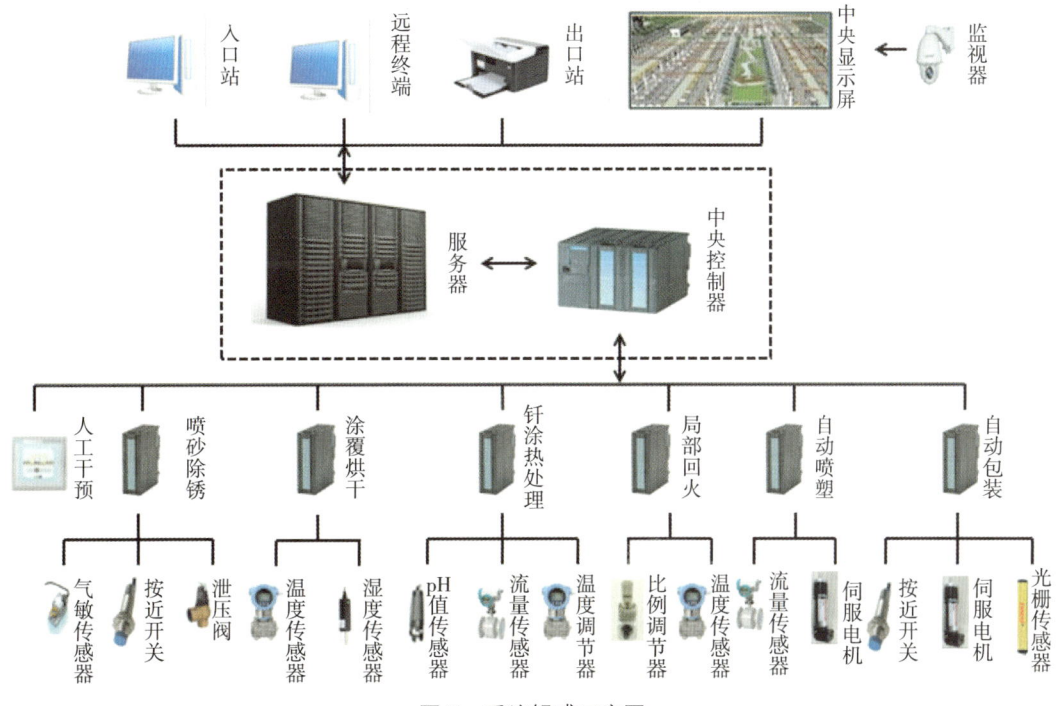

图2 系统组成示意图

制（主要包括各功能模块的控制和现场检测装置）和集中控制（主要含有服务器、操作员干预、监控中心和中央显示屏）两大部分组成。集中控制部分主要把设定的工艺参数与现场控制单元实现数据通信，同时各模块中的过程数据以数据通信的方式呈现在中央监视屏上；现场控制主要与传感器之间实现现场总线连接，承担对现场设备的控制和数据采集的任务。

2）数字化功能。该系统的数字化功能主要包括各功能模块之间的信息共享及数据传递的关系的分析与建立。各功能模块之间采用数据总线的方式通过中央控制器实现信息的共享；中央控制系统通过数据的分析对车间的现场生产运作进行检测，提供实时状态数据的查看，并可在中央显示屏上显示全过程控制系统的各个单元的生产活动。通过PCC中的手持终端输入各项参数实现对人员、设备和物料等制造资源的调度与监控，形成基于车间现场实时状态信息和可视化监控、智能化协同交互决策的新型业务管理模式（图3）。

3）关键智能测控部件。关键智能测控部件主要包括各类传感器（温度传感器、流量传感器、压力传感器和气敏传感器等）、执行机构（伺服电机、机械臂等）。温度传感器在涂覆烘干模块、喷塑模块、回火模块检测中通过对温度的采集来决定是加热或保温的状态，来控

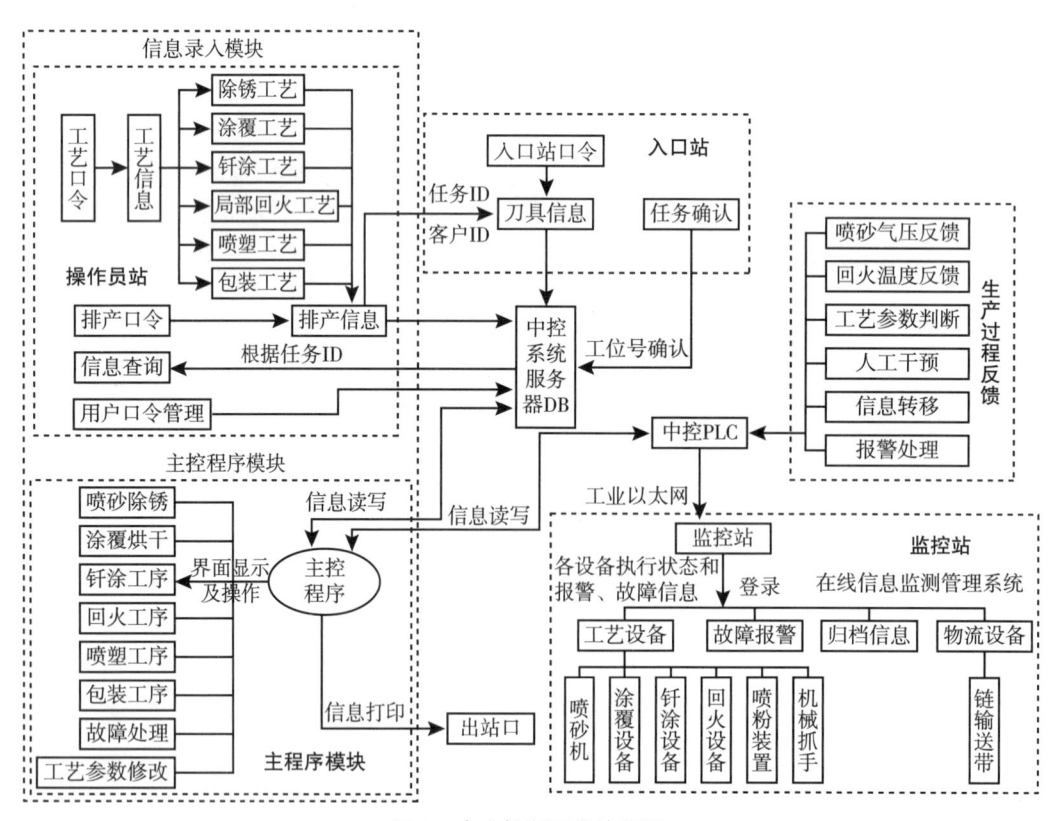

图3 中央控制系统流程图

制温度在一定的范围；流量传感器在喷砂除锈中保证喷射到工件表面的喷涂流量，使工件的外表面或形状发生变化。伺服控制系统通过对执行机构的数据信号采集来对运动进行反馈，以达到对执行机构的精确控制。该系统通过关键的智能测控部件实现了对生产过程的监控管理的功能，对旋耕刀自动化生产线的主要环节及相关的辅助环节的生产过程进行了实时的数据采集、传输、处理显示、记录打印，对旋耕刀的生产过程进行了远程的集中控制，同时实现了安全图像显示，确保了人员及设备的安全。

4. 农机刀具金刚石耐磨钎涂产业化与生产应用

项目根据具体的工艺流程和合理的物流路线进行了生产线的建设布局，并结合场地特点做到功能分区明晰，布局合理，管理方便，并符合国家和当地政府有关城市规划、环境保护、安全卫生、消防、节能、绿化等方面的规范和要求。项目团队协助河南豪丰农业装备有限公司建成了 800 m² 的农机刀具金刚石耐磨钎涂自动化生产线，并已进行产业化生产，单条生产线产能达 500 万把 / 年，生产线布局如图 4 所示，图 5 为最终的金刚石钎涂刀具产品。

图 4　金刚石钎涂生产线整体布局

项目以河南豪丰合作为契机，建立金刚石涂层刀具应用示范点，在整机（旋耕机）上进行了大田作业试验，综合考核了涂层刀具在旱地、水田，和不同秸秆类型、不同砂石含量的田间中的耐磨性、耐用度。经在东北、海南、河南等地试验后发现，生产的金刚石钎涂刀具单套刀具最大作业面积达 2000 亩以上，与现有市售刀具相比，涂层刀具耐磨性提高到 4 倍，刀具使用寿命提高到 3.5 倍，刀具性价比更优，具有显著的市场优势。

图 5　最终的金刚石钎涂刀具产品

三、创新点

（1）创新性的将金刚石作为耐磨增强颗粒用于农机刀具，作业寿命提高 3.5 倍。

传统旋耕刀采用热处理强化的方式提高刀具的耐磨性，刀具寿命提升空间有限，在传统刀具表面致密而牢固的钎涂一层含金刚石的涂层，耐磨性提升 4 倍以上，刀具的作业寿命可提高到传统刀具的 3.5 倍以上。

（2）采用钎涂工艺进行耐磨旋耕刀制备，实现绿色化生产。

传统农机刀具以热处理方式强化，作业环境恶劣；近年我国发展的堆焊和等离子熔敷表面耐磨增强技术，均采用电弧加热，温度高，作业过程中形成大量的粉尘和金属蒸汽，对环境和操作人员造成危害。项目开发的金刚石钎涂技术，钎涂材料不含挥发性组分，钎涂温度低，通过钎焊和热处理技术的系列创新，无烟尘和毒害排放，可实现农机刀具生产的绿色化升级。

（3）研制国际首条农机刀具钎涂自动化生产线，实现农机刀具高效生产。

传统农耕刀具的生产方式离散，生产模式粗放，刀具的使用寿命低，质量不稳定；本项目针对旋耕刀金刚石钎涂流程，设计开发清洁抗疲劳单元、自动涂覆－烘干单元、连续式钎涂－热处理单元、局部回火热处理单元、自动喷塑单元、自动包装码垛单元等，通过构建的控制系统，将各单元组成国际首条旋耕刀钎涂自动化生产线，实现旋耕刀钎涂流程化自动高效生产，且制造全过程数字化控制，生产过程工艺参数稳定可控，保证刀坯和钎涂层质量稳定性，一系列推动农机刀具制造的智能化制造转型。

四、经济效益、社会效益和环境效益

（1）经济效益。

项目增值效益显著，农耕机械作业 300 亩后需要花费半天时间更换易磨损零部件，农忙季节频繁换导致耕作进度大幅延迟，极易错失最佳播种时机，而每晚播一天农作物将减产2%；农耕机械钎涂处理后可连续作业1200亩以上，为抢墒播种争取1~2天时间，实现农作物增产5%~8%。

（2）社会效益。

生产线的成功建立提升了国内在智能农机优势产业核心易磨损部件使用寿命短的技术难题，突破传统磨损部件频繁更换、被迫停产耗资巨大的技术瓶颈，提高我国农业机械的核心技术水平，促进新产品、新工艺、新技术的开发，提高易磨损核心部件的质量稳定性和使用的可靠性。项目成果的推广应用及产业化可促进我国在耐磨领域的技术进步，打破高端磨损部件依靠进口设备和材料窘境，提升我国在耐磨延寿领域的国际竞争力。

（3）环境效益。

项目实施后能够显著降低智能农机的磨损部件用量，降低钢材消耗，摆脱传统制造业高投入低产出、高排放低能效的粗放模式。项目开发的绿色连续式钎涂装备，相比传统堆焊、喷涂等表面改性方式，能够显著提升作业效率，并且在作业过程能够实现无烟、无粉尘排放，显著改善作业者工作环境，减少向大气中的污染排放。项目成果具备节材、减排、降耗、提质、增效绿色制造特征，助力高效、清洁、低碳、循环的绿色制造体系构建，环境效益显著，引领行业绿色转型升级。

五、主要成果及展望

项目已申请发明型专利十余项，并将针对多品种、多尺度、多材料种类逐步建立柔性式自动金刚石钎涂生产线，将农机刀具金刚石耐磨钎涂自动化生产线推广至全国应用。

项目将金刚石作为硬质颗粒通过钎涂制备在旋耕刀表面，通过开发的金刚石耐磨钎涂自动化生产线，实现了旋耕刀的耐磨延寿。该技术开辟了金刚石应用的全新领域，属于国内外首创技术。项目技术在农耕机具、示范应用并推广后，年新增产值可达数十亿元，同时该生产线及技术还可推广至盾构装备、煤机、矿山机械、勘探、轮机等装备延寿，经济效益潜力极其巨大。项目成果的推广应用及产业化可促进我国在耐磨领域的技术进步，打破高端磨损部件依靠进口设备和材料窘境，提升我国在耐磨延寿领域的国际竞争力。项目成果具备节材、减排、降耗、提质、增效绿色制造特征，助力高效、清洁、低碳、循环的绿色制造体系构建，环境效益显著，引领行业绿色转型升级。

金刚石耐磨钎涂自动化生产线在全国推广可多方向拉长国内战略产业链，有效解决国内金刚石产业发展遭遇瓶颈的窘境，拓展金刚石应用范围，化解产能问题，直接消化国内金刚石总产量的1/3以上。

案例 3
汽车点焊机器人焊装线

沈阳新松机器人自动化股份有限公司

针对国产机器人在汽车工业高端市场焊装生产线占有率较低的情况,沈阳新松机器人自动化股份有限公司建立国内首条白车身焊接自动化生产线,将规模化高性能国产工业机器人用于国产汽车制造业,以提升生产效率并优化焊接质量,运行可靠性和稳定性达到国际先进水平,提升了我国工业机器人在汽车高端行业的市场占有率和全球市场竞争力。

一、导语

国内合资汽车品牌自动化程度基本达到了 90% 以上，机器人普及率高，但多数依赖于进口设备；我国民族汽车品牌在汽车制造新技术、新装备应用上相对落后，无疑是一个短板。但历史和环境因素导致了汽车领域的用户对中国机器人的技术发展不了解，对设备的认知度、信任度等存有疑虑，阻碍了中国机器人在汽车领域发展。

针对我国自主品牌汽车制造对机器人自动化焊装生产线的迫切需求，沈阳新松机器人自动化股份有限公司（以下简称新松公司）采用国产装备新松机器人助力汽车智能制造，从工厂整体为用户规划并验证实现包括车身输送和升降系统在内的高精度高速成型智能焊装生产线。全线投入国产工业机器人，配合柔性化生产线，攻克复杂工况下的国产机器人高端智能控制系统，实现汽车发动机舱、下车身、主车身等的自动化生产；实现数据联网与大数据应用，对产线运行、焊接质量等数据进行收集、监控与分析，达到了智能化制造与管理。

二、案例详述

项目中智能焊装生产线主要实现发动机舱总成、前地板总成、后地板总成以及下车身合身。核心设备包括：国产工业机器人、焊机与焊钳设备、工装夹具、车身输送系统、外部十字滑台系统、控制系统、信息化生产系统、安全防护系统等。由新松公司提供并负责系统总体方案与实施。由于白车身所涉及的零件多、工艺复杂且设备类型繁多，因此车身规划对产线中设备选择、焊接工艺、装焊夹具以及质量控制等方面都有较高的要求。本项目从点焊机器人与机器人系统规模化集成上都进行了技术创新及实践，并取得了一系列成果。

1. 点焊机器人系统

复杂工况下的高端智能控制系统，核心技术一直被国外垄断，为了满足汽车生产作业中的特殊性要求，新松工业机器人在性能上进行了全面提升。

（1）掌握核心的气动点焊及伺服点焊技术，实现机器人一体化焊钳。

（2）外部 TCP 技术。通常机器人 TCP 是指跟随机器人本体一起运动的工具坐标系，但是对于机器人夹持工件需要到点焊专机或涂胶专机上进行工作的工位，往往需要将 TCP 定义为机器人本体以外的工具上，坐标系由用户自己定义，增加了机器人工作的柔性，减少了示教及作业时间。

（3）立体干涉区保护。干涉区是指在机器人周边构建一个虚拟的作业保护区域。通过两点确定立方体三维空间而形成的立体干涉区（图1），可以实现单工位上多台机器人工作时的避让，对于作业空间狭小的点焊生产线中作用尤为突出，它能够保护多台机器人工作时无干预，作业范围无干涉，避免发生机器人间的碰撞。

（4）碰撞保护。碰撞保护是机器人安全检测功能的一部分，机器人在遇到一定外力的情况下，通

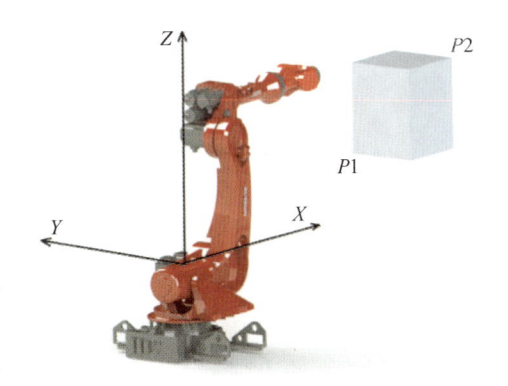

图1　机器人立体干涉区示意图

过算法实时读取电流或反馈的力矩实现碰撞检测，控制机器人当前动作，及时启动自身安全性保护，在点焊作业中，考虑到多数采用200 kg或以上级机器人加机器人焊钳的实际情况，项目中工业机器人在所有模式下都具备碰撞保护功能。通过软件命令能调整预先定义的有效载荷，并由程序控制的灵敏度参数，旨在防止对机器人、机器人末端执行器及机器人运动轨迹内其他设备的破坏。机器人碰撞保护功能密切关乎着使用者和机器人的安全，同时也从某种程度上提高了机器人的耐用度。

（5）工具快换机构。210 kg机器人是汽车制造业使用频率最高的工业机器人产品，应用涉及关于点焊、搬运、涂胶、检测等多种应用，因此通用化与高柔性成了机器人的主要要求之一。项目中工具快换机构采用高强碳钢或铝合金材质，并做防锈处理，在水平和垂直方向都能进行工具的放置，通过接近开关能够直接检测锁紧系统的活塞位置显示锁紧与松开状态。新松机器人工具自动更换技术方面在汽车制造业中已成熟应用，有效提高工业机器人作业时的灵活性与使用效率，实现焊钳、夹具、胶枪等末端工具之间实现灵活的快速切换。

（6）连续轨迹控制。每辆汽车的车身上约有4000～5000个焊点。对于一些非直线运动类的焊点轨迹，如果在执行时对位移及速度同时连续进行相关控制，可提升机器人的轨迹精度及工作效率。连续规划在机器人控制中具有重要地位。新松现已实现连续轨迹过程中对单个焊点之间的切换，对于复杂的干涉区域开启连续轨迹单点切换功能可提升机器人操作的安全性。

（7）高柔管线包。由于机器人点焊工作时的复杂姿态与快速作业，一般都会增加专业的点焊管线包，将水、电、气的保护管路集中到一起进行设计及安装，采用高柔线缆，外观整洁、方便维护，项目中管线包具备弹性回拉机构，减少焊接管线对焊接空间的占用，最大限度地避免点焊管路的磨损，延长管路的使用寿命。

（8）外部轴联动。新松工业机器人支持12轴联动功能，对伺服焊钳、机器人滑台等外部设备实现集中控制，方便操作及调试。

（9）点焊工艺软件包。针对点焊作业中的工艺要求，专业的点焊机器人需要具备焊钳加

压、焊接、电极修磨、焊钳参数设定等功能。经过多年的汽车制造业应用经验，新松机器人与焊钳控制器之间深度融合，在焊接过程中掌握焊钳行程、压力等标定技术，电极帽修复技术，并拥有多种补偿技术与压力控制技术，大幅提升焊点质量，有效保证了机器人的在线稳定运行。

（10）基于CAM技术的路径仿真。对于汽车车身内部的某些狭小空间作业，人工很难进入实施示教工作，距离较近的工位之间又经常发生干涉。以发动机舱焊接为例。发动机舱曲面多，结构复杂，手臂穿过缝隙时，余量只有10 mm。工业机器人的离线编程与在线模拟可采用仿真的方式解决这类示教难度大、轨迹复杂一类特殊工位的现场操作，通过使用RobotCad软件对机器人路径进行可达性验证，在仿真的过程中不断修改达到最优路径，节省调试时间，提高作业节拍，保证了高精度作业，实现车身焊接中复杂轨迹的优化与效率的优化。

2. 车身往复杆输送系统

车身输送系统的作用是实现车身各总成的工序间输送，是焊装生产线上常用的输送方式之一（图2）。项目中车身输送设备采用往复杆输送方式。往复杆输送距离精度0.5 mm，提升距离0.5~0.7 m，提升总重量1~1.5 t，设计达到行业高标准。往复杆输送位于夹具平台上，包括升降机构、同步机构、往复杆、定位机构、安全结构、电控系统等，整体机构中采用高柔性、耐疲劳、抗弯曲电缆。往复杆及升降机均采用电驱变频调速，可根据需要设定各部分速度，满足当前焊装线输送的高节拍要求，能够实现同步升降，并具有较高的输送定位精度，降低车间噪音，同时配备行程锁紧装置，提升整个系统的安全性。

图2 车身输送系统

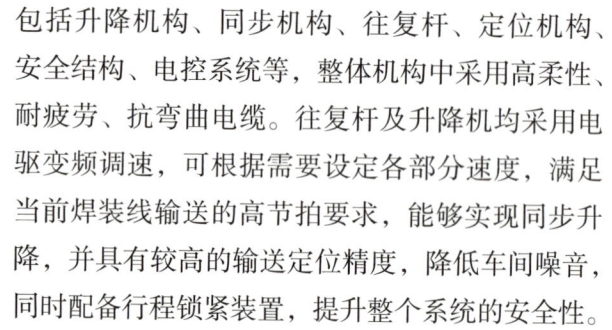

3. 柔性驱动输送系统（FDS）

作为汽车工厂的新一代机械化输送设备（图3），有效利用空间资源，项目中在下车身合车工位上率先使用了空中行走系统（即摩擦式传动输送线FDS系统），由轨道、车组、摩擦驱动装置、定位装置、制动装置、电控系统、吊具等部件组成，通过一个个的空中驱动站的完成工件的传递和输送，项目中的发动机舱通过空中FDS输送到位，机器人在空中抓取工件并放置到位，最终实

图3 FDS输送系统

现下车身部件的定位焊合。FDS 输送系统减少了人工工作强度，柔性好、减少了工作环境中的机械噪音、输送量大、输送距离长、对线路适应性强、总成时定位精度高，经济环保。

4. 基于环岛模式的防火墙焊装线

汽车防火墙作为发动机舱的关键组成部分，焊装时需要人工辅助进行上下料。为了提高焊接质量及产能，在防火墙焊装环节采用了环岛模式布局。汽车焊装生产线中的各个工作站并不是个体，而是相互连接、相互牵制的群体，对比传统的直线布局而言，项目中采用了基于环岛模式的作业生产，结构紧凑，节省空间，缩短人工上下件时间，减少设备在线等候时间，有效提高生产效率与设备利用率（图4）。

图 4　基于环岛模式的焊装线

5. 基于规划系统的数字化工厂模型

项目中采用先进的数字化工厂技术软件进行工艺规划与工艺仿真，以产品全生命周期的相关数据为基础，在虚拟环境中对整个生产过程进行仿真、评估和优化。通过将制造信息模型与工艺过程模型的无缝集成，实现了白车身焊装生产线的计算机辅助工艺规划。具体实施在进行柔性生产线设计时，通过导入车型，以 Process Designer 为平台，对生产线上所有涉及的安装调试资源进行三维建模仿真分析，资源包括：工装、机器人设备、焊接设备、电控柜、钢结构、输送设备等。并对整个自动化生产线做整体仿真工作，确保自动生产线工艺可行，焊点无不可达情况。通过创建制造信息模型和工艺过程模型，实现对白车身焊装生产线的生产信息管理和工艺过程规划，构建了白车身焊装生产线工艺快速、高效、准确的规划系统，缩短工艺规划时间，提高工艺规划的准确性。

6. 模块化十字滑台系统

十字滑台系统是汽车生产中被广泛使用的辅助设备之一（图5），通常采用模块化设计，易于安装及维护。它可以灵活快速切换机器人作业方向，实现机器人的准确定位及精密作业，本项目是将新松机器人与十字滑台系统在汽车生产中首次融合到一起。十字滑台系统中的 XY 轴滑台有效行程均达到 10 m，实现长距

图 5　模块化十字滑台系统

离运作，速度可调至最大1 m/s，2 t的负载能力可以使其配合大负载机器人进行快速移栽，整体作业效率得到了大幅改善。

7. 激光在线检测系统

在主车身合车完毕后，为了保证车身质量，使用激光探头对车身尺寸、关键位置及关键轮廓进行非接触式激光测量，系统采用Vector平台开发，每车检测100～110特征点，通过对比合格数据发现质量问题及缺陷，及时进行解决及修复。在线检测系统的使用便于用户对生产过程的工艺状态实时掌握，对产品质量实现理想的质量控制。同时通过信息化控制中心可以查看到每台车的质量状态。

8. 信息化生产系统

信息化规划是汽车智能制造神经系统，项目中搭载了生产线信息化管理系统ANDON来实现车间的基础管理。通过对大数据的把控，可以实时监控记录产线及生产设备的运行状态，及时、准确、自动地采集生产线上车身产量、质量及设备的状态、能耗等信息。从计划排产、生产监控、生产追溯、工艺管理、质量管理、设备管理、整体运营等方面进行综合分析，能够对生产过程及时反应、报告，并用当前的准确数据对它们进行指导和处理，自动选择最优解决方案，从而构建一个具有高度灵活性、个性化、利用最少资源进行最高效率生产的工业生产体系，实现生产过程的可视化与透明化管理。

三、应用效果和效益分析

满足华晨汽车某车型的产品工艺与节拍要求，保证加工精度，优化焊接质量，生产线小时产能34JPH，设备开动率95%，自动化率达75%，这间智能工厂已经正式投产，每105 s就会有一辆汽车下线。

从长远上讲，机器人智能制造给我国的汽车制造业带来了巨大的变革，并显现出巨大的经济效益和社会效益。

可以为企业实现每年12万辆车的制造产能，机器人焊接带来的车身质量的提升加上信息化管理系统的引入降低了质量控制的管理成本；布局合理紧凑，节省空间及占地成本；减少了用工成本，改善了人工作业强度及工作环境，并间接提高了员工的能力及综合素质。从社会效益上讲，汽车制造中程式化的生产模式提高了资源利用率，提升国产汽车的产业竞争力，影响及推动了我国其他车企的健康发展；国产化装备在高端车企的批量应用推动了我国智能装备创新发展，为企业树立了优质的品牌形象以及示范效应；且促进了地方经济的发展。

案例 4
汽车白车身高节拍数字化柔性焊装生产线

广州瑞松智能科技股份有限公司

广州瑞松智能科技股份有限公司依托于数字化技术，结合在汽车白车身焊装生产线的设计和系统集成制造经验，形成 NC 柔性单元、高速输送机构、焊接工艺数据库专家系统、虚拟仿真与调试、数字化集成控制系统等关键技术，研制出可实现 8 种以上车型共线生产、10 秒内完成车型切换和定位、43 秒／台（70 JPH）的多车型、高节拍柔性焊装生产线，提高汽车白车身制造技术水平，促进我国汽车制造业数字化技术发展。

一、导语

随着汽车工业的快速发展，汽车制造业正向高效率、高柔性的方向发展，对新车型的开发周期和成本等提出了新的技术要求和挑战。工业化与信息化的深度融合为汽车制造业由传统制造业向数字化、智能化制造的快速转型升级提供了有效契机。

广州瑞松智能科技股份有限公司立足于数字化技术和高端智能装备研发和制造方面的技术储备，着力为汽车制造业提供焊装数字化生产线。通过开发NC柔性单元、高速输送机构、焊接工艺数据库专家系统、虚拟仿真与调试、数字化集成控制系统等核心技术，实现了98%以上设备稼动率、43秒/台（70 JPH）高节拍、8种以上车型高速切换的高效柔性生产工艺，达到了同样占地面积的情况下，设备使用率高，单位时间内获得更高产出的效果，在相等投入的情况下，得到了比以往更高的产出。

二、汽车白车身数字化柔性焊装生产线

1. 数字化柔性焊装生产线设计理念

汽车白车身焊装生产线技术近几十年得到了飞速发展，由最初的简单、单一产品制造技术逐步发展为适应多车型、柔性的数字化生产线技术（图1）。数字化焊装生产线就是通过对白车身焊装工艺从概念设计到对工装、焊接工艺以及机器人等数字化建模与虚拟调试、评估和优化，从而满足焊装需求的系统集成设备。其主要有：

（1）设计与调试。从工装、焊接、电气等进行各个环节3D模型设计和仿真，并开展设备联动调试等。

（2）管理。利用先进的自动化控制以及网络化技术，结合MES等生产执行平台，对焊装生产线实现信息化管理。

（3）制造。通过在线监测设备的状态，并与关联数据库比对分析，从而实现对产品质量的智能评估。对于焊装缺陷或系统异常报警，形成可追溯的质量信息报告，以持续优化生产制造技术。

随着虚拟设计和虚拟制造技术的不断发展，数字化焊装生产线的基本理念已在白车身制造领域得到广泛应用，促进了汽车白车身的制造技术的快速发展。

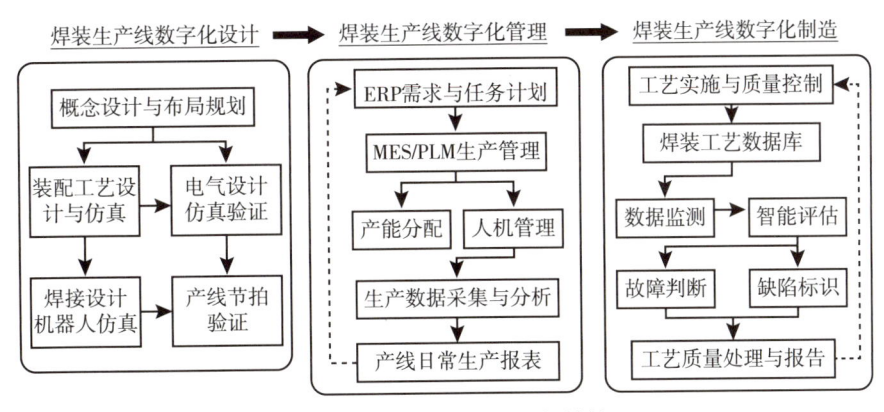

图 1 数字化焊装生产线逻辑结构图

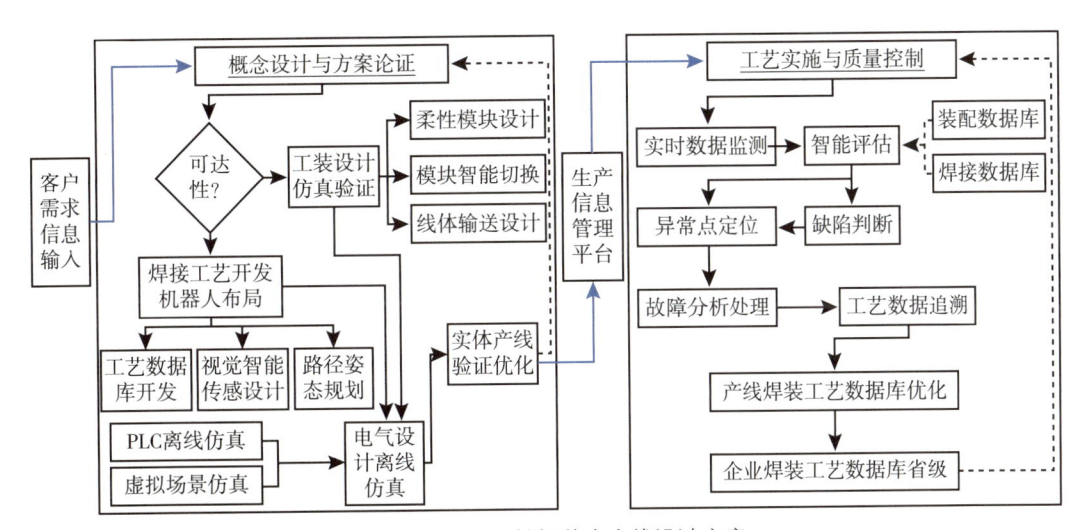

2. 数字化柔性焊装生产线设计方案

汽车白车身柔性焊装生产线的研制包含软件和硬件两部分。图 2 为柔性焊装生产线设计方案。首先以客户技术需求为导向，将"可达性"作为评判准则，开展产线概念设计和初步方案的论证，随后进行产线的工装等硬件部分设计和工艺开发。然后通过开展数字化集成控制系统的开发，实现对线体各个单元的运行状态的监测与控制，实现产品的质量控制。将线体的运行状态等数据信息同步以太网传输至生产信息管理平台，实现数字化管理。

图 2 数字化柔性焊装生产线设计方案

3. 数字化柔性焊装生产线设计

线体的设计可细分为工装设计与仿真、焊接工艺开发与机器人布局、电气设计与离线仿真三个模块设计与验证。

（1）工装设计与仿真。

工装可靠性设计和灵活结构是生产线高效稳定生产的基础。在生产线设计中，不仅对生产线每个部分进行可靠性分析和结构优化，同时还采用国内先进的、企业自主开发的 NC 柔性单元和高速往复杆输送机构等关键技术。其中所开发的 NC 柔性单元能有效实现多模块组合，相比于传统的"一个机构一个基准"的多车型切换定位机构形式，能有效解决夹具干涉、可切换车型少、新车型导入改造量大且成本高昂的技术劣势。在多个项目中将 NC 柔性单元与高速往复杆输送机构组合研制了一种"零搬送"模式（即工件始终保持在焊接作业状态）的车身柔性搬运定位机构，大大地缩短了工件的搬运时间。同时，以 NC 柔性单元为载体，搭载多种传感技术，从而形成能自动搜索、识别被切换体位置的无驱动柔性智能切换装置，让多种车型共线共设备的高效生产成为可能。

（2）工艺开发与机器人布局。

可靠的工艺是高质量产品的保证。一方面选择并优化产品具体工艺参数，另一方面检测和优化产品生产过程。

焊接工艺数据库：基于项目高效优质焊接的实施需要，开发具有焊接方法选择、工艺参数选择、原因诊断三大功能的工艺数据库。整个系统分人机接口、数据查询、结果输出和原因分析四个模块。前期将项目中的焊接方法、电流等关键参数储存于数据库内，建立各焊接数据间的逻辑关联性，并采用设定的理想模型，根据制造过程中的监测数据，进行工艺质量分析和数据优化。

视觉智能检测传感技术：项目中利用集成在机器人拾取端 2D 平面图像摄取和 3D 激光扫描技术，在机器人高速作业的过程中捕捉图像信息，根据同一被测特征点所对应的图像视差来计算深度信息等。随后利用在智能系统中设定的计算模型分析图像数据和计算偏差值，使机器人能根据实时情况进行运动调节，真正实现生产智能化。

机器人焊接路径规划与仿真：对白车身等零部件 3D 模型进行工序规划和仿真，主要步骤为：模型导入→机器人设定→焊点设定→路径规划→定义轨迹焊枪状态→冲突检测→离线编程→校准。通过仿真分析机器人的姿态和路径数据，评估机器人是否能满足实际生产线效率和可靠性需求。

（3）电气设计与离线仿真。

基于前期焊装工序的具体化设计，进行电气部分的硬件配置和控制程序设计。生产线中各台集成安全型 PLC 之间通过以太网通信来实现点定与补焊之间的信息共享与互锁，系统采用现场总线控制，并就项目中具体产品进行离线仿真和场景虚拟调试。具体实施为：导入生产线控制程序→程序完备性检验→设备联动调试→可达性和干涉验证→节拍优化。通过采用数字化控制和仿真技术，有效发现并解决各工位潜在问题点，进行各工位运动机构的轨迹和程序优化，使各工位工作任务平衡，实现生产线离线编程和节拍优化，有效节省了 30% 以上的生产现场编程及调试周期。

4. 柔性焊装生产线制造实施

项目实施中将伺服控制、总线阀岛、智能识别、RFID、传感单元、PLC、分布式远程I/O 处理、PC 远程控制、驱控一体模块化、多站式同步监控等技术集成为生产线控制系统。生产线的集成控制系统中各个实时执行和数据检测环节信息通过以太网连接模块与客户端上位系统（MES 系统）连接。授权用户即可在网络可达的范围内将生产计划信息、制造数据传递至对应的智能设备控制单元中，实施生产。同时生产线中检测功能将焊机状态、机器人状态、焊接数据、生产线故障等监控数据实时传输至网络控制系统中，协助用户实现对生产线的集群式控制和人机交互应对故障等。

数字化柔性焊装生产线集成控制系统的控制可分为两部分。

（1）车身识别。

生产线循环前每个机器人工位对 RFID 载码体信息、PLC 传递的信息进行比对。当多个信息相互一致时，PLC 发送对应车型信息给机器人等设备，实现生产线运行。反之，则停止运行并报警。对车型信息无法获取时，则手动利用 HMI 写入载码体。不同生产线间的 RFID 载码体由 PLC 进行信息传递。

（2）设备监控与管理。

设备状态信息通过 HMI 的诊断界面进行反馈，以便对如传感器故障、运动受阻等过程故障及时反馈，缩短停机时间；部分项目生产线配置具有监控电脑功能的 HMI，以此即可通过电脑实时查阅控制程序等。通过 PLC 实现多生产线间连接，及时记录与反馈重点设备等信息。

生产线的工艺稳定性是产品质量的重要保证。生产线中控制系统对于工艺方面的主要执行功能有以下三项。

（1）焊装实时监控和智能检测判断。

利用电流电压传感、视觉检测等多种传融合传感技术，对设备的装配和焊接等状态进行数据采集。如基于前期各设备的生产工艺数据，实时对比现场关键尺寸对比，结合视觉检测系统评估外形轮廓特征，根据缺陷映射模型对不合格的工艺进行标识、报警和电流通断自动干预。利用压力传感、光电传感等，对比在线采集的数据和原始数据，对压力、尺寸或位置不符合模型设定范围的情况进行报警、记录。

（2）工艺数据处理与追溯。

根据设定工艺报警限值，确定设备工作状态。当焊装工艺参数或设备状态超过限值，则在 HMI 诊断界面上提示报警，同时启动保护机制，将实时工位故障状态、故障类型和发生时间存至存储单元，同步发向关联数据库。

通过对异常报警进行 RFID 载码体等历史数据追溯，锁定故障点，直至故障解决。根据在系统内设定故障数据整理周期,定期通过网络向合法用户或端点发送一定时间段内的故障类型、数量以及处理措施。

(3)工艺数据在线优化。

焊装生产线工艺数据优化:生产线对每个检测设备和测量点建立工艺数据档案,通过收集大量历史数据与设备和各测量点的经验数据,根据前期的焊装工艺数据库模型设定的范围,对其进行合格范围优化,优化各类型设备和生产线焊装工艺数据,更新数据模型。

企业焊装工艺数据集成优化:通过以太网、PLC等将各焊装生产线中基于各型号设备和关键区域的数据所建立的工艺数据模型联系起来,通过比对信息,优化工艺数据。

三、典型应用

图3为向广汽本田提供的白车身柔性焊装生产线,该项目实现了国内汽车白车身焊装生产线研发技术的新突破。

(a)车身补焊线 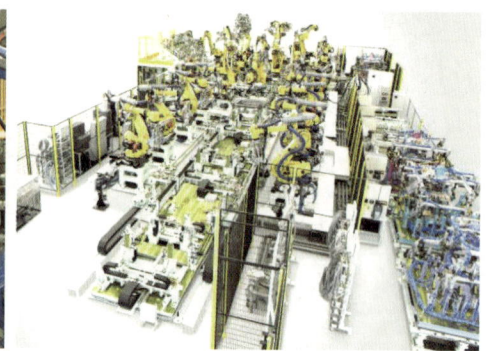　　　　　　(b)车身前地板

图3　应用于广汽本田的柔性焊装生产线

(1)通过NC柔性单元、高速传输机构等硬件以及数字化集成控制系统等软件的开发,在机器人和焊接设备的应用基础上,节拍达到了43秒/台(70 JPH),设备稼动率超过98%,实现了高效率、连续化、数控化的生产。

(2)通过数字化编程技术,实现多个NC柔性单元组合的多轴联动,达到8种以上车型高效柔性切换、车型间切换和定位小于10秒的先进工艺。

(3)基于焊接工艺专家系统和视觉智能识别技术,对线体内焊接质量实时监测,提高了焊接工艺质量稳定性。

四、主要成果

经过多年来的技术储备和应用,公司开发出 NC 柔性单元、高速输送机构、焊接工艺数据库专家系统、虚拟仿真与调试、数字化集成控制系统等核心技术,制定了企业标准 1 份,获授权发明专利 11 项,实用新型专利 6 项,软件著作权 2 项。数字化柔性焊装生产线已成功应用在广汽本田、广汽乘用车、广汽新能源和广汽三菱等 21 条地板生产线中,在产能上有优越的性能指标,被客户高度认可,高节拍的生产,实现了同样占地面积的情况下,设备使用率高,单位时间内获得更高产出的效果,在相等投入的情况下,得到了比以往更高的产出。

五、展望

在这个不断变化的时代中,人们对车型的追求也是日新月异,汽车制造的高灵活性、柔性化、定制化需求成为必然。大量的技术创新和数字化技术应用也在持续不断地推进汽车白车身焊装生产线朝着智能化、网络化方向发展。未来智能化焊装技术发展有两个方面。

(1) 积极开展工艺数据库的研发和应用。

焊装设备和结构件的差异性使得工艺数据库的开发较为艰难。成熟的数据库需要大量的工艺试验测试数据作为基础,方能结合工件和焊装设备特点建立相应的理论模型,因此工艺数据库还需具备一定的自我学习和优化工艺功能,而这一智能化功能的实现需持续不断的工艺研发。

(2) 开发智能机器人焊接装备。

智能化技术是保证焊接机器人获取高质量与生产效率的关键技术。如何正确识别焊接实时状态和质量评判是智能化焊接设备必须面对和攻克的问题。开发高精度和高效的传感技术是关键,利用合理模型以实现机器人自主学习和生产。

案例 5
中重型桥壳焊接生产线的数字化与智能化

唐山开元电器集团有限公司

2018年后，我国桥壳行业进入新一轮的发展时期，汽车需求量的持续增加将给行业带来巨大的发展机遇。唐山开元电器集团有限公司研制的中重型车桥焊接线由多个焊接机器人工作站和物流系统组成，以工业通信网络为基础、以装备国产化为核心的数字化车间，深化应用仿真与三维可视化平台，通过计算机虚拟仿真工具建立起虚拟制造车间，实现制造数据采集与设备互联互通。

一、导语

在新一轮科技革命和产业变革背景下，我国未来十年针对制造业的主要目标是由制造大国向制造强国转变。提高自主创新能力、资源利用效率、产业结构水平、信息化程度、质量效益等方面的水平，是我国制造业发展的艰巨任务。

2018年以来，车桥行业进入新一轮发展时期，载重汽车需求量持续增加给车桥行业带来巨大的发展机遇。伴随着汽车制造技术的发展，车桥焊接生产线的自动化、柔性化与智能化成为必然的发展趋势。

本文所述桥壳焊接生产线指的是冲压焊接桥壳生产线，冲焊桥壳的生产工艺和生产过程十分复杂，焊接环节只是整个车桥生产过程中的一部分，虽然只是一小部分，但也有着二十多道工序。在这一环节，多个零部件被拼焊成车桥的主体，车桥主体结构的稳定性和一些关键参数全由此环节决定，焊接环节的稳定与否直接影响后续机加工以及装配等环节的顺利进行。由于车桥的型号较多，且更新较快，每个车桥厂都存在着很多套焊接工装卡具和多套工艺卡片与多种桥壳的生产相对应。

在中国制造业快速发展的大环境下，近年来各车桥厂生产和管理水平的大幅度提升，ERP系统和MES系统的广泛引入，操作者个人素质和受教育水平大幅度提高，使智能化的机器人车桥焊接生产线得以广泛推广，传统的大量人工配合简单工装的手工焊接线已逐渐被机器人自动搬运、机器人焊接站（线）取代，同时各车桥厂的最终客户需求越来越高，他们不光关心最终产品的质量，同时也密切关注着产品在生产过程中的关键数据以及车桥厂对生产过程的把控。质量跟踪、生产过程数据的存档和追溯越来越被重视。

综上，智能化、数字化、信息化车间的建设对车桥厂显得尤为重要，智能化桥壳焊接生产线是车桥厂提升自身竞争力的利器。

二、技术内容

1. 冲焊车桥焊接工艺流程及生产线构成简介

（1）冲焊车桥的工艺流程。

冲焊车桥的工艺流程大体为：半壳铣坡口→半壳打磨去毛刺→半壳组对直缝焊接→琵琶孔切割→清理割渣→校正（液压机）→镗上下平面及减速器内孔→钻放油孔、通气孔→自动组焊加强环→组焊、后盖总成内侧焊接→满焊后盖总成外侧→冷却→校正（液压机）→锯圆管两端→焊接清理、检查补焊→轴管焊接（摩擦焊）→校直→车飞边→组焊、满焊制动法兰→组焊、满焊上支架→组焊、满焊板簧垫压板、下支架→其他附件及上支架等检查补焊（人工）→喷丸→总成校直、检验下线。

（2）焊接生产线构成。

车桥焊接工序需要大量的自动设备配合完成，根据功能和空间可以将整个流程分成多个功能单元，例如直缝焊及琵琶孔切割单元包含半壳上料，半壳去毛刺，直缝焊接站，琵琶孔切割站，搬运单元；加强环后盖焊接单元包含加强环上料机构，后盖上料机构，加强环机器人焊接站，后盖机器人焊接站，桥壳搬运单元，加强环后盖搬运单元等；类似的还有轴管焊接单元，附件焊接单元等。每个单元配备对应的焊接工作站以及配套的数控加工及校正机床，用一台或几台搬运机构将各工作站及机床串联起来形成一个完整的功能区域。各功能单元内部设备以及功能单元之间用工业现场总线连接进行数据交互。

在每个功能单元中，焊接（切割）工作站和机床作为生产工序的主要执行机构，搬运机器人作为物流机构为各工作站及机床上下件，整个工作单元可实现无人操作或仅有少数人员进行附件或原料上料以及桥壳清理补焊操作。每个功能单元具备与其他单元衔接的工件转运机构，这些转运机构可根据空间的距离进行配置，它们可能是一个简单的气动移载，亦可能是一台动力辊机，抑或是一台或几台AGV平车。每个功能单元正常为联机生产，即各单元通过工件转运机构链接，工件按照工艺流程顺序流转，从半壳上料至总成下线。

同时，每个功能单元都具备一个特殊的上下料出入口，方便用户进行首件检测，或将有焊接缺陷的工件下线修补后重新上线向后续工位流转。

2. 智能化桥壳焊接生产线

唐山开元自动焊接装备有限公司设计的智能化桥壳焊接生产线主要包含智能化焊接工作站、数控机床及校正设备、智能化机器人搬运物流系统、数据采集监控系统及可视化LED显示屏等周边辅助器具。开元数据采集追溯系统具备焊接数据、加工数据、物流数据、工艺看板数据等全流程可视化管理，以及与上游MES系统、ERP系统的无缝衔接。

（1）智能化焊接工作站。

以往车桥焊接工作站工作过程多为线下人工利用专用工装对零部件进行点焊，然后上线进工作站满焊。这

图1 车桥焊接生产线

种方式的优点是工作站夹具相对简单，专用的点焊工装操作简单，但需要较多人工操作，容易出错，焊缝质量受人工点焊的稳定程度影响，在焊接过程中由于焊缝的收缩变形容易造成点焊焊点崩裂，部件间缝隙变大甚至位置偏移。另外车桥上每个零部件都需要有对应的点焊工装，占用大量的空间，耗费大量人员维护时间。

为了对上述问题进行改善，我们的桥半壳直缝、加强环、后盖、法兰、上支架、板簧座及下支架工位均采用自动组焊，无点焊焊接，由搬运机械人上下料，最大限度地减少操作人员，大幅提高工件尺寸装配精度高、焊接工艺数据稳定可控，产品质量稳定不受人员因素影响。工作站内夹具能适用多种桥壳类型，通过柔性化、模块化定位机构自动适应产品类型，完全做到了柔性化生产。在生产过程中监控整个过程数据，实时记录，通过数据监控产品，保证了设备在生产过程中的全流程监管。

定位夹具上关键部位安装智能传感器、防错传感器。智能控制系统实时检测定位机构的相关工艺要求数据，确保产品生产是在工艺要求的基础上完成的（图2）。为了实现质量跟踪及生产过程监控，每个车桥焊接站能够实时采集机器人焊接过程中的关键工艺参数，并随时上传至生产线数据采集系统服务器，同时上传的还有工作站的工作状态，及关键检测参数等。

（2）智能化的机器人搬运物流系统。

智能化的机器人搬运物流系统主要构成为：智能配送系统、智能料库、视觉系统、二维码读取系统、搬运机器人、输送系统、安全防护系统。

产线运行时，智能化的机器人搬运物流系统将生产需求产品BOM信息发送至MES系统并自动呼叫零部件配送AGV小车，AGV小车自动与物流系统对接并将零部件配送至智能料库中，同时搬运机器人开始工作对桥壳主体、附件进行视觉拍照、扫码，比对是否与需求物料相符，并自动搬入智能焊接系统中，完成焊接系统的物料配送，采用此种方式工作的搬运系统、智能焊接工作站自动化程度高，系统运行稳定，提高了上料效率、减轻了工人劳动强度，人员工作安全也得到了极大的保证（图3）。

智能化的机器人搬运物流系统不仅仅具备物料的传送功能，此系统也是整个产线的神经中枢，将身份标定、生产信息、工艺数据，串联至整个生产之中，并将所有数据汇总分析后上传至上游MES系统中。

主要流程为：产品身份标定→产品信息绑定→数据发送至智能焊接站→智能焊接工艺数据与产品绑定→智能焊接站数据信息分析汇总转存→智能化机器人搬运物流系统信息传递→主体结构与零部件产品信息绑定→树形结构数据建立→信息二次整合→形成完整的产品工艺信息、设备信息、人员信息数据表→上传至MES系统。

智能化的机器人搬运物流系统不仅仅作为串联工作站的服务单元，同时作为关键数据传递的信息纽带发挥着至关重要的作用。

（3）先进的焊接工艺。

机器人与电焊机间总线通信、数据共享，结合型的、能够按照更加缜密条件进行施工的焊接电源内藏型机器人诞生，在同行业界开了先河。为进一步追求其高品质换代产品的焊接机器人，认真考虑了电焊机与机器人的新关系，提出"融合"这一概念，即：打破电焊机与机器人的界限，通过融合化的控制装置，将机器人与焊机波形控制进行了完美衔接。焊接"无飞溅"、超低的热输入量、电弧稳定性控制、多种焊接工艺/功法控制、新的强大的波形控制，都在为产品的高品质焊接提供可靠保证。

机器人与焊机、送丝电机的融合（图4）。

图2　智能化焊接工作站及自动组焊无点焊焊接夹具

图3　机器人视觉和扫码功能应用于桥壳生产线的机器人物流系统

（4）生产数据监视追溯系统。

生产数据监视系统是设备生产过程信息化的系统。包括硬件系统和软件系统，系统独立于控制系统运行。自动采集系统的过程信息并进行数据汇总分析，通过大数据将优质信息提炼形成最优数据报表。数据服务器将存储的数据直接上传至上游MES系统。通过收集到的数据，分析设备、人员效率、产能、质量等生产要素，管理者可通过网络远程查看，分析。并可以将数据导入到其他软件中，为工厂提供最直接的数据支持。

桥壳焊接生产线的数据采集追溯系统主要依托开元自行设计的数据采集终端（自主研发的采集模块，简称"KYDCT"）以及服务端软件共同完成。整个系统硬件结构采用分层形式，具体分为现场设备层、数据采集层、网络通信层、数据处理层、客户应用层。

其中KYDCT与现场电气系统和机器人连接，实时收集相关数据并缓存，同时将数据打包后发送给数据采集系统服务器进行汇总，对有效数据进行汇总分析并通过数据进行相应的管理。

生产数据监视系统中数据在线传输主要基于车间中的局域网，根据TPC/IP协议进行客户端与服务端的数据传输通讯。在线传输过程中数据的信息进行多层加密，保证了数据的完整性、可用性。

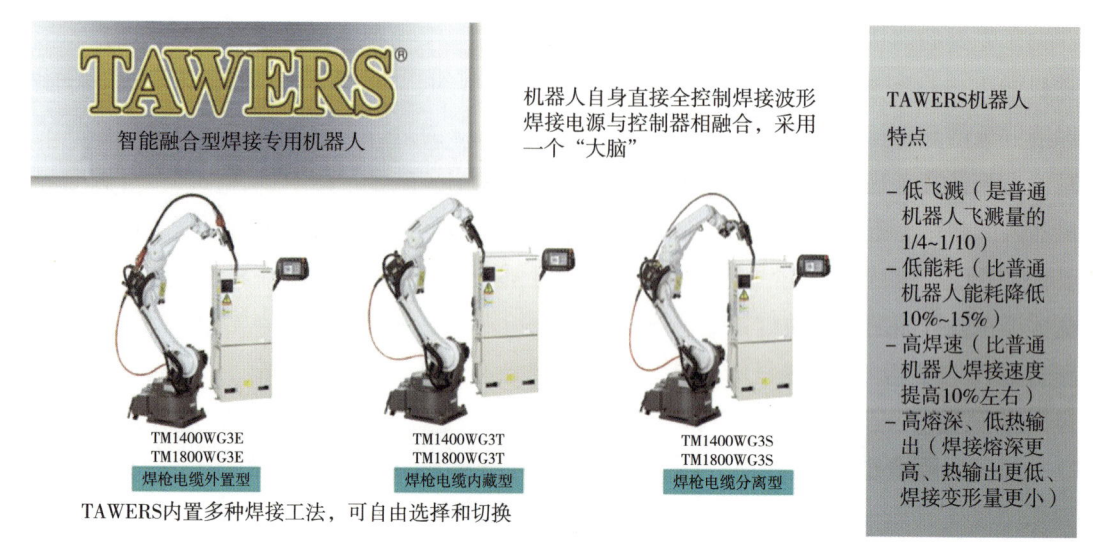

图4 机器人与焊机、送丝机的融合

如果由于某种原因造成KYDCT与服务器没有连接，生产数据没有及时传输到数据服务器中，这时系统中的KYDCT可将当前生产数据进行离线存储，待服务器与KYDCT连接时，将存储的生产数据及时传送到数据服务器中。KYDCT可以离线存储8G数据文件，相当于一个工作站连续生产两年产生的数据量。

服务端软件能够对生产数据进行查询和汇总分析，把生产线上每一支桥壳的数据汇总到一起，形成以桥壳总成信息为主干，各附件信息为枝干，每个附件的每一条焊缝的所有信息为枝叶的树状数据结构，每条焊缝焊接日期、焊接参数、曲线、设备名称、操作者信息都可汇总查询。同时对每一条焊接曲线都能做参数超限报警分析及显示，为客户追溯，分析质量问题提供依据，这些数据亦可打包提供给车桥厂MSE系统，或专用的数据服务器，作为每一支车桥电子档案的一部分提供给最终用户查询。

同时，也可按照生产线上每一台设备查询，以设备为起点，查询某段时期该设备生产的桥壳数据，产量，以及耗材统计，故障次数等信息。这些数据有能够为车间管理人员提供随时了解车桥焊接生产线状态的完整数据平台，为相关管理人员制定计划、排产、耗材统计提供帮助。对于设备的使用、保养、维修、故障分析也有着非常实际的意义。

系统能够全屏监视生产线实时状态数据，如工作站状态、日产量、报警状态等，并可根据这些信息分析，计算生产线的计划完成度、可动率等数据，将这些信息发送给车间电子显示大屏实时显示，给现场人员提供直观的生产线实时的信息状态显示。

综上，智能化桥壳焊接生产线具有柔性高、稳定性强、节省人力等特点，配合生产数据监视追溯系统（图5），使企业用户能方便地控制车桥焊接生产过程，跟踪产品质量信息。极大地提高了车桥企业自动化、智能化、信息化的程度，目前该生产线已在多个车桥厂广泛应用。

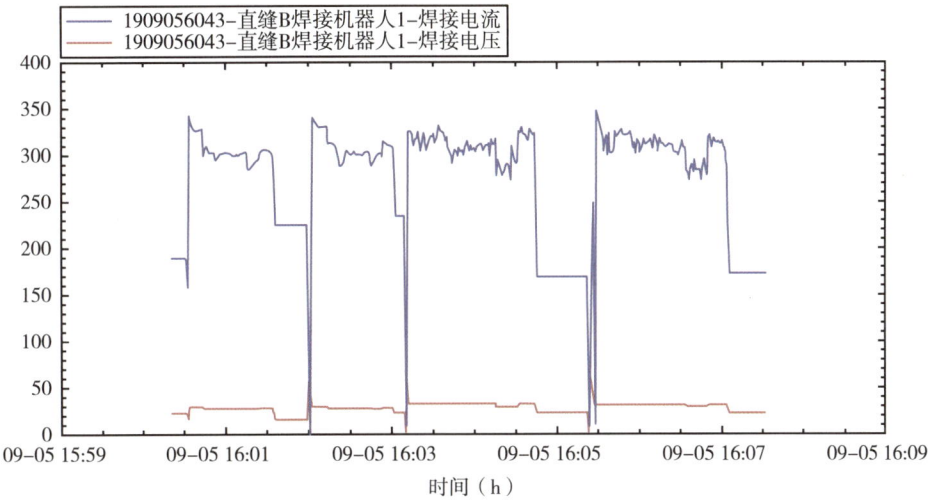

图 5 桥壳焊接生产线数据追溯功能

三、发展展望

（1）少人化、自动化、智能化：自动焊接系统、自动装配系统、自动物流系统，来取代对于人员的依靠。依托于车桥附件自身工件质量的提升，各种新技术、各种加工工艺的融合，工件的柔性化生产、混线生产，必将是未来生产线的发展方向。

（2）高效性、高质量焊接：设备产能的提高、焊接工艺的优化、高质量的焊接品质，都将是未来焊接设备所必须具备的基本要求。

（3）全数据追溯：对于人、机、料、法、环的全数据采集、汇总、分析，与MES/ERP上游系统的数据接口，数据共享，是未来数字工厂建设的根基。

（4）实时在线检测，质量分析：对于焊接设备焊接过程中，焊后的焊缝质量分析，对于加工设备、装配设备，在加工、组对后的尺寸检测，每道工序的监控，是保证产品质量的依据。

综上所述，只有绿色、安全、智能的焊接产线设备，才能满足智能制造的大趋势，才能更好地服务于行业，为用户带来更高的价值。

案例 6
汽车车身柔性焊装数字化工厂总集成

四川成焊宝玛焊接装备工程有限公司

公司经过二十多年从事汽车白车身总包、汽车零部件焊装系统集成、激光相关应用研发与集成、一般工业自动化设备研发等沉淀的经验，致力打造基于现场数据采集的，生产计划查询，物流信息，工艺参数管理，设备管理，质量管理，CAPP一体的数字化工厂。该数字化工厂的实施，使得现场智能装备互联互通，实现整个生产过程的实时监控，实现精益化生产，为整个汽车车身制造行业树立行业标杆。

一、引言

随着汽车制造业间的竞争日益激烈，为了抢占尽可能大的市场份额，汽车生产企业在提高产量的同时，不断推出新车型来迎合广大消费者对汽车外观、价格等方面的个性化需求。美国近几年做的一个关于消费者偏好的调查显示，在以往的二十年里，绝大多数的消费者偏好的是汽车的款式而不是性能。每年日本生产的汽车中24.3%的汽车有一个较大款式的变化。快速多变而庞大的市场需求决定了多品种小批量正在成为未来汽车的主要生产方式。生产模式的改变，车身生产线上原来的一些设备就成了降低产品开发成本、缩短开发周期的瓶颈。如何降低混线生产成本，提高生产效率和产品质量，已经成为国内汽车生产厂家亟待解决的问题。

汽车制造领域，一直是走在制造业的前沿。在汽车车身制造领域，如上海大众CP6工厂，是按照最新的大众公司的标准新建设的工厂，其生产线采用柔性焊接生产线，其整个工厂的管理系统采用了MES系统，但MES系统仅仅和PLC控制系统连接，不能实时地采集工厂的数据。

成焊宝玛公司探索性地研制整个汽车车身焊装制造的数字化工厂。把柔性焊接生产线、焊接工艺装备、ANDON系统、工艺参数实时采集到MES系统。打造基于现场数据采集的，生产计划查询，物流信息，工艺参数管理，设备管理，质量管理，CAPP一体的数字化工厂。

二、数字化工厂解决的主要问题

- 基于机器人的汽车车身柔性化生产线。
- 搭建整个车身车间通信网络：将机器人、点焊装备、激光焊接装备、涂胶装备、ANDON系统、智能电表、智能水表、车身柔性化生产线的控制系统进行组网，打造透明化数字化车间。
- 基于RFID的汽车车身多车型排产系统，控制汽车零件准确及时输送到生产工位并进行自动上料。系统自动识别将汽车零件输送到相应的车身工位上，并调用正确的工装夹具，调用匹配的车型焊接程序及参数。
- 基于车身VIN码的质量追溯系统，将生产过程工艺参数绑定汽车车身识别VIN码进行数据采取输送及存储。
- 生产过程的可视化。

三、方案整体架构描述

汽车车身柔性焊装数字化工厂的研制通过柔性焊装规划、基于数字孪生的设计与仿真、自动化设计、虚拟调试、工厂MES系统并集合夹具切换系统、激光钎焊、机器视觉等技术的研究运用，实现了汽车车身焊装数字化工厂柔性化、自动化、信息化，其技术路线如图1所示。

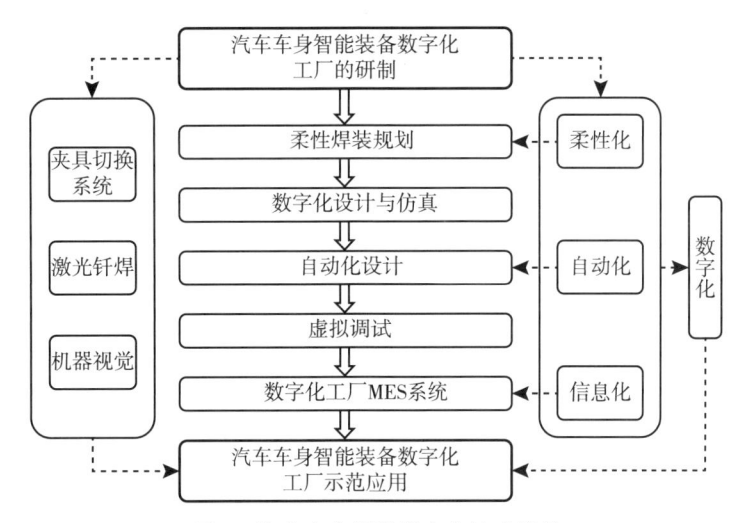

图1 汽车车身焊装数字化技术路线

四、打造数字化工厂的流程及做法

1. 汽车车身柔性生产数字化工厂的3D规划及设计仿真

以厂房的真实布局为基础，在虚拟的厂房环境中，按照标准的数据结构树，将设计的所有的工艺资源的数字化模型（机器人、夹具、抓手、焊接设备、输送设备、安全保护装置、钢结构、料箱料架以及周边设备等）进行合理的规划，以数字化的整个生产工厂，进行仿真模拟，虚拟生产，验证生产装备及工艺方案的可行性。

2. 虚拟调试及离线编程

将多种车型的车身数据导入虚拟数字化生产线，按照生产时序及工艺进行仿真虚拟调试，规划机器人的焊接轨迹及工艺参数，以及PLC控制程序的调试。在虚拟数字化车身工厂里进行多种车型的柔性化生产。

汽车车身柔性焊装虚拟调试技术，整合了3D建模、离线仿真、电气控制技术，通过在虚拟环境下调试和验证机器人及 PLC 程序，并进行虚拟生产，可以实现在办公室环境即可发现生产线问题，降低了现场集成的隐患，有效提高了设计集成生产线的工作效率，有效解决了模拟仿真和现场调试之间的衔接问题。

3. 汽车车身数字化工厂网络集成架构设计

（1）系统网络的搭建。

整个系统包括三层网络：现场总线网络、车间工业以太网（数据采集组网）、厂级制造网络（和 MES 通信网络）。

其中，MES PLC 通过现场总线连接工艺设备 PLC，通过现场总线连接 RFID 读写站、ANDON Profinet 网关等。

在车间建立工业以太网，信息化控制系统的服务器通过工业以太网与生产线的管理客户端、ANDON 大屏幕、信息化系统 PLC 通讯。

信息化控制系统的服务器通过厂级制造网与上层系统比如：质量管理系统、企业资产管理系统、厂级 MES 系统等系统进行通讯。

系统硬件架构图如图 2 所示。

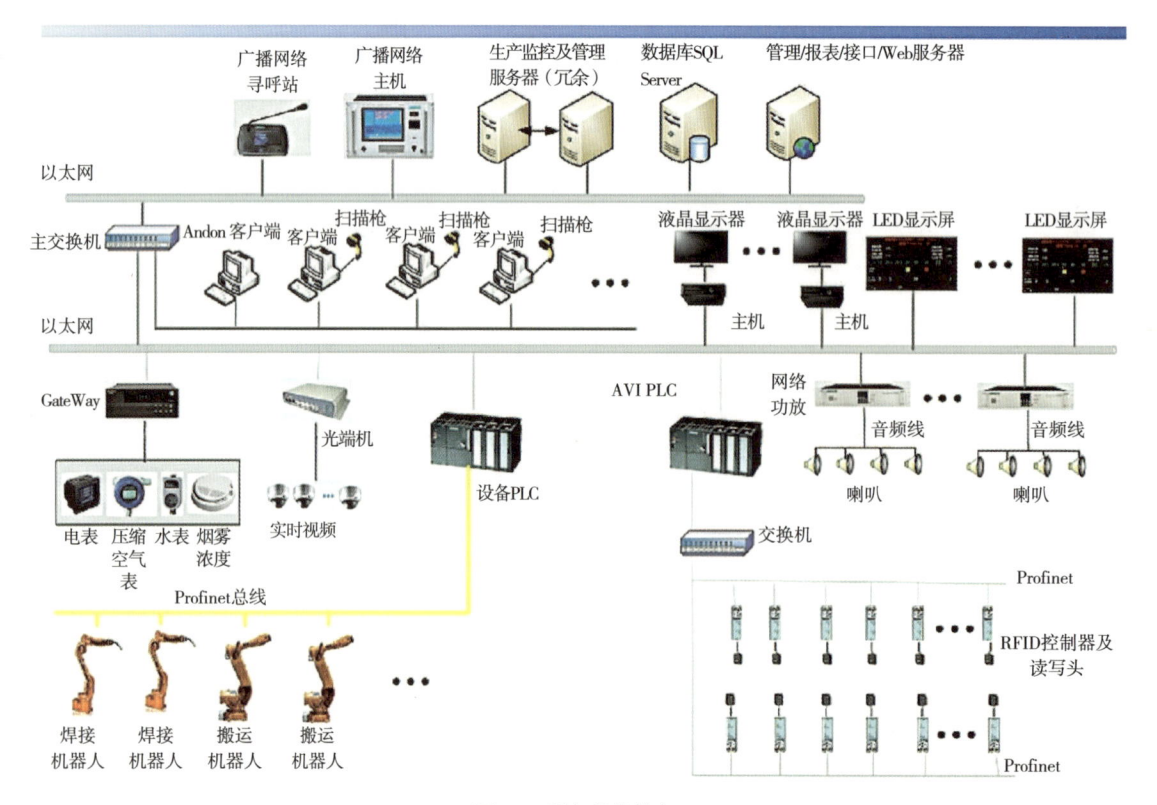

图 2 系统硬件构架

从数据应用上来说，系统包括三层架构：

管理层：由进行数据处理和信息发布的服务器组构成负责整个系统数据采集、存储、处理、发布。

车间层：包括面向车间管控人员而部署的各 PC 客户端，如信息化控制系统客户端、现场客户端，以及生产监控客户端等，各客户端均采用客户端软件架构的方式访问服务器，实现对生产数据实时监控和查询。

设备层：主要包括进行生产线监控和数据采集，控制 PLC、机器人、焊接控制器、RFID 读写站、HMI、PC、分布式 I/O、LED 显示屏，以及与系统进行集成的相关设备。

数据采集服务器及软件具备冗余管理功能，能够自动进行多机冗余管理和负载平衡。系统针对生产线具体大小来布局信息化控制 PLC。数据采集和生产管理服务器分开，生产管理服务器主要用于生产数据下发，指导生产；数据采集服务器主要用于采集工艺设备参数、质量过程参数等。服务器可以与下层设备包括 PLC、ANDON 显示屏、上层系统进行通讯。生产管理服务器关系到生产任务的下发，在生产中起到相当重要的作用。服务器分开能够降低因服务器故障引起的停线。

（2）数字车间系统集成架构设计。

采用 SCADA 平台软件和相关服务软件进行系统、报表、监控开发，如遇到无法通过平台软件实现的功能，将采用定制开发的方式进行适配。

系统所有功能，保存异常日志数据，均采取过滤相邻重复日志的方式，保证异常状况下，重复的异常日志不会重复出现，保证保存空间充足。

系统软件集成架构如图 3 所示。

整个系统软件由服务端软件和程序、客户端软件和程序、接口软件和程序组成。

据采集服务主要由 SCADA 软件和相关接口程序实现。

实时数据存储由关系型数据库实现。

信息应用服务主要由我们开发软件和服务程序实现，实现基础信息维护、任务管理、车身部件识别跟踪、ANDON 大屏显示、质量管理、过程监视、防错系统、作业指示等功能。

客户端包括质量客户端程序、系统客户端程序、ANDON 大屏和 LED 屏程序。其中系统查询采用系统客户端，液晶显示屏程序采用推送方式的客户端，LED 屏通过服务器上的大屏驱动程序采用以太网进行驱动显示。

工厂主要由车身识别系统 RFID、车身高速滚床系统、在线检测信息化系统及 MES 系统组成，工厂可实现自动排产，在 MES 系统的控制下实现 200 余台机器人的智能生产。

（3）集成实施。

该系统运用了现场总线、RFID 射频识别、智能仪表、自动传感器等技术和设备，完成对设备、质量、能源、工艺参数、生产信息数据全采集，对生产情况进行监控、管理、看板

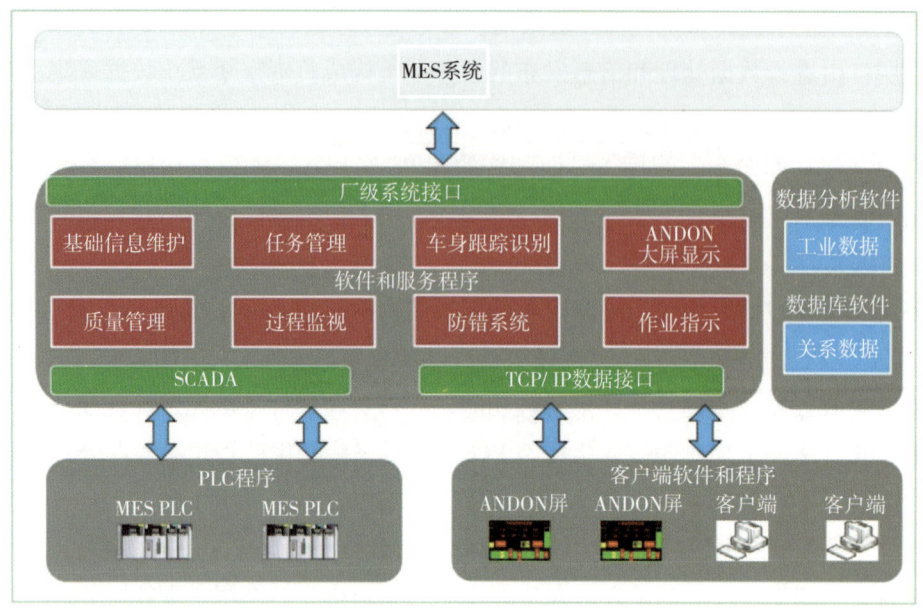

图3 系统软件架构

指挥、统计分析,实现生产业务流程的自动化指挥和执行。该系统主要包括以下功能：车辆跟踪识别、现场 ANDON、质量管理、生产过程监视、视频监控、防错系统、作业指示、报表管理等。

五、主要成果及推广成效

四川成焊宝玛焊接装备工程有限公司是一家从事汽车白车身工艺装备规划设计及系统集成的国家高新技术企业，工信部认定的智能制造系统解决方案供应商，承担过国家重大科技专项，国家智能制造发展装备专项，国家支撑计划及省市重大科技专项等25项。

经过二十多年的研发和积累，逐步成为我国汽车白车身装备规划、设计、制造和系统集成的领军企业，是国内汽车车身焊装行业的开拓者和智能制造的先行者。汽车车身柔性生产线已经销往欧洲主流汽车厂商，与国外多家知名汽车企业建立了密切合作关系。在汽车焊装领域已获授权专利53项，其中发明专利19项，实用新型专利17项，软件著作权17项，并参与编制国家标准7项，团体标准2项。获得四川省科技进步二等奖1项及成都市科技进步一等奖1项。

案例 7
榫头式标准节主弦杆数字化焊接生产线

深圳市瑞凌实业股份有限公司

榫头式标准节主弦杆其主体由重型角钢拼方焊成，且有大量的附属焊接结构件，焊接量大、结构复杂。为提高该产品的产能和质量，深圳市瑞凌实业股份有限公司为中联重科集团开发了专用焊接生产线。该生产线采用焊接机器人、搬运装配机器人、数字化焊机、基于数字化 RGV 的物流系统和针对现场设备的 MES 系统。作为国内首条榫头式标准节主弦杆全数字化焊接生产线，其核心技术适用于各类数字化焊接生产线。

一、导言

榫头式标准节是重型塔式起重机的关键组件,一个标准节又是由四根主弦杆拼装而成,而主弦杆的制造则全部采用焊接工艺。主弦杆的主体部分为长度约为6000mm,边长约为200mm,壁厚约为20mm的空心方钢结构。对于这样大尺寸的重型空心方钢结构很难使用轧制成型,因此只能采用焊接结构。焊接结构的主体是采用一对长度约为6000mm,边长约200mm,厚度约20mm的重型角钢拼方焊接而成,此外在上述拼焊而成的空心方钢结构上还焊接有踏步、节点板等重要附件。榫头式标准节主弦杆是承重部件,对焊缝强度要求高,同时由于榫头式标准节是需要四根主弦杆装配而成,因此要严格控制焊接变形。为此设计并制造了种基于机器人的数字化焊接生产线,该数字化焊接产线运用全球技术领先和成熟的设备与工艺,用机器人作业和自动作业替代绝大部分人工作业;用优质高效的双丝 MAG 焊替代传统的手工弧焊、埋弧焊;用冷热加工相结合的创新型高效加工工艺替代低效的机械加工工艺;各工序间的物料采用 RGV 小车自动流转,整线采用智能控制系统,通过工业以太网将现场层与执行层 MES 系统交互,将产线打造成业内第一条智能化生产线。

全线使用30余台焊接机器人和搬运机器人,以及配套的数字化周边设备。各设备之间进行数字化通讯,协同动作,使之生产效率最大化。生产线的主要焊接工位实现了无人化,提高效率,改善工作条件。

按15节/每天的产能,传统人工生产方式需要占地面积约为12000 m^2,人员为100人。而基于本项目数字化全自动生产线方案,所需场地约3000 m^2,仅是原来的1/4;人员为25人,仅为原来的1/4。

数字化焊接车间彻底改变了传统焊接车间面貌和工作环境,人工劳动强度大为降低,实现了整洁、文明、自动化的焊接生产。其中弦杆的角钢自动拼方、主弦杆高效双丝全焊、多头组合镗铣加工为国内首创,角钢自动拼方解决了长期以来主弦杆的拼方靠人工边拼方边测量尺寸的历史,提高了生产效率,减轻了劳动强度。主弦杆采用高效双丝气体保护焊全焊替代了传统的埋弧焊,实现了基于焊接机器人的自动化焊接,焊接生产效率是传统方式的3倍。

二、数字化焊接生产线的主要创新点

1. 角钢数字化自动拼方

角钢拼方是榫头式主弦杆生产的重要环节。以往的角钢拼方都是人工拼方,劳动量大且拼方一致性差，无法满足自动化焊接需要。基于数字化控制的角钢自动拼方系统，由一套调整夹具适应多个规格产品的自动拼方，解决了原先一个品种需要几套拼方模具、拼方模具占用场地大、拼方效率不高的难点。采用数字化控制解决了液压油缸的精确协同运动和作用力均衡问题，提高了拼方的精度和速度。图 1 所示的角钢自动拼方机构采用 RGV 自动上料、下料。RGV 与角钢自动拼方设备之间采用数字通讯，RGV 可识别角钢自动拼方装置的工作状态。在角钢拼方设备空闲时 RGV 自动上料，角钢拼方设备完成装配和定位点焊后通过数字通讯驱动 RGV 自动卸料。RGV 将拼方好的一对角钢从角钢数字化拼方设备上卸下，并自动传输到下一步的自动化焊接工位。

图 1　角钢数字化自动拼方机构

2. 双丝高效焊解决了原埋弧焊难于实现机器人自动化焊接的问题

榫头式标准节主弦杆的焊接原采用的是埋弧焊，热输入高、焊接变形大，由于焊剂回收问题，难于实现机器人自动化焊接，且主弦杆的焊接分为两次焊接和两次校直。生产线的设计改变了原工艺方案，采用 Tandem 双丝高效焊一次完全所有焊缝的焊接，热输入小，焊接变形小，因此只需一次校直，如图 2 所示。

数字化变位机和数字化滑台均为焊接机器人外部轴，双机器人同时焊接，并采用焊缝自动跟踪技术。

图 2　主焊缝 Tandem 双丝高效全自动气体保护焊

3. 机器人等离子切割预割孔与专用组合式数控加工相结合

榫头式标准节主弦杆在完成焊接之后还要进行装配孔的加工，传统方式的机械钻孔，其效率很低，加工时间长，需要布置多台钻床和大量操作工人。为了解决上述问题，本生

47

产线上采用等离子预割孔与组合机床镗孔相结合的方式。

等离子预割孔采用机器人系统和离线编程,并增加一个变位机外部轴,可以进行全方位割孔,如图3所示。

等离子预割孔保留1~3mm的加工余量的工件有RGV传送到多头数控组合镗铣床作配孔加工(图4)。

图3　机器人等离子割孔

图4　多头数控组合镗铣床

该数控镗铣床采用的是一个卧加工头、一个立加工头、两个端铣头同时对主弦的两个端面及垂直两个方向的孔进行加工,大大提高了加工的效率,每根弦杆的加工时间由原来的6~8h缩短为40~60min。

三、实际应用效果

本项目已经在国内重型塔机榫头式标准节主弦杆的主要制造厂家投入使用,实际使用效果别名:数字化焊接生产线,节省厂房面积2120m^2,同产能节省人力67人。榫头式标准节主弦杆数字化焊接生产线,自投产以来,每天稳定产出30节标准节,对推动数字化标准车间的建设起到了样板作用。

已申请发明专利5项,并申请了广东省首台/套先进设备。

四、当前存在问题和展望

1. 存在问题

（1）焊接产品的来料尺寸偏差较大，且不稳定，一定程度上影响了焊接自动化的连续进行。

（2）生产线物流系统的动作精度不高，一定程度上影响了自动化物流的连续进行。

（3）焊接工况电磁干扰强，基于无线通信控制方式的数字化控制受到一定影响。

（4）对 MES 系统建设的认识存在偏差，重管理形象，轻技术内容，特别是对焊接参数的记录与分析的重要性缺乏足够的认识。

2. 展望

（1）高效的焊接数字化与自动化的前提是整个生产工艺流程，包括焊接前序工艺与来料的精细化管理，这方面还有很长的路要走，特别是需要统一认识。

（2）数字化在自动化焊接中是必要的，也是必需的。研究适用于焊接自动化系统的专用数字化关键部件是提高数字化焊接技术水平的关键。

案例 8

铝合金模板自动化生产线

厦门航天思尔特机器人系统股份公司

厦门航天思尔特机器人系统股份公司通过对铝模板加工过程关键技术攻关，创新研制具有自主知识产权的铝模板自动冲孔锯切一体化设备、双机器人协同焊接系统、成品变形自动检测及纠正系统等，在此基础上实现了全工艺流程的自动化生产及数字化生产管理。该铝模板自动化生产线具有高柔性、高效率、高品质、低人工的特点，已在行业多个龙头企业成功应用。

一、导言

铝合金模板（以下简称"铝模板"）作为新一代的建筑模板优势明显，受到住建部的极力推广。借助于国内市场的体量与规模、中国铝业先进的制造体系，铝模板行业现有规模企业已达 800 多家，年产能 4000 万平方米以上。在这个背景下，铝模板行业呈现蓬勃发展的趋势，但受投资、场地等多方因素限制，行业内仅少量企业在几个关键工位采用半自动作业，导致生产效率低下、品质不稳定、劳动强度大、综合成本高。例如采用简易的锯切机和冲孔机分别进行锯切和冲孔，不但生产效率低、劳动强度大、场地占用大，而且锯切和冲孔的一致性很难保证，产品质量不稳定；焊接工艺作为产品质量的重要影响因素由人工作业，操作者的技术水平和作业规范决定产品的焊接强度、外观、平面度等。

厦门航天思尔特机器人系统股份公司通过对铝模板加工过程关键技术攻关，创新研制具有自主知识产权的铝模板自动冲孔锯切一体化设备、焊接柔性定位夹紧平台、平整度激光检测系统、矫平装置等，在此基础上实现了全工艺流程的自动化生产及闭环质量控制，具有高效率、高品质、高柔性、降成本等特征。产品已在铝模板行业多个龙头企业中得到应用。

二、主要创新点

铝模板主要由底板、横边框、U 型肋、把手等零部件构成，主要加工工艺包括底板预制（包括锯切、冲侧孔及底孔、铣拉边槽）、模板焊接（包括组对、焊接）、后处理（包括打标、校平、检测、码垛）。由于各部件的结构、尺寸、数量的不同，仅同一厂家涉及的规格可能多达 120 种（见图 1）。多种规格产品的自动化加工过程对装备提出很高的要求，必须能够根据关键参数实现柔性化、数字化的作业，特别是锯切、冲孔、焊接三个核心工艺。

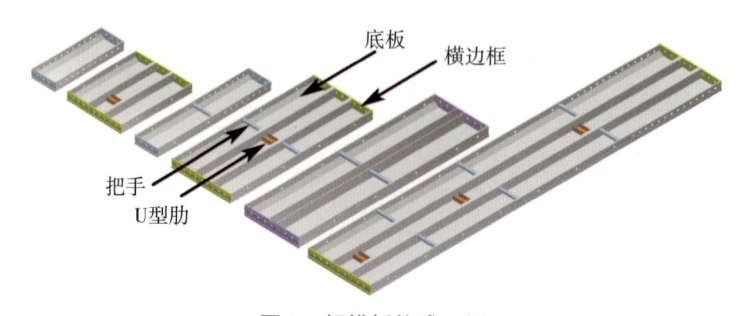

图 1　铝模板构成示例

铝模板自动化生产线将原本人工或半自动作业方式下的多个工艺集成在一条生产线中完成，创新设计多项关键技术，采用标准化、模块化方式设计及生产，技术成熟、质量稳定。产品与传统手工生产半自动生产方式相比可大幅提高生产效率、提高成品质量、改善作业环境、降低人力成本，产品对国内铝模板行业生产由传统手工半自动方式向自动化、柔性化、数字化制造方式转变，实现产业转型升级具有重要的意义，对我国铝模板制造企业核心竞争能力的提升也将起到积极的推动作用。突出的创新点主要有以下几点。

（1）实现铝模板加工全工艺流程的自动化生产，包括底板预制、模板焊接、后处理，以及工序间的物流均实现自动化作业（图2）。

在本产品之前，国内外市场中均未出现铝模板从原材料到成品多达10道工序的自动化加工生产线，提高了生产效率、减少作业工人的同时，由于采用标准化、模块化设计模式，可以快速根据现场需求完成不同规格的生产线设计、制造与施工。例如某用户现场产能要求高、成品中无拉边槽，可去除铣拉边槽、增加机器人焊接工位，为平衡节拍，可增加后道校平至打标工位，并采用分流及合并的形式重新设计输送线。

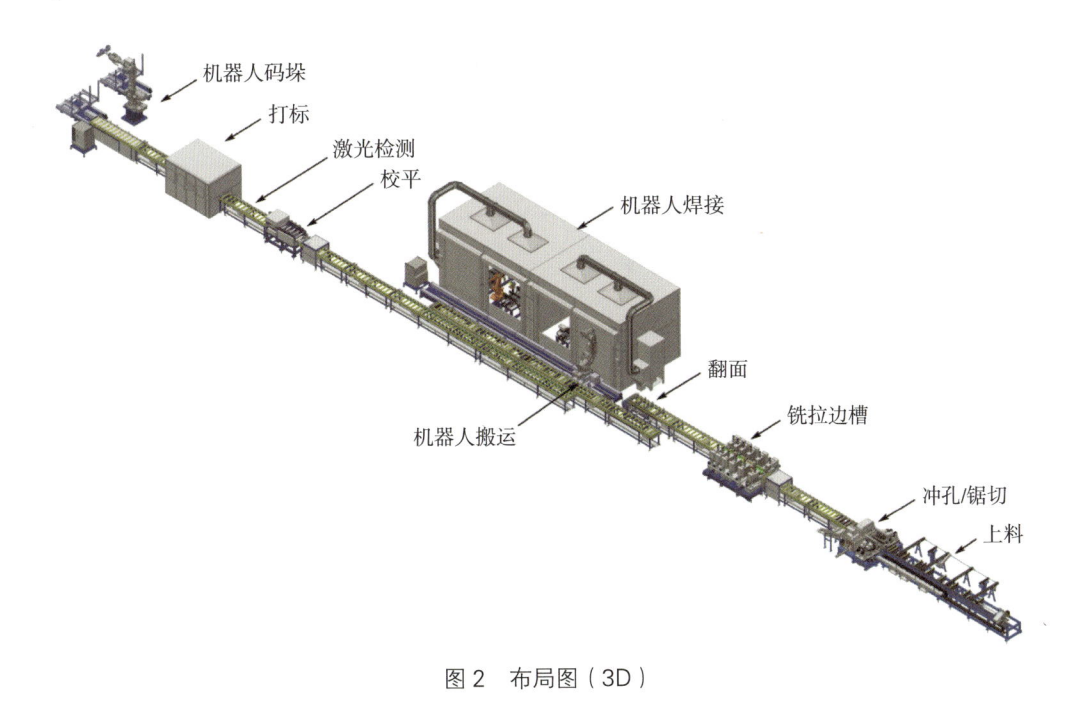

图2 布局图（3D）

（2）创新设计底板自动冲孔锯切一体化设备，采用通过式设计，包含冲底孔、冲侧孔、切断三道工序。控制程序能够根据设定的底板长度、宽度、冲孔位置等参数，自动控制多组独立冲头和进给机构实现多种规格工件的快速连续自动加工（图3）。

传统作业方式锯切和冲孔分不同设备作业，而且采用立式冲床作业，除了工序分别作业、基准不一致带来的尺寸精度差、产品质量不稳定的问题外，工人劳动强度大、存在生安全隐患的问题也较突出。航天思尔特的研究成果解决了上述问题。

1）采用伺服电机驱动+磁栅尺反馈定位的方式实现长度方向定位精度±0.05mm。其中的关键是由自动排料软件确定单次进给量，伺服电机驱动的夹料机构始终夹底板，送料至激光传感器处完成定长，锯切、冲底孔、冲侧孔过程中由该夹料机构夹持送料，保证定位精度。

2）由于铝模板上侧孔间距符合50mm倍数的标准，设计多组均匀排布的液压冲头进行作业，根据加工对象冲孔尺寸要求程序自动编排并完成过程控制，满足所有规格铝模板的冲孔要求。控制程序根据输入的图纸自主确认各组进给位置、冲头组合，依次作业直至完成所有冲孔作业。由于冲头采用高强度材料及特殊表面处理工艺、相关机构耐用化设计，易损件使用寿命长、更换便捷。

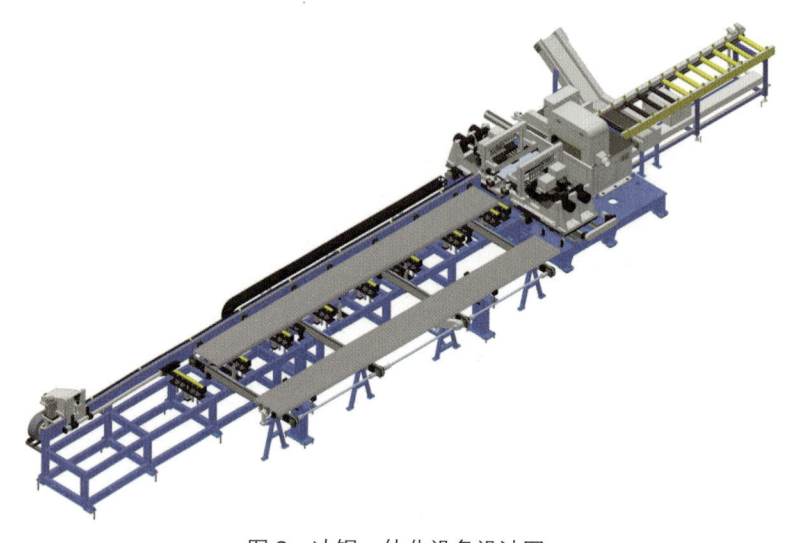

图3 冲锯一体化设备设计图

（3）双机器人协同焊接系统，通过对多种规格工件的分析，研发双机器人协同参数化焊接程序和柔性定位夹紧平台进行作业。

传统机器人作业设备在多规格生产的场合需要频繁手工调整工装、手工编写机器人程序并校对，相比本产品技术费时费力而且容易造成差错。本产品在焊接工艺环节的创新点有：

1）双机器人协同参数化焊接程序充分结合焊接工艺要求和多种规格工件的焊缝差异，通过仿真分析合理分割作业区域、设计焊接顺序，规避双机器人间的作业冲突，提高作业效率、减少焊接变形。参数化的设计可以让作业对象变更后，程序自动调整对应的焊接模块（包括轨迹、姿态、工艺参数等）并按工艺顺序组合成为最终的焊接程序。

2）柔性定位夹紧平台具有多组程序控制的定位夹紧模块，在组对前自动移动至定位位置，并可从长度、宽度和高度三个方向对待焊接的零散工件逐一进行定位和夹紧。为满足不同型号工件的加工要求，还配有相应的调节机构。该平台在装夹工件时，通过伺服带丝杆装置预定位后各个组件的快速动作,即可瞬间夹紧工件,从而达到提高工作效率的目的。

(4)实现成品变形检测及纠正的闭环系统,包括激光检测系统和矫平装置两部分。行业内通常使用手工钢尺目测的方式进行变形检测,数据手工填写,人工多次矫正修复。本产品能够实时准确记录变形数据、自动总结矫平经验,创新点有三点。

1)矫平装备主要包括用于宽度和长度矫平的两个辊组,对于不同宽度及长度的铝模板通过插拔式靠轮的位置调整来适应。本装置可以对铝模板焊后引起的长度和宽度方向变形进行自动矫平,且能够限制不同宽度铝模板沿着弧形辊的单侧行走,使用方便快捷。

2)由伺服电机带动多个激光位移传感器沿工件长度方向行走,记录此过程数据得出单一线性变形量,之后通过计算整体变形量。根据设定的检测标准判断其是否合格,不合格品自动返回校平直至合格,实现闭环品质管理。

3)上述变形、矫平、焊接数据全面记录,通过算法建立其中的关系模型,设计专家系统推荐焊接工艺参数,达到减少焊接变形量、提高一次焊接合格率。

(5)实现数字化生产管理。本产品配有数字化生产管理软件,用户可通过该软件进行生产排程、设备管理、品质管理、报表管理、劳务管理、文档管理等。数字化生产模式的应用可以让设备保持在最佳使用状态,及时准确提供各类管理数据用于优化生产,达到提高效率、降低成本的最终目的。

以某工厂新应用本产品为例,首先需要对工厂快速建模,输入包括各设备档案、工艺流程及SOP文档、人员排班信息、产品信息(规格及关键参数、图纸)等。在排单生产过程中,在第一个工序(人工上料)处屏幕会显示当前订单信息、已完成数量、待加工数量等及原料信息,设备会自动对原料进行规格核查,如有异常报警提示;锯切、冲孔、铣槽、焊接、打标、检测、矫平、码垛等自动工位根据生产管理系统下发参数自主作业;人工焊接组对工位屏幕显示待作业工件的图纸及SOP;人工焊缝检测工位显示当前检测要求,并提供输入检测结果的操作台,系统根据检测结果控制输送线流向以分开合格品和不合格品;通过分析焊接参数、焊接检测结果、变形量检测数据、矫平辊筒间距等数据,从中总结规律得出最佳匹配关系,提高一次加工成功率。

三、主要技术成果

铝模板自动化生产线的多项关键技术全由航天思尔特自主开发,并已申请2项发明专利及5项实用新型专利(其中5项已获授权)。产品首次在铝模板生产行业实现全工艺流程的自动化生产,一方面提高了生产效率、产品品质,改善作业环境,降低成本;另一方面对国内铝模板行业生产由传统手工半自动方式向自动化、柔性化、数字化制造方式转变,实现产业转型升级具有重要的意义。

产品技术国内领先达到国内先进水平，填补了国内在这类产品上的空白。市场中现有产品均只实现本产品的部分自动化功能，且适应性、自动化程度等方面有相当大差距，本产品与这些产品的对比见表1。

表1 本产品与类似产品对比

比较内容	本产品	国内外类似产品
功能	包含锯切、冲孔、铣槽、焊接、打码、矫形、检测、码垛、物流在内的全工序自动化	仅专注锯切/冲孔/铣槽，或焊接的自动化
可适应产品	在尺寸范围内的产品全适应	仅适应少量规格产品
锯切冲孔规格	锯切长度、冲孔位置均根据程序设定、配合机构动作自动调整到位	只能手工调整，容易出错
焊接工装调整	焊接工装自动调整	只能手工调整工装，需要经验丰富工人
物料流转	采用机器人及输送线自动流转	人工搬运
成品检测	采用激光检测、程序判定合格，精度高且实现品质闭环控制	人工检测及判定，错误率高
替代人工	仅需底板上料、拼装、补焊、成品下料工人配合生产，对工人技能要求低	相比项目产品需要3倍人工，劳动强度大，且焊接工人需要技能高

四、工业应用与成效分析

近年来，随着铝模板市场需求日趋强劲，铝模板行业处于飞速增长阶段，据统计，2015年上半年全国铝模板生产企业只有100多家，现有规模企业已达800多家，年产能4000万平方米以上。随着人工成本不断提升和市场对铝模板品质要求的提高，这些企业开始寻求生产自动化的解决方案。目前市场中现有铝模板生产设备功能单一、自动化柔性化程度低、成品品质不稳定，无法满足用户企业的需求。项目产品在行业自动化的关键技术上取得突破，从功能、性能、技术几个方面都达到行业要求，越来越多的用户企业会选择采购本项目产品实现自动化升级。

整体来说，铝模板自动化生产线将极大推动铝模板产业良性发展，有利于市场与规模、标准与技术等方面的均衡。自2018年至今航天思尔特已为客户完成5条生产线的建设并投入稳定运行（见图4~图7）。初步测算一条生产线只需40名工人即可实现日产量2400件铝模板，等同于手工作业200人的产能，人均产能提升500%的同时占地面积减少为60%。

图 4　生产线整体图

图 5　通过式自动冲孔装置

图 6　双机器人协同柔性焊接

图 7　焊接下料机器人

五、当前存在问题和展望

本产品由于极高的生产效率和较高的投入成本，仅适用于规模化生产企业，市场中现存的大量中小企业不具备应用条件。针对这两类需求，航天思尔特做了两方面的尝试，将作为未来产品发展的推动方向。

1）对于规模化生产企业来说，本产品解决了底板的自动化预制作业，但未涉及组成铝模板的横边框、U型肋、把手等其他零件的自动化预制，生产效率有待进一步提高。由于这些零件的原料单一、尺寸小、加工工序少，实现自动化生产难度较低，而且可以通过自动化装配进一步提高生产效率和降低品质不良率。其中难点主要在于定制加工设备、零件配套、配送物流系统、装配机器人等的柔性化设计。

2）针对中小企业需求，将生产线拆分为若干独立单元（如自动冲孔锯切一体化设备、机器人焊接工作站等），通过软硬件结合设计解决来料定位、识别等涉及柔性化作业的难题。

案例 9
大排量摩托车架柔性智能生产线

浙江钱江机器人有限公司

目前制造业中越来越多地采用自动化焊接生产技术，车架生产制造行业是其中典型代表。钱江机器人有限公司通过系统性研发，开发出柔性智能焊接加工产线技术，致力于建设设备规划、工件装卸、焊接过程、工艺把控、不同规格产品灵活切换的一体化智能生产线，适用于大批量生产。加工精度和生产率较高，占地面积小。缩短生产周期和降低成本，并保证生产的均衡。

一、导语

一条基于机器人的摩托车架自动化焊装生产线，具有高速、柔性化、自动化的特点，满足了摩托车架生产中高质量、高节拍、高柔性、自动化等需求，该生产线优势如下：

（1）采用了基于工业总线技术的智能控制系统。

（2）智能切换，实现了关键焊接工位车身总成车型切换及定位焊接。

（3）高速输送设备，实现了工位间高速传输。

（4）机器人焊接，加快生产节拍，提高生产质量。

（5）焊接加工、质量控制一致性高，减少人为因素对工件质量的影响。

工业机器人的普及始于20世纪80年代后期，目前工业机器人，尤其是焊接机器人已广泛应用在摩托车架制造等行业。机器人焊接可以提高焊接质量，因而，被称为面向未来的生产模式，应用弧焊机器人来替代人工焊接作业是提升产品质量与生产效率的重要手段。

通过系统研究，钱江机器人在大排量摩托车架柔性产线技术方面取得长足进步，基础建设理论、工艺、工装及设备之间通讯、生产柔性等方面都取得了突破。标志性加入MES（制造企业生产过程执行管理系统）；可应对"多品种，小批量"的生产模式；提升焊接质量；提高生产效率；降低生产成本；降低操作人员技能要求；提高生产安全；改善工作环境。

二、主要研发内容

1. 焊接柔性产线的设计基础

基于MES的智能管理软件，是钱江机器人开发的柔性化智能焊接生产线的基础部分。该软件可以对整条产线的生产任务、生产资源、生产设备进行智能化管理，进而实现生产计划的智能化排列及生产任务的动态调整。

MES智能管理系统在生产中应用特征为（图1）：

信息沟通方面，工作站与产线、产线与产线、产线与技术人员、产线与管理者之间的信息沟通能力得到进一步提升，整个工厂形成网络型组织，工作站、工作小组、管理人员形成网络节点，信息沟通方便、快捷、灵活。

管理权限方面，管理权限下放到基层，生产运行设置可由工作小组根据产线工作计划进行调节。排除生产计划的不确定性，实时优化生产方案，让产线生产管理有更大的弹性。

为应对市场需求的快速变化和激烈竞争、应对客户高度的定制化需求，柔性制造系统能

图 1 柔性制造系统组成

根据需求灵活调整工艺，支持多种相似产品的混线生产和装配，应对"多品种，小批量"的生产模式。

2. 焊接柔性产线的组成

（1）智能焊接管理系统。

智能焊接管理系统是针对焊接现场管理推出的可以实现设备状态实时监控（图 2），焊接参数在线控制，海量焊接数据存储以及焊接数据统计、分析的综合化管理系统。可以协助生产企业提升产品焊接质量、降低生产成本。

（2）智能柔性产线。

摩托车架焊接加工生产工序主要包括：毛坯进料、焊接单元分解加工、物料流转、加工工件质量检测、抛光打磨（补焊工序）、成品流出。主要生产线布置如下图所示，主要由焊

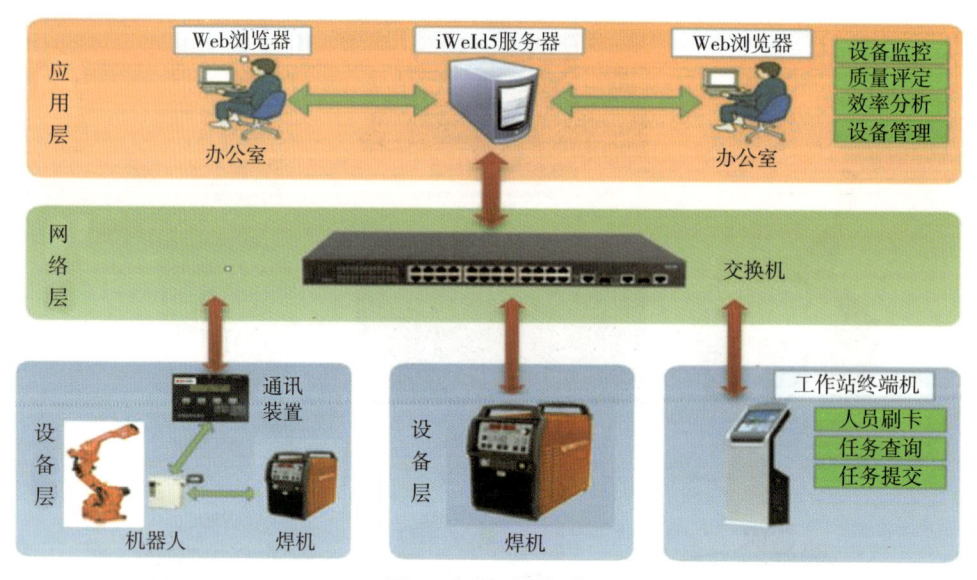

图 2 智能通讯架构

接单元（焊接机器人、变位机、焊接电源及配套焊接组成设备）、传动单元（轻型吊轨、物料运输车）、质量检测单元（工业CCD检测相机）、打磨抛光单元（机器人及抛光机）组成。

整条焊接柔性产线（如图3）设计理念是由多个工作站组成，不同的是被焊工件都装卡在统一形式的托盘上，而托盘可以与线上任何一个站的变位机相配合并被自动卡紧。焊接机器人系统首先对托盘的编号或工件进行识别，自动调出焊接对应工件的程序进行焊接。这样每一个站无须做任何调整就可以焊接不同的工件。焊接柔性线一般有一个轨道子母车，子母车可以自动将点固好的工件从存放工位取出，再送到有空位的焊接机器人工作站的变位机

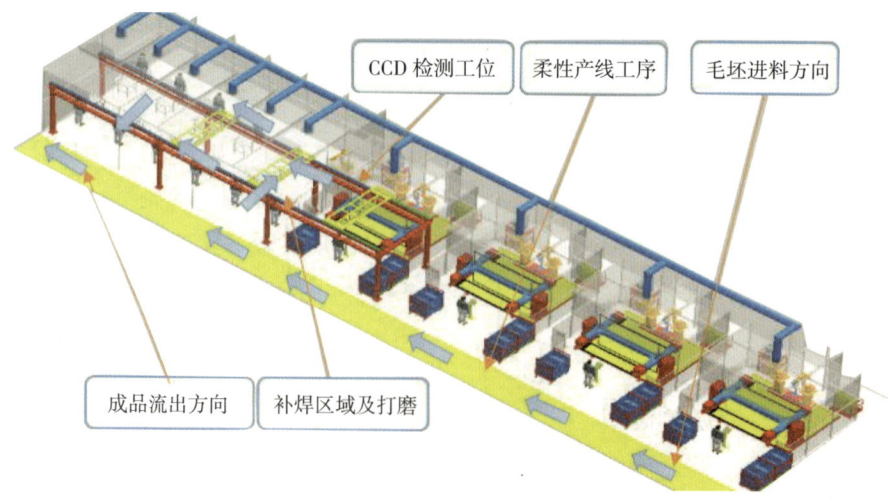

图 3 焊接柔性智能产线完善规划

上。也可以从工作站上把焊好的工件取下,送到成品件流出位置。整个柔性焊接生产线由一台调度计算机控制,可以实现夜间无人或少人生产工作目标以及企业周末和节假日无人生产的目标。

(3)弧焊机器人。

弧焊机器人是生产线的重要组成部分,其基本功能如下:

1)记忆功能:存储作业顺序、运动路径、运动方式、运动速度和与生产工艺有关的信息。

2)示教功能:离线编程,在线示教,间接示教。

3)在线示教与外围设备联系功能:输入和输出接口、通信接口、网络接口、同步接口。

4)坐标设置功能:有关节、世界、工具、用户自定义四种坐标系。

5)人机接口:示教盒、操作面板、显示屏。

6)传感器接口:位置检测、视觉、触觉、力觉等。

7)位置伺服功能:机器人多轴联动、运动控制、速度和加速度控制、动态补偿等。

8)故障诊断安全保护功能:运行时系统状态监视、故障状态下的安全保护和故障。

QJRH4-1焊接机器人是专为弧焊焊接设计的工业机器人,其具有优异的可靠性和极高的性价比。采用中空型手臂结构、手腕,焊接电缆内置,重量轻便结构紧凑,可在狭窄空间焊接作业。还具有工作空间大、运行速度快、重复定位精度高等优点,通过安装机身盖罩,可以放心用于各种恶劣环境(如防尘防滴)。适用于对焊缝质量要求较高的焊接应用。

三、主要成果

通过柔性智能焊接制造系统设计研发,浙江钱江机器人有限公司(以下简称钱江机器人)开发多项原创性工艺技术,开发智能焊接管理系统,产线生产水准达到国内标准水平,打破国外技术和生产管理系统垄断的局面。以此为标志,钱江机器人作为国内焊接机器人制造企业,同时具备了本体制造、系统研发、工艺制订、产品应用、整线智能制造等能力。

根据MES智能管理产线当前投产运行状态,总结其生产特点如下:

(1)在生产和装配的过程中,能够通过传感器自动进行数据采集,并通过电子看板显示实时的生产状态。

(2)能够通过机器视觉和多种传感器进行质量检测,自动剔除不合格品,并对采集的质量数据,综合分析,找出质量问题原因。

(3)能够支持多元化产品混线生产和装配,灵活调整工艺,适应小批量、多品种的生产模式。

（4）柔性化设置，一条产线设备出现问题，可更换其他产线进行生产。

（5）针对人工操作的工位，能够给予安全保障及智能提示。

四、产能分析

新系统目前已投入实际生产应用当中，其中复古车架智能焊接加工产线采用QJRH4-1系列焊接机器人进行焊接加工工作，每班每天工作8小时，计划产能65~70台。

钱江机器人开发的柔性化智能焊接产线，具备材料利用率高（减少部品加工损耗）、节省焊接工序、节省电气资源、劳动强度低、生产环境友好、经济效益高等优势。为制造企业实现无人化生产和全流程的智能化管理提供了令人满意的解决方案。

案例 10
运载火箭贮箱智能焊接装备与工艺

上海航天精密机械研究所　江苏北人智能制造科技股份有限公司　上海交通大学

以运载火箭贮箱箱底、法兰机器人自动化焊接为对象，建立贮箱机器人焊接智能化单元及多源信息感知物理传感网络，开展复杂场景下焊接制造数据的完备获取、焊缝成形质量信息的智能表征和深度识别，进行多模式联合作用下的贮箱焊接成形质量主动调控，实现优势互补和信息增值，突破航天贮箱关键部件焊接制造零缺陷生产要求的难题，推动我国运载火箭贮箱智能化焊接制造的转型和升级。

一、导言

运载火箭主要由箭体结构、动力装置系统和控制系统组成。其中，推进剂贮箱是一种大尺寸、薄壁高强铝合金焊接结构件，具有大尺寸、轻质、薄壁、复杂曲面等典型特征。选用2A14、2219以及新一代备选材料2195铝锂合金等，主要由箱底（瓜瓣、法兰、顶盖、型材框）和筒段装焊而成，是运载火箭运载能力和部署能力的重要决定因素。

由于贮箱的尺寸大，加工精度和装配精度难以保证，常规自动化设备其焊接路径和焊接参数是根据实际作业条件预先设置的，在焊接时缺少外部信息传感和实时调整控制功能，焊接机器人对焊接作业条件的稳定性要求严格，而箭体结构因尺寸大、壁薄，导致易变形。鉴于航天工业"零缺陷""零次品"的品质方针及产品接头综合性能的可靠性要求，以"传感－决策－执行"为问题抓手，聚焦用机器代替人焊接的人工智能科学问题及其实现的关键技术。通过在焊接过程中引入信息流，采用多源传感器获取焊接制造过程数据，实现贮箱焊接制造全流程数据传感、感知、决策控制及可视化，是贮箱智能化焊接所追求的终极目标。

二、主要研究内容

鉴于局部自动化、高人工依赖的传统焊接模式难以满足贮箱产能进一步提升需求下高质、高效、高可靠性的生产实际需求，自主研发了贮箱箱底焊接智能装备与配套工艺，突破了传统焊接模式对贮箱制造过程效率和质量的双重制约，实现了贮箱焊接智能结构载体与智能化焊接技术的双跨越。

针对贮箱智能化焊接装备设计与集成方面，解决了大型薄壁结构件高精度定位与装夹、铝合金焊缝特征智能识别、焊接过程动态熔池信息高质感知与融合处理、焊接多智能体的协调控制等技术，实现了焊前装配检测（间隙、错边）、路径规划及焊缝实时跟踪、焊缝成形自适应控制、焊接工艺推理及焊接多源传感数据智能管控等。解决了运载火箭贮箱易变形、品种多样、状态不稳定等多个难题，显著提升了贮箱结构件生产过程的自动化和智能化水平。

1. 面向大型薄壁铝合金结构件焊接的智能装备载体与工艺

由于工件本身尺寸大、轻质、薄壁、复杂的特点，很难保证工件装夹的重复定位精度，由于铝合金焊接变形以及空间曲面焊缝的特点，对于夹紧机构和工件的贴合程度也提出挑战。采用了箱底仿形模胎结构，并结合箱底机器人TIG焊焊接变形有限元计算结果，解决了大型薄壁铝合金结构件装配一致性控制、工件定位精度与防错设计、路径自适应跟踪与工艺参数补偿、智能焊接装备系统集成等技术难题,针对运载火箭贮箱箱底研制出结构稳定、柔性、适应性强的箱底 TIG 焊接装备和箱底法兰焊接装备(图 1),工件装配错边量 ≤ 0.5 mm。

(a)瓜瓣纵缝仿形模胎　　(b)Φ1380 mm 环缝焊接工装　　(c)结构动静力学仿真与优化

图 1　箱底高精度定位与柔性装夹

2. 复杂空间曲面焊接过程工艺智能优化与自适应控制

围绕航天铝合金大型薄壁结构件焊接过程动态、非线性、多因素耦合等特点,基于铝合金变极性 TIG 焊工艺特点,突破了基于混合推理机制的焊接工艺参数自动设计、复杂空间曲面焊缝特征识别与自主跟踪、基于多源信息驱动的焊缝熔透状态与成形预测知识模型构建、模糊监督与自适应复合控制的焊接参数动态调整与补偿等关键技术,较好地优化了焊接工艺知识迭代与参数自动化设计的指导性,实现了焊接全长范围正反面宽度、余高一致性偏差达 ±0.5 mm。

采用基于三维数模的离线示教和在线修正的方法,并且通过精确标定机器人和传感器的手眼关系,将传感器获取的偏差值反馈为机器人轨迹坐标系下的位置偏差和角度偏差,解决轨迹修正的准确性。实现扫描跟踪速度 ≥ 1 m/min 下 Y 向跟踪精度 0.1 mm,Z 向跟踪精度 0.2 mm,如图 2 所示。

构建了多源信息驱动的焊缝熔透状态与成形预测知识模型,提出了以 t- 分布领域随机嵌入流形学习算法为核心的焊接多源信息特征降维方法,采用粒子群算法 PSO+ 自适应模

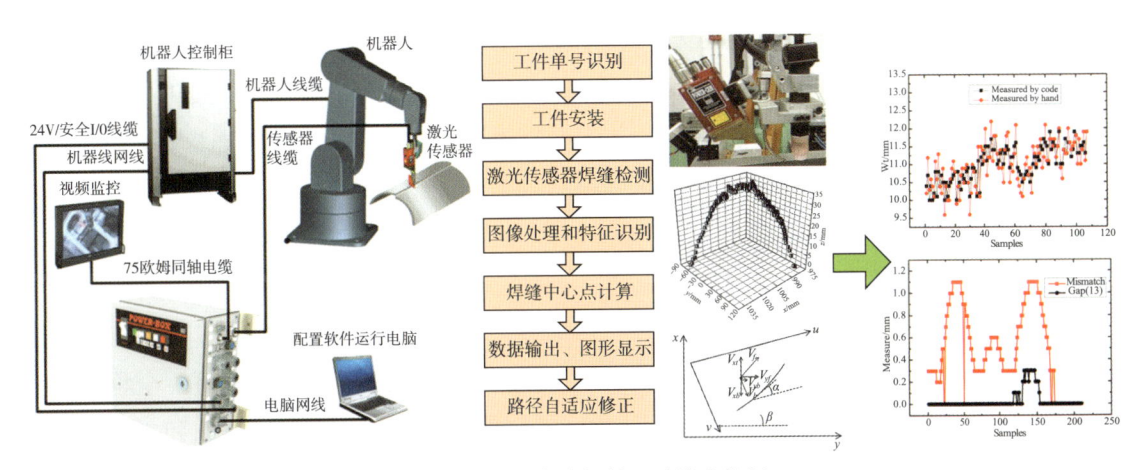

图 2　复杂空间曲线焊缝跟踪轨迹控制

糊神经网络系统 ANFIS 的铝合金 TIG 熔透状态与焊缝成形预测的知识提取和建模方法（见图 3），较好解决了焊接动态过程质量特征知识模型的构建难题，背面熔宽预测平均误差 AE=0.08 mm，均方根误差 RMSE = 0.0921 mm。

设计了模糊监督加间隙、错边量等前馈补偿的机制调节送丝速度与焊接电流以确保焊缝成形效果，其中电流自适应控制器采用时变模型在线递推辨识和最小方差原则来控制焊缝背面熔宽，而模糊监督控制器通过改变送丝速度，加快自适应控制的收敛速度，焊接全长范围正面宽度、余高偏差 ≤ ±0.5 mm，如图 4 所示。

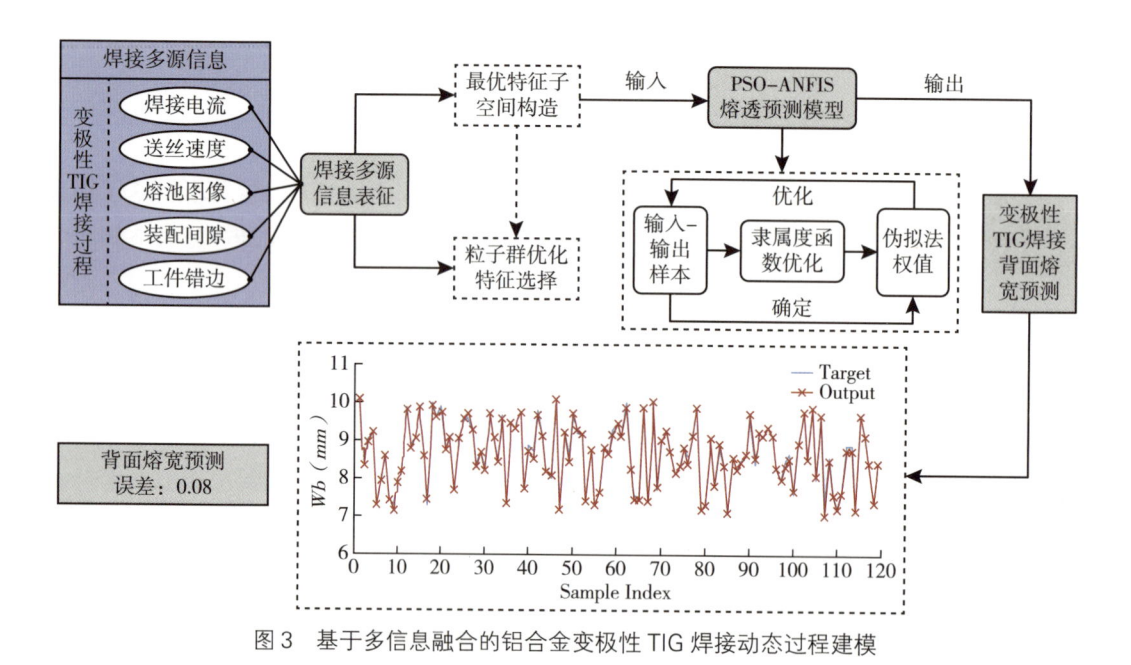

图 3 基于多信息融合的铝合金变极性 TIG 焊接动态过程建模

3. 机器人焊接设备互联与状态实时监测分布式结构

项目突破了贮箱箱底机器人焊接装备多源异构数据采集、产品数据追溯实现等关键技术，解决了焊接装备设备、工艺、产品、人员、物料等多源异构数据的采集与贮箱箱底产品数据包准确性的难题。在贮箱箱底焊接装备的基础上，设计出焊接装备互联结构，实现焊接装备内部和外部的互联互通。

研制的多智能体柔性焊接制造单元应用于贮箱箱底焊接，通过分布式协作任务规划、任务分配和分解，实现焊缝识别与导引、焊缝跟踪、熔透控制、系统仿真及知识推理决策等各资源子系统之间协调控制，并显示各智能体（焊机、传感器、机器人等）全称信息和状态信息，通过分布于网络中的多智能体之间的交互，对输入任务进行一次和二次分解最终将子任务分配至各资源智能体规划，以消息传递方式进行焊接过程作业的协调执行，实现了贮箱箱底焊接各智能体单元（多态数据传感、机器人、焊机及夹具）协调与合作，如图 5 所示。

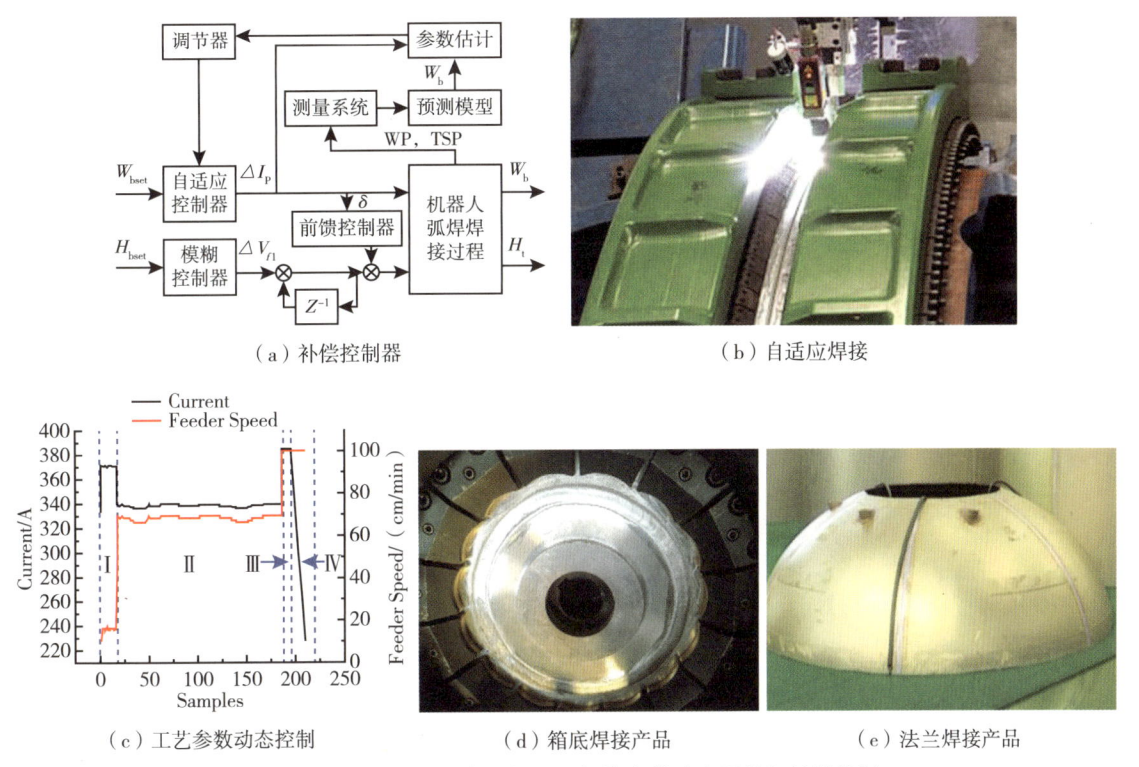

(a) 补偿控制器　　　　　　　　(b) 自适应焊接

(c) 工艺参数动态控制　　(d) 箱底焊接产品　　(e) 法兰焊接产品

图 4　贮箱箱底法兰变极性 TIG 焊接参数动态调整与补偿控制

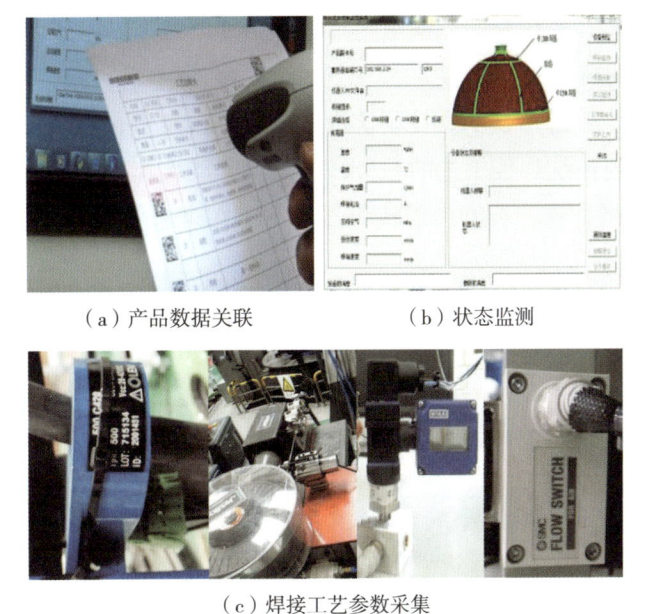

(a) 产品数据关联　　(b) 状态监测

(c) 焊接工艺参数采集

图 5　焊接过程实时感知与透明化监测

69

4. 焊接工艺设计数字化

焊接工艺设计数字化主要依托于基于焊接基础数据库和焊接知识库的工艺设计专家系统的支撑，在实物验证的基础上完成焊接工艺设计优化。

工艺数据库的构建模式采用基于广域网的 B/S 模式。通过构建底层数据结构，采集相应数据，将所有数据录入已经完成的数据表，即可实现工艺数据库的创制。专家系统的设计相对复杂，首先，是在工艺数据库的基础上构建一套综合数据库系统，该系统的主要目的在于存储和处理推理条件和中间结果；然后，根据需求，结合适用的标准，考虑已有的焊接工艺，设置一套基于用户的专家系统知识库；接着，根据推理的类型及数据类型，制定推理策略，构建专家系统推理机，并完成与之配套的解释程序；最后，编制界面及相关辅助功能，实现焊接工艺专家系统。

三、推广应用情况

项目通过对机器人智能化技术的研究，研制的运载火箭贮箱箱底 TIG 智能焊接装备、箱底法兰 TIG 智能焊接装备及工艺智能优化设计与过程自适应控制等技术成果。项目成果已应用于多个型号运载火箭贮箱生产，满足了贮箱制造高柔性、高稳定性与过程自适应控制的需求，改变了长期以来依赖人工经验调整与生产过程无法透明化管理等现状，显著提升贮箱结构件生产过程的自动化和智能化水平，解决常规自动化设备无法满足多变条件下产品零缺陷生产要求的难题，从而有效提高产品质量一致性，增强制造柔性，提升制造效率，支撑运载火箭贮箱的高质高效制造。

随着机器人技术、传感器技术、控制技术、数据分析技术、通信技术等先进技术的不断发展，以及这些技术与传统焊接工艺的融合，机器人智能化焊接技术将得以快速发展，使得焊接机器人变得越来越智能，智能的焊接机器人有望在未来应用到航空航天、造船、重工、风电等各个领域。

案例 11
建筑钢结构焊接机器人在北京新机场建设的应用

北京石油化工学院光机电装备技术北京市重点实验室

北京石油化工学院针对北京新机场钢结构焊接的施工特点，自主研制出刚性直轨道移动式焊接机器人、管道焊接机器人、柔性轨道移动式焊接机器人3款焊接机器人，应用于北京新机场C型柱箱型梁、网状屋盖圆管杆件和球节点连接、中央连桥箱型梁、到港/离港高架桥等处的现场焊接作业，明显提高了焊接质量和施工工效，为建筑施工行业起到了很好的示范作用。

一、导言

建筑钢结构有承载力强、艺术表现力强、施工进度快等特点，受到现代建筑设计师的青睐，以钢结构为主体形式的建筑层出不穷，如国家体育馆（鸟巢）、国家大剧院、上海中心大厦、北京新机场（现已经定名为北京大兴国际机场）等。钢结构建筑的用钢量增长迅速，钢板强度也越来越高、越来越厚，结构形式越来越复杂，焊接工作量巨大，焊接质量要求高。与此同时，熟练焊工的数量明显不足，焊工成本居高不下，给建筑施工企业提出了严峻挑战，寻求钢结构机器人焊接施工成为建筑钢结构施工发展的必然趋势。

北京新机场于 2014 年 12 月获得国家发改委批复立项，并于当年动工建设，2019 年 9 月 25 日开始投入运营。北京新机场航站楼形如展翅的凤凰，如图 1 所示，造型新颖、独特。航站楼由核心区和五个放射形指廊组成，航站楼核心区钢结构由支撑系统和屋盖组成，屋盖钢结构以 8 根 C 型柱为主要支撑，屋盖钢结构网格构件规格种类多、数量多，钢结构施工难度大。

图 1　北京新机场俯瞰图

北京石油化工学院光机电装备技术北京市重点实验室在北京市科技计划重点课题资助下，针对北京新机场航站楼钢结构现场焊接施工高空作业多、钢结构形式多样、现场构件拼装误差大、工艺复杂、质量要求高等特点，进行了移动式焊接机器人模块化、通用化、轻量化和数字化设计，深入研究了焊接机器人轨道柔性匹配和快速安装技术、建筑钢结构机器人空间路径规划技术、钢结构空间全位置焊接技术、钢结构机器人焊接厚板多层多道规划技术和钢结构组对偏差容错技术、钢结构焊接机器人焊接工艺参数数字化管理系统等相关技术研究，开发出刚性直轨道移动式焊接机器人、管道焊接机器人和柔性轨道移动式焊接机器人等三款焊接机器人，成功应用于北京新机场钢结构焊接施工工程中，提高钢结构焊接质量，保障施工进度。

二、主要研究内容

1. 建筑钢结构焊接机器人系统研制

针对北京新机场高空大跨距、厚板拼焊、大量球管节点钢结构特点和焊接施工要求，进行了焊接机器人执行机构轻量化、模块化设计，并基于多层多道自动排道及控制技术、全位置焊接及控制技术、焊接工艺数据管理系统和激光传感焊缝跟踪技术等相关技术，研制出三款移动式焊接机器人，包括刚性直轨道焊接机器人、柔性轨道焊接机器人和圆形轨道焊接机器人，技术路线如图2所示。刚性直轨道焊接机器人主要用于直缝厚板焊接，适用于平焊、立焊、横焊和仰焊等焊接位置；柔性轨道焊接机器人适用于大曲率半径的曲线焊缝（包括直焊缝），适用于平焊、立焊、横焊和仰焊等焊接位置；圆形轨道焊接机器人适用于空间全位置焊接，在北京新机场中用于球形节点与圆形杆件的焊接。三款移动式焊接机器人均由机器人控制箱、移动小车（执行机构）、轨道等主要部件组成，焊接电源根据现场使用条件和要求进行选配。

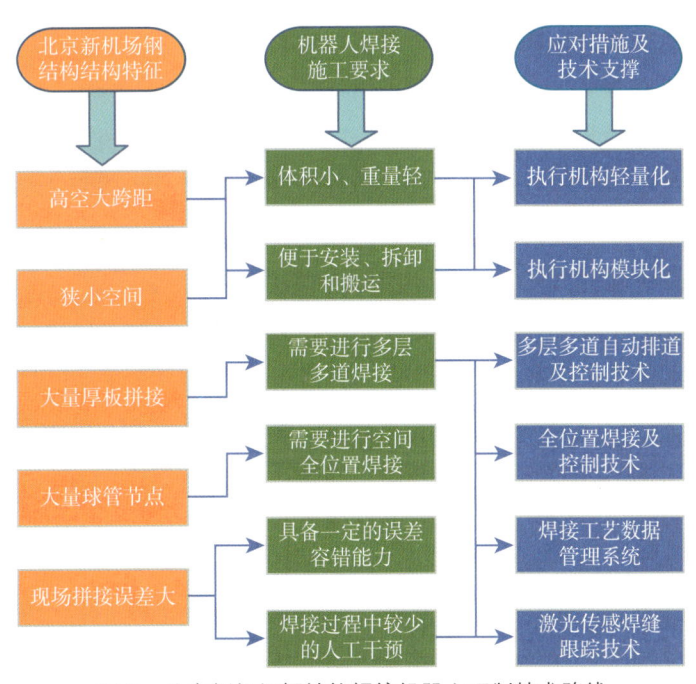

图2 北京新机场钢结构焊接机器人研制技术路线

2. 建筑钢结构焊接工艺数字化管理系统

针对建筑钢结构各种复杂工况和要求，构建了建筑钢结构焊接工艺数字化管理系统。基于前期积累的经验以及其他焊接专家的研究成果，构成专家系统知识库，专家系统设置了一个开放的接口,便于焊接专家和现场操作人员根据现场焊接实践及时更新专家系统知识库,不断丰富和完善专家数据库。考虑到空间管道焊接的特殊性,焊接工艺参数管理系统增加了全位置焊接模块。针对厚板多层多道焊接的需求,添加了多层多道焊道规划模块,以方便机器人焊接厚板时可以快速进行焊道规划,提高工效。焊接工艺参数管理系统框图如图3所示。焊接机器人控制器基于焊接工艺参数管理系统机器人执行机构和焊接电源实施焊接作业。

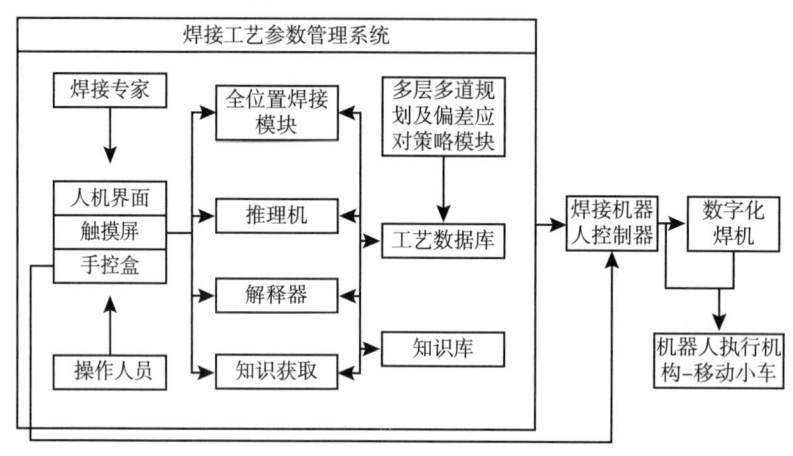

图3 移动式焊接机器人焊接工艺管理系统图

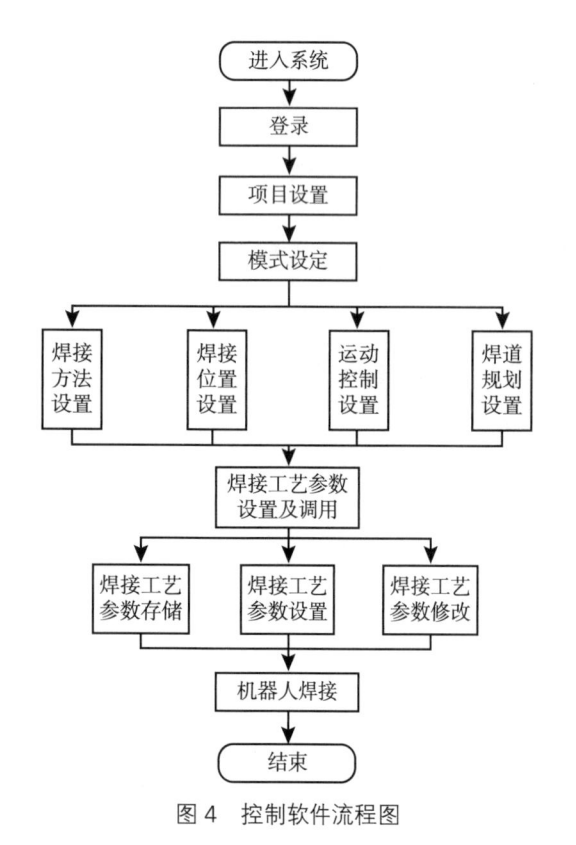

图4 控制软件流程图

建筑钢结构焊接机器人数控软件控制流程如图4所示,控制软件将机器人运动控制和焊接工艺有机结合起来,有效提高了机器人现场施工工效,也降低了对机器人操作者的技能要求。

针对建筑钢结构焊接机器人现场施工工况,采用触摸屏和手控操作盒作为人机交互界面,方便操作人员现场交互操作。手控操作盒作为现场操作人员与机器人之间的交互界面,可以现场控制机器人运动和现场焊接参数的实时调整。触摸屏构成的人机交互界面,可以进行焊接方法、焊接位置、焊接工艺参数的设置,也可以与焊接工艺参数管理系统进行交互,实现数据库数据的调用、存储和修改。

3. 建筑钢结构空间全位置焊接技术数字化控制

根据北京新机场钢结构的特点，焊接施工中有平焊、立焊、横焊及圆管杆件与球节点的全位置焊接等多种焊接位置，在实际的焊接施工中，不同的焊接位置采用的焊接工艺参数存在较大差异，焊接机器人需要针对不同的焊接位置采用差异化的焊接工艺参数。

对于平焊、立焊、横焊、仰焊等位置的焊接，依据具体的焊接材料和焊接条件，在付诸现场焊接施工之前，通过大量的实验室焊接试验探索出理想的焊接试验工艺参数，最后通过焊接工艺评定确定所采取的焊接工艺是否满足要求，从而提出满足现场工艺要求的焊接参数。

北京新机场航站楼屋盖存在大量的圆管杆件与球形节点连接的接头，如图5所示，圆管杆件与球形节点实施焊接作业时，需要采用全位置焊接，如图6所示，在围绕圆管焊接一周（360°）时，焊接位置经历了平焊-立向下-仰焊-立向上-平焊的过程，焊接圆管四周的每一个位置所要采用的焊接工艺参数都不相同。为此，将圆形焊缝分为若干区域，即在整个圆弧上确定若干个点（如8点或24点），将管道圆弧分成8区或者24区，在上述平焊、立焊、横焊、仰焊等位置焊接工艺的基础上，以这些典型焊接位置的焊接工艺参数作为基础数据，通过圆弧插值方法获得每一个区渐变的焊接工艺参数，使焊接过程稳定柔顺地进行。

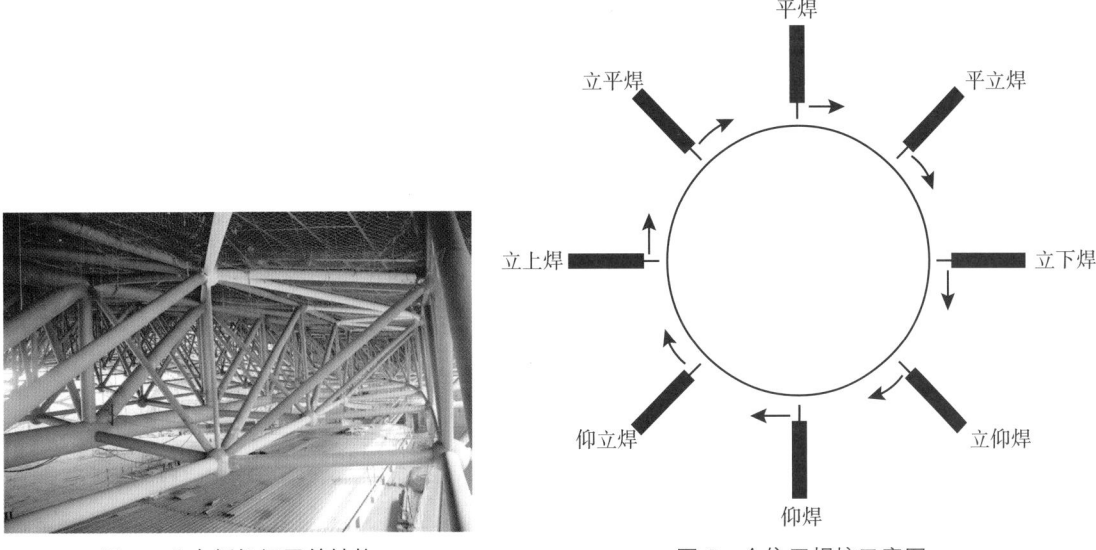

图5 北京新机场屋盖结构 图6 全位置焊接示意图

在实施过程中，将不同焊接位置（尤其是全位置焊接时）的焊接工艺数据数字化，将建筑钢结构焊接工艺与焊接工艺参数管理有机结合起来，实现建筑钢结构焊接工艺参数设定、过程监控和焊后数字存储等焊接全过程数字化管理和控制。

4. 建筑钢结构焊接机器人模块化和轻量化设计

建筑钢结构焊接作业的机器人执行机构需要重量轻，且便于搬运、安装及拆卸，针对这一现实需求，研制过程中对移动式焊接机器人进行模块化、轻量化设计和优化。建筑钢结构移动式焊接机器人系统中，移动小车和轨道在现场焊接施工中，需要经常安装、拆卸和搬运，从劳动强度和工作效率角度考虑，需要重点对移动小车和轨道进行模块化和轻量化设计优化。

针对建筑钢结构的特点和焊接要求，三种移动式焊接机器人的移动小车按照功能需求，设计为行走模块、左右调节模块、上下调节模块、摆动模块和夹持模块等的组合。这些模块通过合理组合可以构成用于建筑钢结构焊接施工用的刚性直导轨焊接机器人、柔性轨道焊接机器人和管道焊接机器人移动小车，实现移动式焊接机器人移动小车的模块化。

考虑在施工现场可以进行方便搬运、安装和拆卸，如针对刚性直轨道的现场安装情况，采用轨道与固定安装磁块分离的模块化设计，现场可快速组装，无需借助其他工具，手工即可完成机器人移动小车安装或者拆卸，降低了工人在施工现场安装的劳动量；对于刚性直轨道和柔性轨道均采用现场快速组对任意延长轨道，以适用现场较长焊缝的焊接；对于圆形轨道快速开合和锁紧机构进行了优化，以方便快速安装。

为了满足建筑钢结构现场施工的便捷性要求，在功能模块化设计的基础上，对移动焊接机器人小车和轨道进行了轻量化设计，从材料角度考虑，按照材料比强度、可加工性等具体指标选择轻质材料；同时对移动式焊接机器人的移动小车进行了结构优化设计，降低移动小车的重量，将移动小车的重量控制在 15 kg 以内，极大方便了施工现场的搬运和安装。

通过上述模块化和轻量化设计开发，充分考虑现场施工的便捷性，提升了移动式焊接机器人在建筑钢结构施工现场的适应性。

5. 激光视觉传感焊缝跟踪技术

建筑钢结构结构复杂，焊缝形式多样，焊接机器人的离线编程技术难以适用现场实际焊缝的线路规划，建筑钢结构焊接机器人大多采用现场示教技术，但现场示教过程增加了焊接准备时间，影响焊接施工效率。激光视觉传感焊缝跟踪技术日趋成熟，在关节式焊接机器人的焊缝跟踪中已有应用。在北京新机场钢结构机器人焊接过程中，引入了激光视觉传感焊缝跟踪技术。激光视觉传感焊缝跟踪技术的核心为激光传感器，其通常包含一个摄像机和一个激光器。激光器作为光源，发出一个激光条纹到工件表面上。摄像机与激光器成一定角度，采集工件表面的条纹信息。摄像机前面装有窄带滤光片，其中心波长与激光波长一致，确保激光透过的同时滤除电弧强光，如图7所示。摄像机获得工件表面的结构光图像，经过后台图像处理，焊缝图像处理流程如图 8 所示，获得焊缝坡口中心位置信息，引导机器人控制焊枪指向焊缝中心位置完成焊缝跟踪。

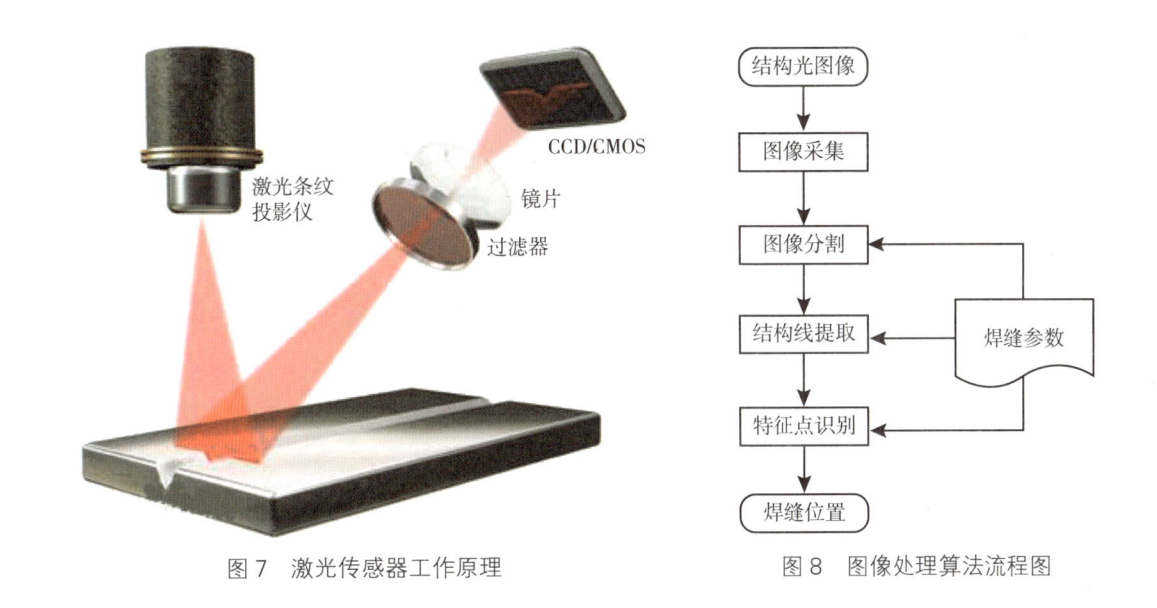

图 7　激光传感器工作原理　　　　图 8　图像处理算法流程图

6. 厚板多层多道自动化焊接技术及数字化控制

北京新机场大量采用了厚板组成结构部件，厚板的焊接需要采用多层多道焊接。在大量焊接试验的基础上，建立不同坡口形式的多层多道焊接模型，通过坡口排道的离线编程技术实现厚板多层多道自动化焊接。同时，考虑焊接过程的复杂性，影响焊道尺寸和焊接质量的因素很多，如拼装误差、焊接过程变形等，通过厚板坡口焊道规划及变形预估等方法，实现了厚板多层多道自动化焊接。

针对机器人多层多道的自动化焊接的实际需求，开发了焊接机器人焊缝坡口焊道自动规划功能控制模块，所有焊道均可简化为平行四边形焊道和梯形焊道两类，机器人根据规划结果进行自动调整焊道位置偏移量和焊枪姿态。

根据上述厚板焊道规划的策略，机器人多层多道焊接实验的结果如图 9 所示，焊道填充成形美观，焊后检测无缺陷。坡口规划策略与机器人焊接工艺数据库有机结合，丰富了建筑钢结构焊接机器人的焊接工艺数据库，方便现场厚板多层多道焊接施工。

(a)填充完成焊缝　　　　(b)焊缝截面

图9　焊接试件及其截面图

三、主要成果及应用

1. 主要成果

研制出三款适应于不同工况的建筑钢结构焊接机器人,成功应用于北京新机场钢结构焊接施工,完成了3号C型柱箱梁焊接、网架球节点与圆管杆件焊接、中央连桥箱梁焊接、进出港立体高架桥钢结构焊接等多处现场焊接施工,提高了焊接质量,保障施工进度。

2. 北京新机场钢结构建设工程应用

针对北京新机场钢结构焊接特点研制出的三款刚性直轨道焊接机器人、管道焊接机器人及柔性轨道焊接机器人,成功应用于北京新机场钢结构现场焊接施工中。在2017年3月—2018年2月期间,所研制移动式焊接机器人应用于3号C型柱焊接,网架球节点与圆管杆件相贯焊接、中央连桥、进出港立体高架桥钢结构焊接等多处现场焊接施工,焊接机器人总应用工时达1200小时,完成各类焊缝400余道,焊缝外观质量成形美观,无损检测100%合格。

(1)C型柱箱梁焊接施工。

航站楼中心区的8组C形柱撑起了全部屋盖,是航站楼的关键支承构件,整体结构俯视呈"C字"造型。各个C形柱按照各层建筑平面的不同布置落于各层平面,C形柱下部为箱形构件,各构件均采用焊接方式连接。C形柱材质为Q460GJC高强度建筑结构钢,焊接要求较高,箱型构件焊缝长度0.3~2m不等,经与建设施工单位确定,将机器人用于3号C型柱下部的箱梁组装焊接。焊接完成后,按照验收标准GB/T 29712—2013 2级要求,参考检验标准GB/T 11345—2013 B级进行,在焊后48小时后进行超声探伤,探伤结果100%合格。满足北京新机场建筑钢结构的焊接施工质量的要求。图10(a)为移动式机器人现场焊接情况,图10(b)为机器人现场焊接施工时采用围挡的防风措施,图10(c)为初步建成后的3号C型柱。

(a)移动式焊接机器人在C型柱现场焊接

(b)机器人焊接时的防风措施　　(c)初步建成后3号C型柱

图10　移动式焊接机器人用于新机场C型柱的建设

(2)球形节点与圆管杆件焊接。

航站楼中心区屋盖大量采用圆形杆件和球节点构成超大复杂空间曲面网状结构。大量杆件在预制车间完成预制后需要在施工现场与球节点进行组对,由零件-部件-局部大部件,再提升到屋盖合适位置进行拼装。现场组装主要为球节点和圆管杆件的连接,球节点与圆管杆件的连接焊缝为圆形焊缝,需要单面焊双面成型,焊缝背面加圆弧垫板,如图11所示,需要焊接机器人实施全位置焊接。

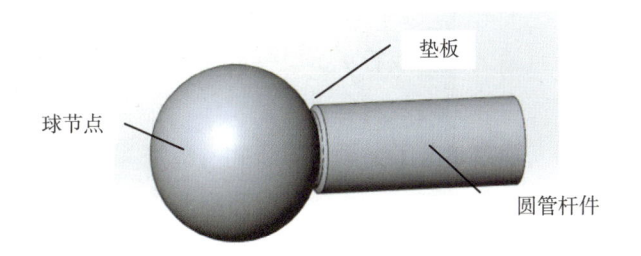

图11　球节点与圆管杆件连接示意图

在焊接工艺评定的基础上,现场施工中采用移动式管道焊接机器人对现场 $\Phi 273\,\text{mm}$、$\Phi 325\,\text{mm}$、$\Phi 402\,\text{mm}$、$\Phi 508\,\text{mm}$、$\Phi 600\,\text{mm}$ 等多种规格的球节点和圆管杆件连接进行了施工,

下图为移动式管道焊接机器人焊接现场施工场景。每道焊缝完成后，按照验收标准在焊后48小时候进行超声探伤，结果为100%合格，保障了新机场钢结构焊接施工质量。图12（a）为北京新机场不同球形节点与圆管杆件焊接的施工照片，图12（b）为钢结构建设完成后的新机场网状屋盖。

（a）空间网状球节点与圆管杆件的机器人焊接

（b）钢结构建设完成后的新机场网状屋盖

图12 网状球节点与圆管杆件的机器人焊接施工

（3）中央连桥和进出港立体高架桥焊接。

移动式焊接机器人还进行了北京新机场中央连桥和进出港立体高价桥的焊接，焊接机器人的使用明显提升了建筑钢结构的焊接施工质量，提高了工效。如图13为中央连桥焊接施工图片，图14为进出港立体高架桥的焊接施工图片。

（a）机器人焊接施工　　　　　　（b）钢结构施工完成后的中央连桥
图13　航站楼中央连桥机器人焊接施工

（a）焊接过程中　　　　　　（b）焊缝照片
图14　新机场进出港立体高架桥机器人焊接施工

四、总结和展望

1. 总结

建筑钢结构移动式焊接机器人的研制成功，在建筑钢结构机器人焊接施工的关键技术获得长足进展，保障了北京新机场钢结构机器人焊接的顺利实施。

（1）适应高空建筑钢结构作业的机器人重量和结构优化技术。

高空焊接作业的机器人执行机构必须要重量轻、便于移动及安装。通过移动式焊接机器人进行模块化、通用化和轻量化设计优化，三款移动式焊接机器人的执行机构的重量都降到

15 kg以下，方便建筑钢结构现场安装和移动的便捷性和现场施工的适应性。

（2）建筑钢结构复杂空间全位置焊接技术。

针对建筑钢结构复杂空间焊接位置，通过焊缝轨迹在空间位置的细分，通过插补方法，在焊接工艺参数管理系统的基础上，在任意空间自动调用位置焊接工艺参数，形成稳定柔顺的全位置焊接过程，保障复杂空间全位置焊接质量。

（3）建筑钢结构厚板多层多道焊数字化控制技术。

针对钢结构件厚板焊缝机器人多层多道的自动化焊接需求，依据坡口类型、焊接位置、焊接方式、焊件材料、坡口厚度，建立了坡口规划管理数据库，开发了焊接机器人焊缝坡口焊道自动规划功能控制模块，分类存储若干坡口焊缝排道的数据。实际焊接过程中，在设定焊缝长度、板厚等工件参数后，机器人可自动调用坡口规划数据程序，实现整个焊缝的多层多道的自动化焊接。

（4）建筑钢结构焊接工艺参数管理系统。

构建一套开放式焊接工艺参数管理系统，将不同类型的焊接位置分区管理，不同区域采用不同的焊接参数，融合全位置焊接技术和多层多道自动焊技术，工艺参数管理系统支持焊接参数的调用、现场输入及修改，保障工艺参数管理系统可以持续丰富和完善。

（5）建筑钢结构机器人焊接工艺。

通过对新机场C型柱焊接工艺、空间球节点和圆管杆件连接工艺、中央连桥焊接工艺等研究和具体施工，获得了多种工况下的成熟焊接工艺参数，为焊接机器人推广至其他建筑工程类似工况提供了强有力的支撑。

2. 展望

现代建筑结构设计中，采用钢结构形式建筑越来越多，建筑钢结构焊接机器人在北京新机场成功应用在行业内起到很好的示范作用，随着熟练焊接工人数量的逐年减少，焊接机器人在建筑钢结构领域的应用前景可以预期。北京石油化工学院光机电装备技术北京市重点实验室焊接机器人研发团队拟继续寻求与国内建筑施工单位加强合作，让钢结构焊接机器人获得更多现场使用，逐步培育建筑钢结构焊接机器人细分市场，稳步推进产业化。

案例 12

工程机械地面起重机伸臂激光电弧复合焊接成套技术与装备

哈尔滨焊接研究院有限公司

哈尔滨焊接研究院有限公司通过十余年的系统研究，成功开发了适用于地面起重机伸臂的激光电弧复合焊接成套技术与数字化装备，产品的焊接效率提高1倍，焊接变形减小50%，焊丝消耗量减少30%，显著改善了工人的工作环境，提升了我国起重机产品的安全性、可靠性及国际竞争力。

一、导语

　　工程机械产业是中国装备制造业重要的组成部分，是国家着力打造的战略性产业之一。大型起重机具有运行灵敏、起重吨位大以及起重高度高等优点，对国家能源储备、风电、核电以及基础工程建设具有重要的意义，其安全性也越来越受到了工程机械行业的广泛关注。大型起重机部件伸臂作为起重机的主要承载结构件，是决定大型起重机安全吊装的关键部件。当前电弧焊仍然是这些关键结构件焊接制造的主要焊接工艺。受电弧焊工艺方法焊接热输入大、热效率低、焊接变形大等工艺特点的局限性，弧焊接头的质量及可靠稳定性相对较差，特别是在解决厚板打底焊缝的熔透可靠性及稳定性方面，电弧焊无法实现全工况条件下焊缝的单面焊双面成型，进而无法保证打底焊缝熔透的可靠性及均匀性，而在实际的焊接生产中，打底焊道熔透的可靠性对产品质量的影响至关重要。焊缝根部的未熔透缺陷往往是工件失效破坏最常见的裂纹源之一，亟须一种先进的焊接工艺来解决关键结构件焊接的上述技术问题。

　　激光－电弧复合焊接技术由于具有焊接效率高、焊接热输入低、焊接变形小、焊接接头综合性能好、工况适应性好、可实现单面焊双面成形、单位长度焊缝能耗低等技术优势，是确保起重机关键部件质量稳定性，服役可靠性的最佳工艺选择。

　　哈尔滨焊接研究院有限公司通过十余年的系统研究，在伸臂部件组对装配复杂工况条件下成功开发了焊接质量稳定的激光电弧复合焊接工艺，突破了装备的数字化控制、机器人多轴协调控制以及激光电弧复合焊接系统稳定性、可靠性等关键技术，国内首次成功开发适用于地面起重机伸臂的激光电弧复合焊接成套技术与装备，并应用于工程机械关键部件的生产制造中，大幅度提升了我国工程机械装备的产品安全性、可靠性以及国际竞争力。

二、研究内容

1. 激光电弧复合焊接成形原理

　　激光电弧复合焊成形是采用激光束和电弧作为复合热源的一种先进焊接方法，它充分利用了激光能量密度高与电弧适应性好的特点，避免了单一焊接方法的缺点和不足，通过二者的有机结合从而实现焊接熔深大、焊接变形小、接头强度系数高和工艺适应性好的优势。其原理是激光与电弧同时作用于金属表面同一位置，焊缝上方因激光作用而产生光致等离子体云，等离子云对入射激光的吸收和散射会降低激光能量利用率，外加电弧后，低温低密度的电弧等离子体使激光致等离子体被稀释，激光能量传输效率提高，同时电弧对母材进行加热，使母材温度升高，母材对激光的吸收率提高，焊接熔深增加。另外，激光熔化金属，为电弧提供自由电子，降低了电弧通道的电阻，电弧的能量利用率也提高，从而使得总的能量利用率提高，熔深进一步增加。激光束对电弧还有聚焦、引导作用，使高速焊接过程中的电弧更加稳定，从而降低热输入，减小变形，提高焊接效率并实现单面焊双面成型。如图1所示。

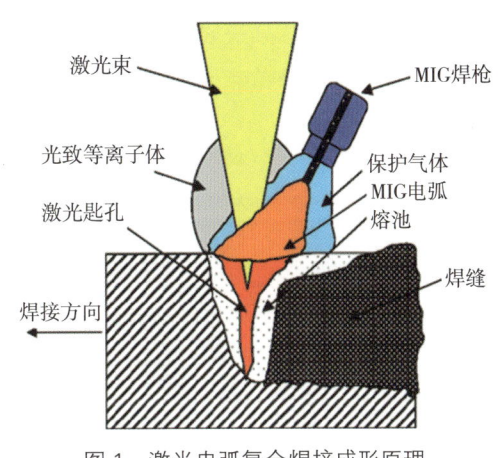

图1 激光电弧复合焊接成形原理

2. 激光电弧复合焊接成形方法

激光电弧复合热源使用的激光器一般有CO_2气体激光器和固体激光器。根据电弧方法的不同，可实现激光和TIG复合，激光和MIG/MAG复合以及激光和等离子弧焊复合；根据激光和电弧的相对位置不同，可分为同轴复合以及旁轴复合。其中激光与TIG复合以及激光与等离子弧复合通常用于薄板焊接，有效的应用案例为焊接不等厚板，如汽车底板的对接以及不同壁厚的管道对接。激光-MIG/MAG复合在中厚板焊接中拥有明显的优势，由于实用性和适应性更优，因此是一种最具有发展潜力的焊接方法。

3. 激光电弧复合焊接工艺

起重机伸臂材料为低合金高强钢，屈服强度800~1100MPa，材料厚度4~14mm，工件焊缝长度为9~18m，接头形式为对接I型或Y型，Y型坡口角度10°~30°。如图2所示。通过开发激光-MAG复合焊接成套工艺，优化激光功率、离焦量、焊接速度、光丝间距等工艺参数，并对焊缝成型、焊接接头质量和接头性能进行综合评估，结果表明：激光-MAG复合焊接可实现10mm以下板厚的单面焊接双面成型熔透型焊缝，焊接速度根据板厚可达1~2.5m/min，同时可以满足工件装配间隙0~2mm、钝边4~6mm、错边0~2mm的可靠焊接，如图3所示。产品的焊接效率提高1倍，焊接变形减小50%，焊丝消耗量减少30%，极大地改善了工人的工作环境。

研发了激光电弧复合焊接自适应控制技

图2 激光-MAG电弧复合焊接伸臂过程

图 3　激光–MAG 电弧复合焊接正反面成型

术，利用激光传感器实时检测装配间隙，根据间隙的大小以及间隙和工艺参数的对应关系，实时调整工艺参数，同时为了保证预热温度的准确性，通过温度传感器实时检测工件表面温度，反馈控制加热电源，做到预热温度准确。通过上述工艺的自适应调整有效解决复杂工况条件下结构件焊缝的单面焊双面成型及根部焊缝熔透的可靠性与稳定性问题，以提高关键焊接接头服役的安全性及可靠性。

4. 激光电弧复合焊接成套装备

激光电弧复合焊接系统需要完成激光传输、弧焊起收弧、焊枪行走、工艺参数数字化控制、工件组装、传输、定位以及自动焊接等一系列动作。因此需要完成的动作复杂、精度高、工艺参数精确以及自动化程度高。研究了龙门双侧同步驱动技术、机器人多轴协调技术、PLC 数字化控制技术、工件的精确定位、工艺参数的数字化控制及闭环控制技术等，为激光电弧复合焊接成套装备在起重机部件生产的应用中奠定了基础。

激光电弧复合焊接成套装备包含机器人龙门行走机构、激光发生器及激光传输系统、激光电弧复合焊接头、控制系统、加热系统、焊缝跟踪系统、弧焊电源系统以及工装系统等组成。如图 4 所示。

激光电弧复合焊接装备可实现的工艺动作：工件装夹 – 工件传输 – 工件定位 – 工件调平 – 机器人轨迹自动运行 – 自动焊接 – 工艺参数适时调整 – 停止焊接 – 工件运出。可执行数字化加载的工艺参数包括：激光功率、焊接速度、电弧电流电压、预热温度、工件定位精度等。

（1）龙门双侧驱动同步技术。

龙门架承载横梁是通过高强度螺柱将主梁及导轨辅梁连接为一体的刚性结构。其中，主梁采用抗弯、抗扭强度大的桁架结构，导轨辅梁采用抗扭转刚度高的精加工板焊结构，其组成的一体化承载横梁可满足大跨度、重载条件下的抗弯、抗扭及刚度要求，龙门架承载横梁两侧支撑行走机构采用强度大、刚度高的箱型结构，采用拼焊结构消除应力及精加工方式保证两侧支撑行走机构的强度、刚度和精度。

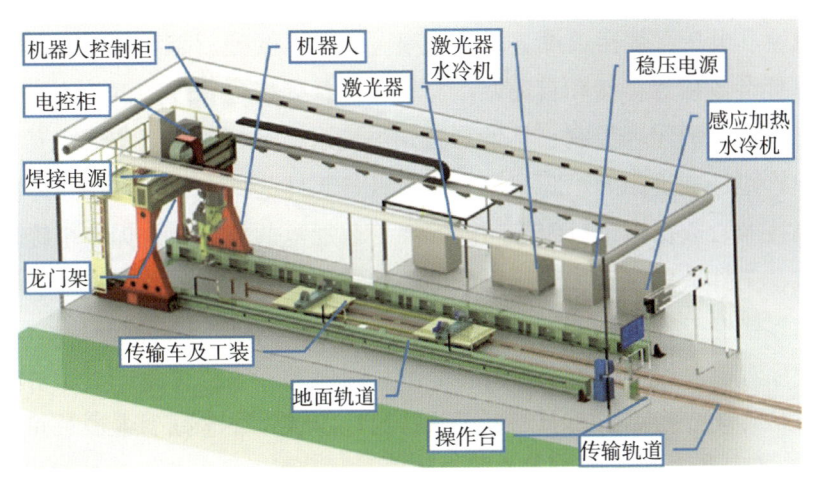

图 4　工程机械伸臂激光电弧复合焊接系统

龙门架行走轨道采用双侧支撑独立轨道方式，每侧轨道采用高精度双直线导轨结构，中间加高精度驱动齿条，保证龙门架的行走精度。采用双侧交流伺服电机驱动龙门架在行走轨道上纵向运动（称为 1 轴），同时通过机器人同步运动控制模块保证两侧交流伺服电机同步，使龙门架行走平稳、无爬行。采用交流伺服电机驱动机器人在龙门架辅梁导轨上横向运动（称为 2 轴），1 轴和 2 轴均可实现与机器人的协调控制，确保机器人在整个龙门跨度范围内的工作。

整套系统可实现如下技术指标：龙门架 1 轴重复定位精度≤ ±0.03 mm，2 轴的重复定位精度≤ ±0.02 mm。运行速度最大可达 15 m/min，同时所有运动轴均与机器人可协调控制，自由编程。

（2）激光发生器最大输出功率 10 kW，功率稳定性≤ 2%，激光发生器与 PLC 控制系统进行总线通讯，激光功率参数可通过软件进行编程，控制系统可任意调用。

（3）弧焊电源系统，可实现最大焊接电流 500 A，与 PLC 控制系统进行总线通讯，弧焊参数可编程，以 JOB 号形式存储，控制系统可任意调用。

（4）激光电弧复合焊接头是将激光焊接头和弧焊焊枪进行一体化设计，满足激光电弧复合焊接功能，其中重要的参数为激光离焦量、光丝间距以及枪头角度。上述参数均可通过控制系统进行设定，然后自动调用，精确控制。

（5）控制系统。

基于可控制编程器（PLC）开发了控制系统与控制软件，实现机器人、激光器、弧焊电源、加热系统等组成模块的联动控制。各模块与控制系统采用DP总线通讯，实现全数字化控制。该系统的特点是：①参数全数字化控制，更加精确。采用中文操作界面，能够实现焊接参数（电流、电压、焊接速度、激光功率、预热温度等）与对应产品型号的匹配集成功能，具备焊接参数预置存储和自动调用功能，具备焊接过程焊接参数实时调节功能。②焊缝轨迹和工艺参数的闭环控制，具备与激光焊缝跟踪系统的良好集成，实现焊接过程的实时跟踪，焊缝跟踪准确，无跟踪偏离现象。具备工件起始点自动寻位，并可检测出坡口间隙，根据焊接参数数据库，对闪缝间隙偏离工艺规范的位置指令焊接系统进行焊接参数的自适应调节，工件的焊接工艺工况适应性和稳定性明显提高。③系统采用触摸屏的人机界面，可实现焊接模拟、手动、自动控制操作，具有焊缝起始点自动寻位、焊缝自动跟踪、示教功能、程序存储和读取、故障报警、显示故障内容、紧急自动停机等功能。系统的可操作性和可维护性明显提高，大大增强了系统的稳定性，显著减少维护时间，提高了生产效率。

图5 激光电弧复合焊接控制系统操作界面

5. 工程机械起重机伸臂激光电弧复合焊接生产与管理

起重机伸臂焊接生产工序主要包括：切割下板－折弯－人工组对－弧焊点固－打磨－激光电弧复合焊打底－激光电弧复合焊盖面－安装机械附件－完成工件。整个生产过程为了实现质量可追溯性，系统具备生产信息、生产数据监控、参数设置、历史数据追溯等方面的数据显示、统计分析功能，并将生产过程常用功能作为主界面，包括以下四点：①生产信息模块包括实时显示及录入生产产品，生产工件实时生产进度等信息。②生产数据监控模块包括设备运行状态、班次及累计班次加工及待机作业时间、设备负荷率统计分析，各产品实时焊接工艺参数等信息。③参数设置模块主要用于工件编程及焊接过程中焊接参数的调整功能。④历史数据追溯模块主要包括对设备开机时间、燃弧时间、班次作业信息，以及各产品按一定频率采集的实际焊接参数等信息的存储、分类整理和统计分析功能。

6. 应用成效分析

所开发的用于地面起重机伸臂焊接的激光电弧复合焊接成套技术与装备，大幅度改善了产品的质量、提高了产品的生产效率，节约了材料，提高了技术经济效益。伸臂作为起重机的主要承载结构件，是决定大型起重机安全吊装的关键部件。整套技术成果拥有完全自主知识产权经过批量焊接生产验证和效果评估，激光–电弧复合焊接工艺可靠性高，设备运行稳定，投入产出比高，大大提升了产品质量。所开发的新型激光焊接成套工艺与原弧焊工艺相比，具有以下几方面优势：

1）可在复杂工况条件下实现完美可靠的单面焊双面成型，淘汰了原有工作环境恶劣、效率低下、质量稳定性差的背面手工电弧打底焊工艺。

2）焊接变形降低近 50%。

3）焊接效率提高 1 倍。

4）焊接材料消耗降低 50%。

5）工人劳动强度和工作环境显著改善。

6）产品焊接质量的稳定性和可靠性明显提高。

激光电弧复合焊接装备投入使用后，累计焊接伸臂 9000 多根，装配 1400 多台大吨位起重机产品，焊缝累计长度超过 300 千米，为企业创造直接经济效益近 8 亿元，间接经济效益 40 多亿元，大幅度提升了我国工程机械装备的整体制造水平，引领了行业技术进步，为企业带来良好的经济效益和社会效益。

三、主要成果与工业应用

哈尔滨焊接研究院有限公司激光团队利用十年时间攻克了制约激光焊应用推广的一系列关键工程技术问题，系统掌握了拥有完全自主知识产权的激光及激光–电弧复合焊成套技术及装备，实现了科技成果在轨道交通、工程机械等行业的应用，重点在基于复杂工况条件和不同材料结构的成套焊接新工艺、系列工程化关键技术问题及成套焊接装备研制开发了成组成套的国产激光及激光–电弧复合焊接系统，此系统的性能参数如表 1。攻克了自适应闭环控制、多层多道焊自适应智能排序、高精度协调、离线编程、在线检测等关键瓶颈技术，实现了进口替代。在此期间授权发明专利 19 件、实用新型专利 4 件、软件著作权 1 件；制定国际标准（CD 阶段）1 项、国家标准 9 项、行业标准 1 项；发表论文 76 篇，获得 2019 年机械工业联合会科技进步一等奖，2019 年黑龙江省科技进步二等奖。

表 1　工程机械激光 – 电弧复合焊接系统

设备形式	龙门机器人复合形式
复合焊接工艺	激光 – 单丝 MAG/ 激光 – 双丝 MAG
系统轴自由度	9~12 轴
龙门跨度	5~8 m
龙门 X 轴重复定位精度	≤±0.03 mm
龙门 Y 轴重复定位精度	≤±0.02 mm
X、Y 轴速度范围	0~20 m/min 无级可调
可焊材料厚度	4~60 mm
焊接工况适应性	0~2 mm
焊接工艺自适应	有
焊缝熔透在线检测	有

四、当前存在问题和展望

激光 – 电弧复合焊接技术由于具有焊接效率高、焊接热输入低、焊接变形小、焊接接头综合性能好、工况适应性好、可实现单面焊双面成形、单位长度焊缝能耗低等技术优势，是一种非常有应用前景的先进焊接方法。但是目前仍然存在一些问题：①激光电弧复合机理以及激光与电弧相互作用的相关理论有待进一步完善。②目前针对激光电弧复合焊接的接头评价标准仍然需要进一步制定或转化，大大地限制了该技术在各行业的推广应用。③厚板焊接效率有待进一步提升。未来随着上述问题的进一步解决，相信激光电弧复合焊接技术将会有广泛的工业应用，特别是随着激光器装备的发展，激光电弧复合焊接系统也将向着更柔性化、智能化方向发展。

案例 13
自动扶梯桁架机器人焊接系统

昆山华恒焊接股份有限公司

昆山华恒焊接股份有限公司设计了涵盖客户所有产品的自动焊接工装系统，自主研发了激光实时感知系统，结合数字化仿真技术开发完成了自动扶梯桁架机器人自动焊接系统，替代了人工焊接和大量的示教编程，形成由12台焊接机器人、单片焊接、小总成焊接和大总成焊接等6个工作站组成的自动化焊接生产线，并在桁架机器人制造中验证应用，同时桁架生产效率、产品焊接质量都得到大大提高。产生了明显的经济效益。

一、导语

桁架是自动扶梯的主要部件，是扶梯各系统的结构支撑。桁架自动焊接主要技术难点有以下四点：①大跨距多外部轴机器人系统的应用，及高柔性自动装夹技术；②焊接变形控制技术；③形成包括硬件和软件的柔性化生产技术；④焊接质量控制技术。本文围绕这几个问题，提出了完整的桁架焊接机器人解决方案。自动化焊接生产线包含的工作站共有10个工位，除大总成装配工位外，其余均为数字化工位，数字化率为90%。

其主要创新点如下：

（1）采用分段焊接结构，将桁架分成上、中、下桁架单片焊接，小总成焊接和大总成焊接等几个工作站分别焊接，大大减小系统复杂度，提高了生产效率。

（2）提出参数化编程，适应客户无极变化的需求，快速还原桁架可变区域工件模型，为激光感知系统生成原始轨迹，替代示教编程。

（3）自主研发激光实时感知系统，补偿焊接位置偏差，提高焊接质量。

（4）进行焊接可达性分析，建立完善的工艺数据库，减小焊接变形。

二、主要研究内容

1. 桁架焊接工装

如图1所示，自动扶梯桁架由上、中、下三段组成，主要是由角钢和槽钢焊接而成的大型焊接结构件。自动扶梯主要有30°、35°两种角度，即移动部分与上下底面所成的角度。通常桁架长度最长可达20m以上，本文通过分段焊接的方式，将桁架分成6个工作站设计自动焊接工装，单片焊接和小总成焊接完成后再大总成焊接最终完成焊接，降低系统复杂度，提高生产效率。

即使采用分段焊接结构，其最长分段长度仍接近9m，远超任何一种机器人的工作范围，为了实现自动焊接，需将机器人安装在外部机构（多个外部轴组成的机构）上以实现大范围覆盖。由于桁架规格尺寸根据客户土建要求无级变化，所以各段桁架的焊接工装均由固定部分和柔性部

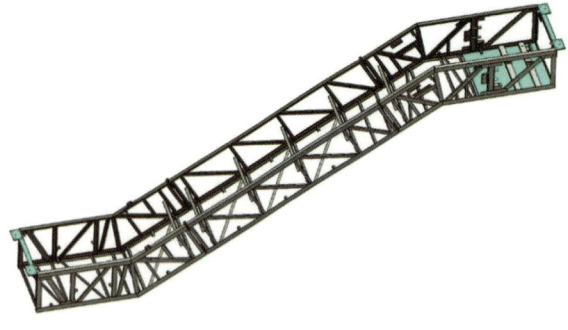

图1 自动扶梯桁架三维模型

分组成。柔性部分不仅在非变化方向有定位和夹紧装置，还在变化方向增加了定尺可活动的夹紧装置以适应不同规格工件的变化。

具体地，自动工装主要用强力夹紧气缸将零部件夹紧定位，从而有效地避开焊缝位置，方便机器人焊接，提高机器人焊接可达率。另外，上、中、下单片焊接工装上都装有光栅尺，可适应不同长度工件的焊接，通用性强。图2为上桁架单片工装。

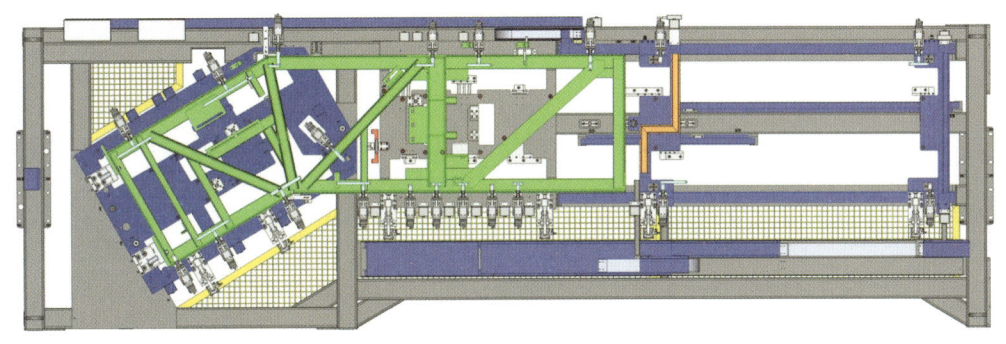

图2 上桁架单片工装

相比单片焊接工装，小总成工装柔性要求更高，如图3所示。以上、下桁架小总成工装为例，①端头溜板上的工装定位板可旋转，从而适应30°和35°扶梯工件的组对焊接；②桁架一侧定位为固定，另一侧定位可移动，可适应3种不同宽度的扶梯工件的组对焊接；③定位靠山可移动，可适应不同长度的扶梯工件的组对焊接。

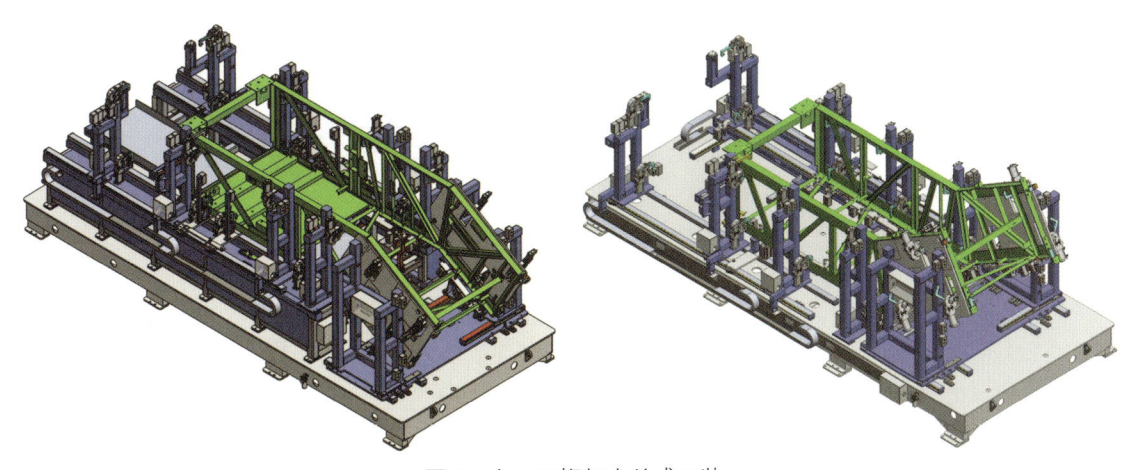

图3 上、下桁架小总成工装

2. 参数化编程

桁架焊缝分为固定区域和可变区域，针对固定区域，示教编程结合激光视觉可完成焊接，针对可变区域的非示教编程，则需要一种快速生成焊缝轨迹的方法，而参数化编程正好能解决这个问题。简单地说，参数化编程是用户只需录入很少的参数就能快速还原工件几何信息的一种方法。通过参数化编程可快速获取焊缝原始位置信息，即激光视觉扫描轨迹，进而通过扫描结果补偿位置偏差。

此外，基于易于调试、易于实用的原则。参数化程序还要考虑到其他一些细节，如控制是否需要激光扫描的开关变量、是否需要示教的开关量，以及通过保存上一工件的关键参数判断若本次工件与上一次工件相同，则不扫描直接焊接等实用功能。

3. 激光实时感知

自动扶梯桁架共有近千条长度不一的焊缝，分布于桁架的各个部位，并且桁架零件原料尺寸大，前道加工精度难以直接满足焊接要求；大量焊接导致的工件变形会使后续焊缝位置偏离理论位置，而且变形个体差异较大，另外桁架焊缝长度较短、图像特征不显著以及烟尘等导致焊缝识别精度降低。鉴于以上原因，仅依靠机器人和焊接工装无法完成桁架的自动焊接，必须通过寻位补偿位置偏差。

华恒自主研发的 UVision 激光视觉系统很好地解决了这一难点，UVision 是一种绝对位置视觉系统，通过扫描工件–>记录特征点–>转换并自动生成机器人轨迹，特别适用于多品种、小批量、短焊缝类型的非示教应用场合，可大幅提高作业效率，节约生成成本。

UVision 激光视觉系统配置如图 4 所示，由传感器硬件、上位机控制软件 UVisionTools 和机器人端指令编程软件 UVTTech 组成。

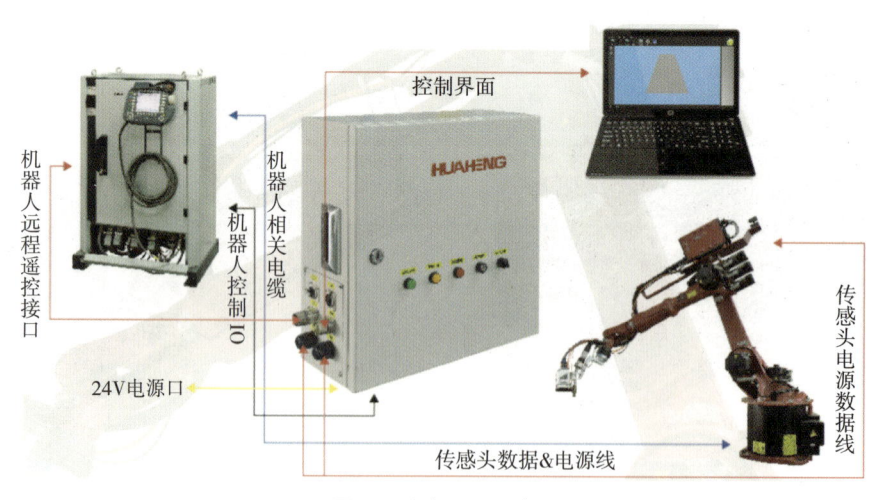

图 4 系统配置示意图

4. 焊接工艺及变形控制

自动扶梯桁架主要采用槽钢和角钢焊接而成，且弦杆厚度一般为 10mm 与斜拉角钢厚度为 6 mm 不等。由于桁架跨度大、长度长，焊接后出现焊接变形对后续装配和整体运行影响极大。除了焊接工装夹具，焊接工艺也是控制焊接变形的重要手段。焊接工艺主要由以下三个部分组成：

（1）可达性工艺试验。

结合 Visual Compents 软件的可达性仿真，对桁架各部分进行工件分解及编程可达性试验，确保焊接可达率。如图 5，以中桁架单片为例，调整变位机在四个位置焊接，即：0°、180°、90°、-90°，变位机为 180 度时焊接背面焊缝；变位机为 0 度时焊接正面焊缝，图中粉色方框标示的端头立焊，绿色和红色标记的中间被工件干涉的焊缝，只能从中间分开，分两段焊接；变位机为 90°，-90°时焊接剩余的焊缝。中桁架单片焊缝全部都能焊接，只有一条因工装干涉没有焊完。桁架其他部分焊缝，方法类似，通过调整变位机，在不同位置焊接，除少量立焊缝和背面一些无法避开的焊缝，均能完成焊接，焊缝可达率超过 90%。

图 5 中桁架单片可达性试验

（2）焊接方法和工艺参数。

针对桁架焊接一般选用小直径实芯焊丝熔化极惰性气体保护焊，不仅效率高，而且焊接过程参数稳定，同时可以尽量减少结构焊接变形。

针对桁架上上百种类型的焊缝，进行了大量工艺试验，并形成了焊接工艺参数库，确保高质量的焊接。表 1 所示为上桁架单片 B 机器人用于马达座区域薄板立焊缝焊接的参数，主要包含起弧、焊接和收弧阶段的送丝速度、电压修正、焊接速度、收弧时间、摆动有无和单片停留等的焊接参数调整，其他类型焊缝同理可得。

机器人焊接过程中将焊接参数实时上传至上位控制系统中，操作人员不仅可以远程实时监测焊接参数，还能保存整个焊接过程的参数变化，进行产品的质量追溯管理。

（3）施焊方式和焊接顺序。

在桁架单片焊接时，应尽可能采用热量分散、对称分布的施焊方法；合理安排焊接顺序,避免局部热量输入过于集中;先焊短焊缝,后焊长焊缝;先焊横焊缝,后焊纵焊缝;先焊拉应力区焊缝,后焊剪应力区和压应力区焊缝,使焊接引起的变形相互抵消,避免整体变形。

表1 焊接工艺参数表示例

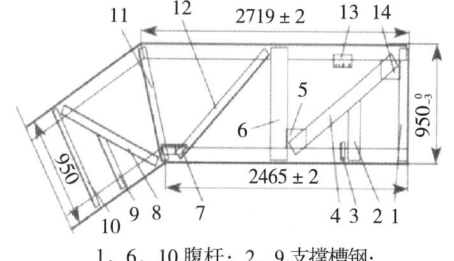

参数	起弧参数	焊接参数	收弧参数
送丝速度	5 m/min	3.6 m/min	4 m/min
电压修正	−1	−2	−1
焊接速度	—	0.25 m/min	—
收弧时间	0.1 s		0.2 s
其他参数默认			
摆动有无	无	摆长1.8 mm	摆幅3.5 mm
单边停留		左0.3 s	右0.3 s

1、6、10.腹杆;2、9.支撑槽钢;3、7、13.适配件;4、8、11、12.斜撑;5、14.连接钢板

图6 桁架上部单片结构

以桁架上部单片为例(图6),按照如下顺序进行焊接:

(1)焊序号为1,6,10的零件两端与弦杆间的连接焊缝。

(2)焊序号为4,8,11,12的零件两端的连接焊缝。

(3)焊序号为2,3,7,9,13,14的零件两端的连接焊缝。

三、主要成果与工业应用

针对桁架的特点和自动化生产的需求,研制出面向多品种、小批量、大型复杂结构件的机器人焊接系统,并在知名电梯企业的自动扶梯桁架生产制造中验证应用,如图7所示,形成了由12台焊接机器人、单片焊接、小总成焊接和大总成焊接等6个工作站组成的自动扶梯桁架自动化生产线,实现了桁架自动化和柔性化生产。

取得1项发明专利(一种机器人防碰撞的最优路径规划方法 201610279825.0)和3项软件著作权登记(华恒机器人智能寻位与轨迹控制软件 2015SR057704,华恒实时激光过程控制软件 2016SR098663，机器人参数化编程控制系统软件 2015SR011550），并获得上海科委科技研发项目资助（项目编号 17DZ1101302）。

图 7 自动扶梯桁架自动化生产线

技术指标如下：

- 桁架生产线数字化率 90%；
- 机器人系统重复定位精度 ≤ 0.5 mm；
- 用于 30°、35°两种角度桁架的焊接，并满足客户化定制；
- 机器人焊接可达性＞ 90%；
- 激光识别成功率＞ 90%（激光 + 图像识别）。

四、应用成效分析

本文系统取代了人工焊接和大量的示教编程，生产效率、产品焊接质量都得到大大提高，为客户节约了生产成本，降低了人工强度，将工业机器人工作范围扩展到多品种、小批量和精度较低的产品制造领域，产生了明显的经济效益和社会效益。

- 自动扶梯桁架生产线产能达到 4000 台 / 年；
- 自动扶梯桁架焊接线生产成本降低 30%；
- 自动扶梯桁架焊接线作业人员数量减少 50%；
- 自动扶梯桁架生产效率提高 30%。

五、当前存在问题和展望

虽然本文实现了桁架的自动化焊接,但是所有零件的组对仍需要人工完成,人工工作量仍然比较大。如果可以使用机器人替代人工实现桁架自动组对,将极大地提高桁架生产的效率。要实现桁架自动组对,还需要在以下几个方面进行升级:

1)优化设计,减少零件类型。目前桁架零件有角钢、槽钢、方管、连接板等类型,每种类型还有很多不同尺寸。机器人夹具设计难度大,组对轨迹的设计也很复杂,生产效率低。

2)提高零件精度。由于零件精度不高,组对前需要人工预先测量和调整,否则机器人无法抓取零件并放置到正确的位置。零件精度低还导致每一条焊缝在焊接前均需要预先扫描,机器人焊接效率仍比不上人工焊接。

3)通过建立桁架全生产流程的数字化信息管理系统,实现桁架零件来料的信息共享和集成,解决"信息孤岛"的问题。

案例 14
激光自熔/填丝焊接工艺及装备的数字化控制

上海交通大学　上海市激光制造与表面改性重点实验室

本案例针对核电堆芯围筒的中厚板大型结构横焊缝质量和精度要求高、变形小的特点，研发了超窄坡口约束激光自熔焊工艺+激光填丝焊接方法，并研制高功率激光自熔/填丝焊接工艺装备及其主控系统，采用现场总线集成各个子系统，实现数字化控制；研发了基于激光视觉传感器坡口图像识别的激光焊接自适应填丝控制技术和高速焊接条件下焊缝跟踪技术，为大型结构件激光焊接质量控制和信息化管理提供技术支持。

一、导言

　　激光焊接具有热源能量密度高、焊接速度快、熔深大等诸多优点,有望成为中厚板结构件焊接的首选方式。然而,随着板厚的增大,要求激光的熔透能力也不断提高。本案例中,针对板厚为16mm、长度为4.476m的核电堆芯围筒上的8条横焊缝的焊接,如图1所示,自主研发了超窄坡口约束激光自熔焊工艺+激光填丝焊接方法,大幅提高了高功率激光焊接过程的稳定性和焊接效率,采用10kW的光纤激光器,实现了该大型结构件的激光精准焊接,焊接以后的内腔平面度不大于2.16mm,304.8mm×304.8mm范围平面度不大于1.27mm,达到核电设计要求。研制了针对该核电堆芯围筒对接横焊的机器人激光自熔/填丝焊接装备主控系统,该主控系统通过Profibus现场总线连接机器人、光纤激光器、送丝机构控制器、激光视觉传感器等多个子系统,实现了系统的模块化和数字化集成。使系统的灵活性、稳定性、可靠性和冗余度得到大幅提升。图2所示为机器人激光自熔/填丝焊接工艺装备的现场照片。针对该焊接工艺装备,研发了紧凑型填丝机构,可实现送丝点位置的精密多维调节,并研发了坡口间隙自适应精准填丝控制方法,使间隙容裕度达0.9mm,错边容裕度达1.2mm,解决了大型结构件坡口间隙不均匀导致的焊缝成形不良难题;同时也研发了适合于激光高速焊接的高分辨焊缝跟踪技术,跟踪精度≤0.2mm,解决了激光束偏离焊缝位置的难题;采用数字化控制系统,实现了焊接过程参数的实时采集和记录,并可通过网络传输、汇集这些过程参数,从而为产品焊接质量的信息化管理和追溯,提供了设备保障和技术支持。

图1　核电堆芯围筒大型构件焊接现场　　　　图2　机器人激光自熔/填丝焊接工艺装备现场

二、数字化方面的主要创新点分析

1. 机器人激光自熔/填丝焊接装备系统组成及特点

（1）硬件系统的组成及特点。

机器人激光自熔/填丝焊接装备系统由焊接机器人、光纤激光器、数字化焊机及其送丝机构、激光填丝焊接工作头、激光视觉传感器等组成。其中，激光填丝焊接工作头安装于机器人第六轴的法兰盘上，可把激光、焊丝、保护气体等送入激光焊接区域，实现激光自熔或填丝焊接。为了保证焊接过程的正常进行，焊接工作头前方还装有激光视觉传感器，用于检测焊接坡口的位置和间隙的大小，为实现激光填丝焊接过程中的自适应填丝控制和焊缝轨迹自动跟踪提供了保障。

如图3所示，为了保证激光焊接的焊缝精度，本焊接工艺装备系统采用稳定性好，重复定位精度较高的IRB4600机器人，以满足激光自熔/填丝焊接中厚板结构件的工艺要求。送丝机构及其控制器安装于机器人第三轴上部马鞍形的安装板上，并同安装在机器人第六轴上的拉丝机构组成推拉丝送丝系统，保证了焊接过程中送丝的均匀性和稳定性。推丝和拉丝电机之间的速度匹配由送丝机构控制器协调控制。送丝机构与焊丝盘及拉丝机构之间采用送丝软管连接。焊丝盘安装于机器人第一轴上，采用铝合金安装板固定。激光填丝焊接工作头是该装备系统工作的核心部件，通过悬挂机构安装于机器人第六轴的法兰盘上。

图4所示为激光填丝焊接工作头的详细结构。其中，焊枪悬挂机构一端与机器人第六轴法兰盘连接，另一端通过其末端的夹钳与焊枪基座连接，焊枪基座再分别与激光工作头、填丝系统等相连，使它们与机器人牢固地连接在一起。焊枪基座与焊枪悬挂机构之间的相对位

① 送丝机构及控制器
② 焊丝盘
③ IRB4600机器人
④ 激光填丝焊接工作头

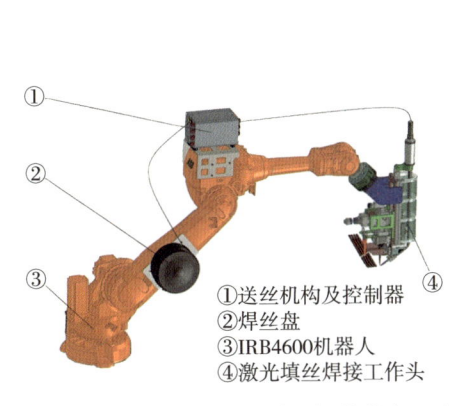

图3 机器人激光自熔/填丝焊接装备系统

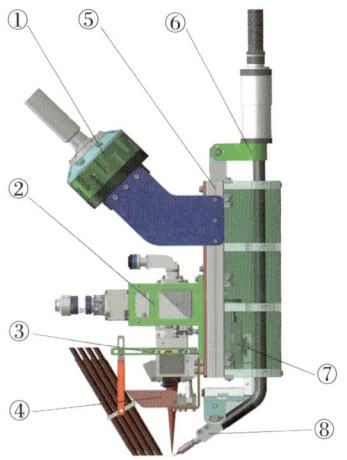

① 焊枪悬挂机构
② 激光工作头及其固定支架
③ 气保机构及调节支架
④ 气刀机构及安装支架
⑤ 焊枪基座
⑥ 拉丝机构
⑦ 填丝位置三维调节机构
⑧ 焊丝导向嘴及夹持机构

图4 激光焊接工作头结构示意图

置在固定之前可调，而激光工作头与填丝系统在焊枪基座上的固定位置也分别可调，从而使激光的焦点位置与焊丝的送达位置也可以相对可调。填丝系统安装于焊枪基座上，其上端为拉丝机构，焊丝从拉丝机构出来以后，直接进入填丝系统的焊丝导向管，最后从焊丝导向嘴送出。焊丝导向嘴通过其夹持机构固定，填丝的位置可通过填丝系统内部的三维调节机构进行微调。

焊枪悬挂机构的末端为铝合金材质制造的夹钳，其通过螺钉和铝型材专用螺母与焊枪基座相连，松开夹钳两侧的六枚螺钉，夹钳就可以沿铝型材焊枪基座的沟槽滑动，即焊枪基座可以相对于焊枪悬挂机构做升降调节。当填丝系统的三维调节机构上下调节范围不能满足使用要求的情况下，也可以通过焊枪基座的升降功能来扩展填丝系统三维调节机构的上下行程范围。

激光工作头则通过其固定支架安装于焊枪基座的另一侧（相对于填丝系统而言），其相对于焊枪基座的位置也可上下调节，而激光工作头的倾斜角度可在一定范围内通过其固定支架上的螺钉的错位固定调节。在激光工作头的下方，为气刀机构及其安装支架，其主要作用是通过扁平缝隙吹出的压缩空气形成"气刀"，阻断激光焊接过程中的飞溅和烟尘进入激光工作头，污染其保护镜片和光学镜头。另外，激光工作头一侧装有气保护机构及其调节支架，激光焊接过程中通以合适的保护气体，使焊接熔池及其周围高温影响区域不受空气环境的影响。

为了减少激光填丝焊接过程中由于焊接变形等引起的焊接位置偏离焊缝中心，或工件的装配间隙变化引起的填丝过程不稳定等对焊接过程的影响，保证焊接过程的稳定性。本焊接装备系统还配备了激光视觉传感器，其安装于焊枪前方，用于检测焊接前方焊接坡口的位置和间隙变化情况，从而为系统实现焊缝自动跟踪和自适应填丝控制采集信息，为焊接过程的稳定性提供更为可靠的技术保障。

（2）控制系统的原理及特点。

机器人激光自熔/填丝焊接工艺装备系统由ABB机器人、光纤激光器、福尼斯数字化焊机及其推拉丝送丝机构、激光填丝焊接工作头、激光视觉传感器等组成。这些系统通过Profibus现场总线与主控系统相连，从而实现焊接过程中各个子系统之间的协调控制。其中，主控系统的欧姆龙PLC通过Profibus现场总线与数字化焊机及其填丝机构控制器、激光器控制、机器人控制器等相连，并将相应的通信地址映射给ABB机器人，以实现填丝机构控制器与ABB机器人之间的信号交互。而ABB机器人则通过主控制器，实现对激光器、送丝机、保护气电磁气阀等相关设备的控制。当采用激光视觉传感器实现自适应填丝和焊缝跟踪控制时，激光视觉传感器配有独立的控制器，它们之间采用专用的高速数据线连接，用于采集焊接坡口的图像信息，经处理以后可获得焊接坡口间隙的大小和焊枪相对于坡口中心位置的偏移量等特征信息，这些信息通过高速以太网网线与机器人控制器相连，机器人则根据所获得的信息来实时调整焊枪位置和焊接送丝速度，以及相应的激光功率，从而实现焊缝的自动跟踪控制和自适应填丝控制。其控制原理如图5所示。

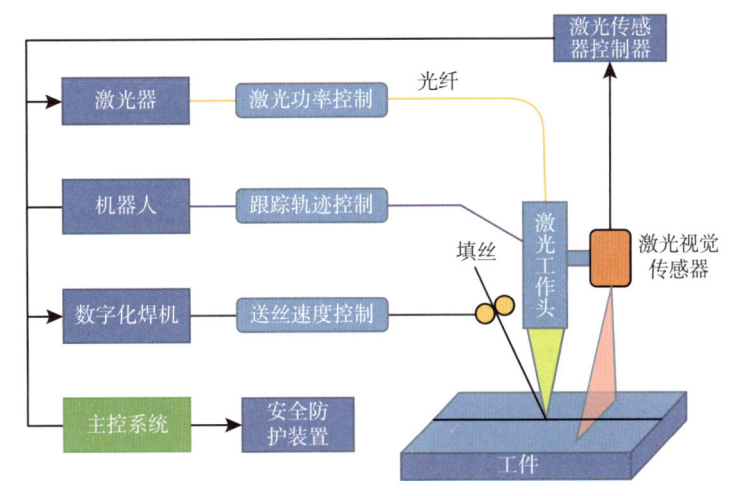

图 5　激光自熔/填丝焊接工艺装备系统控制原理

该焊接装备系统具有三种运行模式，即焊接路径模拟模式、纯激光焊接模式和激光填丝焊接模式。焊接路径模拟模式，主要是为了检查机器人的运动路径是否正确，运行过程中只有机器人动作，而送丝机和激光器均不动作；在纯激光焊接模式下，机器人动作，激光器出光，而送丝机不动作；在激光填丝焊接模式下，机器人、送丝机、激光器协同动作。此外，焊接保护气阀也会在后两种焊接模式下打开，以实现对焊缝熔池的保护。

机器人控制系统在实现了相应的焊接功能的基础上，还增加了安全中断保护功能。当送丝机或激光器出现异常情况时，机器人控制系统会进入安全中断保护程序。此时机器人停止动作、激光器也停止出光、送丝机停止送丝。待故障排除后，机器人可以在原来中断的地方继续执行焊接作业，直至整个焊接过程结束。

2. 解决的问题

（1）数字化系统控制下的激光自适应填丝焊接。

激光焊接具有焊接速度快、线能量输入小、焊后热变形小、焊缝深宽比大等诸多优点，使其有望替代现有的电弧焊成为中厚板结构件的首选焊接方式。然而现阶段激光焊接中厚板结构的应用并不算成熟，主要是因为激光焊接对工件坡口间隙要求比较严格，激光自熔焊一般要求坡口间隙小于 0.1mm，填丝焊接时坡口间隙最大可以放宽到 0.4~0.5mm。对于大型中厚板结构的激光焊接来说，通过加工装配保证其平均坡口间隙小于 0.1mm 是很困难的，因此激光自熔焊的应用受到很大的限制，而激光填丝焊接有可能成为中厚板结构件制造的一个合理选择。

目前的激光填丝焊多采用等速焊接、等速送丝的焊接方式。在坡口间隙均匀一致和焊接过程稳定的条件下，这种焊接方式可以获得良好的焊缝成形。然而大型中厚板结构的焊缝长度一般较长，可达几米甚至十几米，坡口间隙尺寸变化比较大，使得激光填丝焊缝成形质量会随坡口间隙变化而发生差异：当坡口间隙较小时，送丝速度相对较快，焊缝成形余高过大；当坡口间隙较大时，送丝速度相对较小，会使得焊缝出现凹陷。

针对坡口间隙不均匀带来的焊接质量差异，一般的解决办法就是对焊接接头装配面进行精加工，使表面尽量平整，这样不仅增加了加工成本，而且在传输、吊装和装配过程中由于变形还会产生坡口间隙的变化。为了降低激光填丝焊其对工件焊接坡口加工和装配的要求，提高其对坡口间隙的适应性，本焊接装备提出了激光"自适应填丝"焊的基本思路，即焊接系统在数字化系统的控制下，根据检测到的坡口间隙变化量，自动调节送丝速度，并自主匹配焊接功率等其他焊接参数以达到最佳焊接效果，使大型中厚板结构件的激光焊缝质量不会随坡口间隙变化而发生差异。

针对焊接坡口尺寸变化对焊接质量的影响，通过激光焊接自适应填丝技术研究，获取工件装配坡口形式、装配间隙等与焊接质量的相关性，在此基础上采用自动调节填丝速度以及激光功率或焊接速度的办法，来补偿由此产生的母材熔化量和金属填充量的差异，从而保证良好的焊缝成形和焊接过程的顺利进行。为此，具体开展了焊接坡口特征与填丝工艺相关性研究、焊接坡口自适应填丝方案设计、激光焊接坡口自适应填丝系统构建、焊接坡口自适应填丝激光焊接试验等一系列工作。

（2）数字化系统控制下的激光视觉焊缝轨迹跟踪。

在产品的焊接制造生产过程中，焊接轨迹较少出现非常理想的情况，往往会发现焊缝位置和坡口状态的变化。传统的自动焊接设备对于焊缝位置及坡口状态的变化可能导致的焊接过程失常，其应对措施基本上靠的是人工操作，即通过焊接操作人员的观察，对焊接位置和焊接参数进行调节，这完全依赖工作人员的工作经验，调整难度也相对较大。实际生产过程中往往发现无法保证人工观测的准确性，更无法确保焊接效率。对于大型中厚板结构件的焊接而言，单条拼接焊缝长度往往较长，少至几米，多至几十米，受装配等条件的影响，焊缝几何尺寸难以确保均一，坡口间隙变化较大。焊接过程中往往出现焊枪偏离焊缝位置或坡口间隙发生变化难以及时调整焊接工艺参数而导致焊偏、焊塌、咬边或其他焊接缺陷。针对这一问题，一个有效的解决办法就是采用焊缝跟踪技术，因此，对于焊缝跟踪技术的研究一直是焊接技术领域中的研究热点。然而，由于焊接过程中伴随着声、光、电、磁等各种干扰因素，对于焊接坡口的检测往往难以保证其可靠性和检测精度，尤其是传统的焊缝跟踪技术对焊接坡口通常采用被动性的检测方法，干扰因素多，可靠性差，无法适应当下的质量管控要求。将主动检测方法与先进的数字化控制技术应用于焊接过程，不但能大大提高焊接过程的稳定性和可靠性，而且也能大大提高焊接的效率。随着传感器技术和计算机控制技术的发展，采用高精度的传感器技术和信息融合技术实现对焊接轨迹的监测和调整在技术上已成为可能。

对于中厚板结构件的激光焊接，由于激光光束照射在工件上的光斑直径很小，大约在0.6 mm，因此要求焊缝轨迹跟踪系统的跟踪精度高；另一方面，坡口间隙又是影响激光焊缝轨迹跟踪精度的最主要因素，间隙的大小受焊接坡口加工精度、接头装配精度、板材下料、运输、吊装、焊接过程、板厚等多种因素影响，中厚板结构件激光焊缝轨迹的跟踪是一大技术难题。设计一个可行的焊缝轨迹跟踪方案，采用合适的焊缝轨迹跟踪系统是本焊接装备能否顺利实现精确焊缝跟踪的一个关键。就目前的技术研究和发展现状而言，采用以焊缝图像传感与轨迹识别为特征的激光视觉跟踪系统是一个首选方案，并配以其他辅助跟踪方式，以提高焊缝跟踪的可靠性。

本焊接装备结合大型中厚板结构件的焊接要求，在对国内外焊缝跟踪技术研究和应用现状调研的基础上，设计了一套针对大型中厚板结构件激光焊接的高精度焊缝跟踪系统方案，选用目前先进的激光视觉传感器及其配套的图像处理控制器，通过与机器人控制器的接口，编制相关软件，构建焊缝跟踪控制系统，实现中厚板结构件激光填丝焊接的焊缝跟踪。通过焊缝跟踪的试验研究，确定可行的焊缝跟踪策略，验证了激光视觉焊缝跟踪系统在中厚板结构件激光焊接应用中的可行性。

根据激光焊接的焊缝坡口形式和间隙特点，设计了与之相匹配焊缝轨迹跟踪方案，选用了合适的焊缝跟踪传感器，通过对焊缝跟踪精度的影响因素分析和研究，改善了焊缝跟踪系统对焊接坡口识别的外在条件，改进了焊缝跟踪系统对焊缝的识别能力，提高了系统对焊缝的跟踪精度和可靠性，具体开展了焊缝轨迹跟踪系统方案设计、焊缝跟踪系统与机器人接口相关软件编制、焊缝跟踪精度、可靠性与坡口适应性影响因素分析与研究、焊缝跟踪激光焊接试验研究等相关研究工作。

（3）数字化系统控制下的激光焊接过程参数自动记录和产品质量追溯。

在中厚板结构件，特别是核电结构件的焊接生产制造的质量管理体系中，焊接质量的控制至关重要。在传统方式下，产品焊接质量的控制往往通过焊接工艺评定、焊后焊缝质量检验（包括无损探伤或破坏性试验）等来实现。为了使每条焊缝的质量具有可追溯性，往往需要花费大量的人力和物力记录每条焊缝的焊接工艺参数，并对每条焊缝进行焊后探伤、拍片，评定焊缝质量，出具检验报告，然后存档。即便是这样，对于焊接过程参数的记录往往是通过焊接人员的手工记录来实现的，既费时费力，又不够详尽。采用数字化控制系统一个最重要的特征，就是焊接过程参数的采集、处理、传输和存储变得非常便捷，而且可根据需要设定数据采集的时间间隔，从而保证数据的足够详尽。本焊接装备的主控系统采用了 PLC 和工控机联合控制模式，其中 PLC 主要用于对焊接过程的操作控制，而工控机则用于对激光功率等焊接过程参数的设置，同时也用于焊接过程参数的采集和记录，并可通过互联网传送至上位计算机或生产管理部门，从而使产品的焊接质量实现网络化、信息化管理。借助于数字化技术，对实时采集的焊接过程参数以数字化方式存储于计算机中，不但可以对每条焊缝的质量进行快速追溯，还可以对每条焊缝的某个异常部位通过过程参数的分析找出可能的原因。当这些数据积累到足够多的时候，还可以通过大数据分析，提炼出某些具有共同特征的有用信息，为生产管理部门的分析和决策提供参考依据，从而大大提高了焊接质量的管理效率和管理水平。

3. 应用效果

基于创新的窄坡口约束激光焊接方法，研制成功激光自熔/填丝焊接工艺及装备，形成了具有自主知识产权的堆内构件高精度焊接制造技术规范，实现了核电堆芯罩和导向筒的高功率激光精准焊接。通过系列技术创新，制造吊篮筒体，径向精度由 0.25 mm（法国）提高到 0.10 mm，轴向精度由 0.5 mm（法国）提高到 0.15 mm。导向筒的控制精度通过摩擦力来考核。制造的导向筒，摩擦力由 40~60 N（法国）降低到约 20 N。同时，创新技术极大地提升了堆内构件的生产效率，从三年一套的生产能力提升至每年 8~10 套的生产能力。截至 2018 年年底，已向国内外交付 32 台核电机组控制棒驱动机构，应用于 CPR1000、AP1000、CAP1400、华龙一号、EPR 和高温气冷堆等核电堆型；不仅打破了国外垄断，而且随着中国核电走出国门而出口到国外。

三、主要成果

依托此项目，申请国家发明专利 6 项，获授权国家发明专利 4 项；发表 SCI 收录论文 10 余篇；培养博士生 2 名。

项目成果支撑获得 2016 年度中国机械工业科学技术奖一等奖。

四、当前存在的问题和发展

该激光自熔/填丝焊接系统虽然为自主研发，但为了保证系统的稳定性、可靠性和焊接精度，焊接系统集成所采用的关键设备，如光纤激光器、焊接机器人、数字化焊机及其送丝系统、激光视觉传感器等目前主要还是采用进口设备，导致整个焊接系统的设备成本相对较高；其次，激光焊接本身对焊接零部件的加工和装配精度相比于传统的电弧焊要求更高，这也导致焊接零部件的前期机械加工成本比较高。随着国内工业制造技术水平的提高，焊接系统中的上述关键设备有望采用国产设备替代，其设备成本可进一步降低，同时焊接零部件的加工和装配精度可得到进一步提高，而成本降低，从而可促进该焊接系统在核电装备制造中的进一步推广和应用。

案例 15

盾构机/TBM 自动化焊接技术应用

中国铁建重工集团股份有限公司

中国铁建重工集团分析盾构机自动化制造关键瓶颈，构建了盾构机关键部件离散化机器人焊接制造模式，形成了盾构机刀盘盾体机器人焊接工作站、刀箱刀座机器人焊接工作站和变速箱机器人焊接工作站。焊接机器人的使用显著提升了盾构机制造过程的智能化水平，提高了盾构机产品质量，同时满足了企业数字化管理转型的需求。

一、导语

自动化焊接技术自 20 世纪 60 年代发展至今，在汽车、工程机械等制造领域已有大量成熟应用，汽车焊装车间焊接自动化程度已高达 90%，但在大型装备上应用较少，且实施难度大。盾构机因其结构复杂、非标定制等特点，其关键部件主要依靠人工焊接而成，存在作业劳动强度大、工作环境恶劣等缺点，且随着熟练焊工的逐年减少，盾构机制造企业焊工用工难问题逐渐凸显，严重制约企业的发展，因此盾构机关键部件自动化焊接技术的开发与应用已成为一项亟待解决的课题。

目前，国内外焊接机器人工业应用均集中于批量化产品制造领域中，属于基于流水线式的连续化机器人焊接制造模式。焊接机器人在离散化产品焊接制造领域中的应用目前尚属空白。盾构机制造即属于典型离散化产品焊接制造模式，此类大型、非标、定制化产品采用自动化焊接具有诸多难点：每件产品需独立编程，工作量大、耗时长，实现节拍式焊接生产作业难度大；中厚板自动化焊接工艺技术尚不成熟，无法满足产品质量需求和生产效率需求；产品结构复杂且焊接作业空间狭小，自动焊接难度大。

针对以上难点，中国铁建重工集团引进国际先进的机器人装备，研发中厚板自动化焊接工艺技术、智能焊接系统技术等，并基于研究成果建立了多个应用于盾构机关键部件的柔性自动化焊接生产单元。通过大量生产实践经验积累，构建了盾构机产品关键部件多层多道焊接专家系统，并将深熔焊技术及离线编程技术成功应用于盾构机自动化焊接生产中，实现了刀盘、盾体、变速箱等关键部件的自动化焊接生产；与人工焊接相比，焊接效率提升 50%，焊缝探伤合格率高于 99%，焊接质量得到有效保证，大幅提升产品质量，提升了公司市场竞争力。

二、主要研究内容

梳理盾构机关键部件焊接件，分析其焊缝形式、焊缝特点、焊接难点和机器人焊接可行性。以常规 6 米级盾构机前盾为例，其主要需焊接的零件如图 1、图 2 所示，由图可见部分焊缝位置空间狭小；各零件的焊缝形式、板厚及探伤要求如表 1 所示，可知盾构机部件焊缝形式复杂多样、零件板厚较厚、焊缝探伤要求高。

图 1　常规 6 米级盾构机前盾背面

图 2　常规 6 米级盾构机前盾正面

表 1　常规 6 米级盾构机前盾焊接零件特点

零件	焊接形式	板厚（mm）	探伤要求
竖筋板	横焊、立焊、横仰焊	40	—
三角筋板	横焊、立焊、横仰焊	50	—
中心圆环	平焊	120	UT Ⅱ级
隔板	平焊	60	—
连接法兰	横板	70	UT Ⅱ级
挡泥椎板	角焊	20	—

根据盾构机关键部件机器人焊接涉及的难点及构建盾构机关键部件离散化机器人焊接制造模式的需求，重点对以下技术进行研究。

1. 盾构机中厚板自动化焊接工艺技术

盾构机刀盘、盾体、主驱动等关键零部件由厚板焊接而成，实现其自动化焊接前须解决厚板的自动化焊接工艺问题。

采用盾构机常用 50 mm Q345D 低合金板进行对接焊实验，利用弧焊机器人与带有深熔焊功能的焊接电源进行焊接实验，填充材料为 ER50-6 焊丝（φ1.2 mm），保护气体为 80% Ar+20% CO_2，焊接坡口类型如图 3 所示；焊后 24 h 对焊缝进行 100%UT（超声波）探伤，焊缝质量等级满足 NB/T47013.3 Ⅰ 级要求；超声波探伤合格后进行力学性能检测（拉伸、弯曲与冲击实验）。

为获得性能良好的焊接接头，通过对比不同焊接工艺条件下 UT 探伤结果选取合适的焊接工艺参数。研究

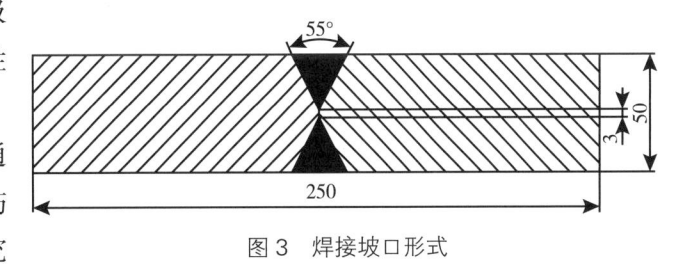

图 3　焊接坡口形式

发现，对接间隙尺寸、钝边尺寸与焊丝干伸长度是影响焊接接头质量的重要因素。通过多种焊接实验，进行自动化深熔焊接时，组装间隙应控制在 2 mm 以内为宜；为获得合格的全熔透焊接接头，钝边尺寸应选择 2～3 mm 为宜；在进行打底层焊接时，应选择小喷嘴（内径为 11 mm、13 mm）以控制焊丝干伸长度。

因此，在合适的焊接工艺条件下，利用深熔焊技术与自动化焊接技术能够获得力学性能良好的焊接接头，力学性能达到产品焊接使用要求。

2. 智能焊接系统技术

智能焊接系统是针对厚板、非标工件焊接时所遇到的难题，基于 KUKA 焊接系统所开发的一套智能焊接软件，主要由焊接顺序优化、参数设置（智能多层多道）、智能插补、寻位、手动修改及数据库管理等组成。通过以上功能的使用，可以大幅度减轻厚板焊接的编程工作量，提高焊缝质量和外观成形。使用智能焊接系统时，用户只需对打底焊缝进行编程，并设置相关参数（焊接参数、坡口参数等），就可自动计算生成多层多道焊接程序。

（1）多机器人协同控制。

盾构机关键部件多为外形尺寸大、结构复杂的非标工件，多机器人同时焊接时，为了防止机器人碰撞，有效控制焊接变形，必须多机器人协同工作。智能焊接系统技术通过同步指令实现 2 台机器人的协同作业控制，并通过同步指令的串联实现多台机器人同步焊接。同步指令包含有"同步主""同步从"指令，组合使用可对两台机器人进行同步运行处理，在需要同步的指令前，分别添加"同步主"和"同步从"指令，选择相同的端口号，两台机器人运行到同步指令处会相互等待，实现同步。

（2）参数设置。

智能焊接系统的参数设置系统可以根据实际焊接工艺要求进行更全面的焊接工艺参数设定，并且其中包含预置的多种摆动模型、坡口形式、焊接层偏移和道偏移模式等。

（3）坡口自动计算。

盾构机关键部件制造属于离散化制造，每一个工件的坡口尺寸和形态均有不同，常规机器人焊接程序无法适应此种生产模式，坡口自动计算是根据公司大型、非标的产品以及全形态坡口特点进行开发的功能，通过示教控制焊丝尖端标定坡口特征点，系统可根据特征点属性和位置自动计算出坡口的截面形态和尺寸并存储至机器人控制系统内，用于焊接自动布道。

（4）全自动布道。

全自动布道为智能焊接系统的核心功能之一，需与参数设置功能和坡口自动计算功能配合使用。目前常用的多层多道焊接布道方式主要有手动编程布道和偏移布道，智能焊接系统内开发的为全新的全自动布道方式，三种布道方式的对比如表 2 所示。与传统的布道方式相比，全自动布道不需要对填充和盖面层进行编程或偏移，且可适应变截面坡口的焊接，编程效率更高。盾构机关键部件普遍尺寸大且部分坡口为火焰切割而成，焊缝全长范围内无法保证坡口截面尺寸完全一致，手动编程布道虽可根据情况调整焊道，但是整体编程效率低下；偏移布道虽效率提高，但是整体偏移后的填充和盖面层遇到变截面坡口时适应性较差，可能会出现焊不满、余高过高等情况；全自动布道在保证高效率编程的情况下，通过边坡口插补指令可自动识别坡口变化并自动生成适合该焊缝的填充和盖面焊道。

表2　多层多道焊接布道方式对比表

布道方式	手动编程布道	偏移布道	全自动布道
特点	打底、填充、盖面层每道单独进行编程	对打底焊编程，根据坡口形态尺寸设置填充、盖面每道偏移量	通过参数设置数据和坡口自动计算数据，自动生成填充、盖面道
优点	—	效率较高	效率最高，且可适应变截面坡口
缺点	工作量大，效率低	只可整道偏移，无法适应变截面坡口	—

（5）寻位与点位快速修改。

寻位与点位快速修改配合使用可进一步提升编程效率。盾构机关键部件中如盾体、刀盘、变速箱均为大型圆形工件，智能焊接系统的寻位功能可针对此类工件快速定位工件中心存入机器人基坐标中。在工件中心已知的条件下利用点位快速修改的系列指令，可对编程点位按圆周、径向、轴向快速编辑。

（6）数据库管理。

智能焊接系统的数据库包括工作号数据库、焊枪数据库、焊接数据库。工作号数据库存储焊机相关的设定参数；焊枪数据库存储不同的焊枪的尺寸数据；焊接数据库存储各组打底、填充、盖面焊接参数。数据库中的数据在编程时直接调用，提高了编程速度，使得程序形成模块化并且优化了数据管理模式；同时大量的工件焊接，积累了大量的焊接数据，形成了盾构机/TBM关键部件多层多道焊接专家系统。

3. 离线编程技术

盾构机关键部件的焊接质量直接影响到产品整体的可靠性，其焊接效率也直接影响整机交付时间，因此提高盾构机关键大型部件焊接的质量和效率是盾构机制造的关键课题之一。铁建重工将焊接机器人离线编程应用于盾构机关键大型部件自动化焊接，显著地提升了非批量化产品焊接效率，降低了现场编程强度及难度。

离线编程技术是基于计算机图形学建立机器人及工件作业环境的几何模型，再利用规划算法，通过对图形的控制和操作，在离线的情况下进行轨迹规划。通过对编程结果进行三维图形动画仿真,以验证编程的正确性,最后将生成的代码传入机器人控制系统,控制机器人运动完成给定任务。

离线编程技术对于离散化焊接制造模式具有至关重要的作用。盾构机多为定制化设计和订单式生产,持续的新设计部件需上线至焊接机器人工作站进行焊接,若每个新工件上线至焊接机器人工作站后再对焊接可达性进行测试,将会占用工作站大量时间,影响生产进度。

与在线示教编程相比,将离线编程技术引入盾构机焊接制造中具有以下优势:

(1)优化了自动化焊接制造流程。部件图纸审核时即可对其进行三维建模,将模型导入离线编程软件模拟其机器人焊接可达性,以此为依据优化部件结构以适应机器人焊接,部件图纸确认后即可对其进行机器人焊接离线编程,当部件上线至焊接机器人工作站时,直接调用离线程序进行焊接。

(2)提高了编程质量和效率。离线编程原理为用户根据需求确定焊枪位置和姿态后,利用算法自动逆向求解出机器人臂各轴角度(极坐标值),而在线示教编程使用示教器单独控制机器人各轴角度使得机器人焊枪接近焊缝位置再调整焊枪姿态。基于编程原理的不同即决定了在接近机器人工作范围极限位置附近的焊缝采用离线编程效率远高于示教编程。另外,由于盾构机部件内部结构复杂,机器人焊接空间狭小,通过离线编程可以更有效地预测机器人容易与工件发生碰撞的位置并对其进行规避;图4、图5为对盾构机部件离线编程。

(3)降低了现场机器人操作手劳动强度。离线编程使得焊接前期大部分工作迁移至电脑端,现场机器人操作手劳动强度显著降低;并且盾构机部件体型大,空间结构复杂,现场机器人操作手无需反复调整位置从而提高了作业安全性。

图4 盾体离线编程

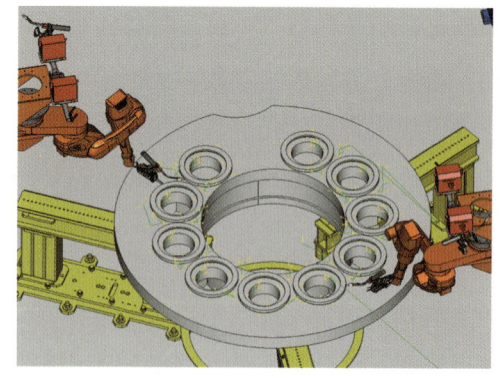

图5 变速箱离线编程

三、主要成果与工业应用

1. 主要成果

(1) 开发了盾构机/TBM产品柔性自动化焊接生产单元,将柔性自动化焊接技术应用于盾构机/TBM的变速箱、刀箱、盾体、刀盘等关键部件焊接。

(2) 将深熔焊技术应用于盾构机中厚板自动化焊接中。

(3) 建立了盾构机/TBM产品关键部件多层多道焊接专家系统。

(4) 将离线编程技术应用于盾构机/TBM产品自动化焊接生产。

2. 工业应用

基于中国铁建重工集团股份有限公司针对盾构机部件自动化焊接研究得到的关键技术,开发了一系列盾构机/TBM产品柔性自动化焊接生产单元,包括变速箱/管片拼装机焊接机器人工作站、刀箱/刀座焊接机器人工作站、刀盘/盾体焊接机器人工作站,通过焊接机器人工作站的应用,提升了盾构机关键部件的制造质量和效率。

(1) 变速箱/管片拼装机焊接机器人工作站。

变速箱/管片拼装机焊接机器人工作站主要用于变速箱、管片拼装机的自动化焊接(图6)。设备总体为滑轨结构,主要由外部轴滑轨系统、倒挂式弧焊机器人及控制系统、全数字焊接系统、焊接辅助装置、离线编程系统、传感系统组成。具备电弧跟踪、多层多道焊、快速寻位及离线编程功能,自动化程度高。

通过变速箱试制,利用接触传感及激光传感技术进行工件定位,多层多道自动焊技术及电弧跟踪技术完成变速箱产品焊接,解决了变速箱自动化焊接问题,实现了变速箱自动化焊接生产,获得了适应于变速箱自动化焊接的工艺数据库;与人工焊接变速箱相比,操作工人数可减半,工作效率可提升1.5倍以上,模块化变速箱(3m)生产节拍可达3.5天/件。同时利用深熔焊技术,焊接变速箱时减少焊缝清根工序,消除了碳弧气刨带来的环境污染和噪

图6 主驱动产品自动化焊接

声污染等问题，焊缝成型美观，焊缝质量稳定，机器人焊接 3 m、3.6 m、4.8 m 变速箱产品焊达率为 100%，焊缝质量合格率超过 99%。

（2）刀箱、刀座焊接机器人工作站。

刀箱、刀座焊接机器人工作站主要用于盾构机刀盘刀座、刀箱自动化焊接。设备主要由变位机系统、弧焊机器人及控制系统、机器人搭载移动装置、全数字焊接系统（包括焊枪清理设备）、烟尘处理系统、焊接辅助装置、传感系统等组成。该设备为单机器人焊接工作站，在外部移动装置上配置有一套弧焊机器人，变位机系统控制工件的自动翻转，自动化程度高；配备国际先进的焊接机器人及控制系统，具备接触寻位、多层多道焊和电弧跟踪功能，能够进行刀箱、刀座的全位置焊接，实现盾构机刀箱、刀座的自动焊接与批量化生产（图 7）。

图 7 刀箱自动化焊接

当工人数量一定的条件下，机器人焊接较人工焊接工作效率 ≥ 1.5 倍，焊接效率提升明显，且焊接质量得到有效提升，工人劳动强度显著降低。

（3）刀盘/盾体焊接机器人工作站。

刀盘/盾体焊接机器人工作站主要用于盾构机刀盘、前盾结构件及中盾结构件自动化焊接；设备总体为双轨移动式龙门架结构，主要由外部轴滑轨系统、倒挂式弧焊机器人及控制系统、全数字焊接系统（包括焊枪清理设备）、烟尘处理系统、焊接辅助装置、离线编程系统、传感系统组成。

该设备为多机器人多工位大型焊接工作站，移动式龙门架上搭载 4 个三维伸缩轴，每套伸缩轴上配有一套弧焊机器人，4 台机器人可独立工作或协同工作，移动式龙门架与机器人组成移动式焊接工作站，可沿导轨自由行走，形成多个装配焊接工位，工作站共有 37 个自由度，工作空间大，重复精度高。设备配备国际先进的焊接机器人及控制系统，具备电弧跟踪、多层多道焊、快速寻位及离线编程等功能，自动化程度高。工作站可拓展能力强，目前已能适应盾构机刀盘、盾体、托梁、主驱动等的自动化焊接，焊接质量高，常规 6 米级盾体焊接（图 8），焊缝合格率可达 99.75%，满足企业离散化制造模式的自动化焊接生产需求。

图 8　盾体自动化焊接

四、应用成效分析

盾构机关键部件采用自动化焊接具有焊接质量好、生产效率高、劳动强度低等多方面优点。焊接机器人工作站焊接工作效率约为人工焊接工作效率的 1.5 倍，且焊缝成型美观、质量稳定性高；与人工焊接相比，三座焊接机器人工作站总体节约生产成本 106.46 万元／年，能耗节约 65.69 万千瓦时／年。

盾构机关键部件柔性自动化焊接制造技术的成功应用产生了经济、社会等多方面综合效益。该技术和设备能适应盾构机的离散化制造模式，有效降低从事盾构机焊接工人的劳动强度，提升盾构机关键部件的制造效率和质量稳定性，使盾构机关键部件制造技术提升了一个台阶。通过将盾构机关键部件柔性自动化焊接制造技术和装备进行推广应用，可拓宽柔性自动化焊接制造技术在国产高端智能装备产品生产制造的覆盖领域，进一步提升国产装备制造的自动化程度；通过该技术的拓展进一步提高国产装备生产质量，降低产品制造成本，进而增强国产装备制造行业在国际上的综合竞争力。

案例 16
船舶合拢管数字化制造技术与装备

江苏科技大学　江苏阳明船舶装备制造技术有限公司

船舶合拢管数字化制造技术与装备主要由合拢管测量仪、移动数据终端 PDA、采用七轴数字运动控制技术的合拢管再现机等硬件组成，通过自主研发的基于设计规则与工艺知识库的合拢管数字化设计及数据处理软件，实现了船舶与海洋工程合拢管不同空间位置的精确测量、拟合设计、精确定位和再现制作，不仅能取代传统合拢管现场靠模及放样，降低现场施工人员的劳动强度和技能要求，而且能提高合拢管制作质量和效率。

一、导言

通常一条船舶约有 1000～2000 根合拢管，数量约占船舶管系的 12%～18%，但制作工作量却约占管系总建造工作量的 80%～90%。传统的现场靠模样法和现场焊割法制作精度差、效率低、返工多，施工危险性大，是船舶制造的巨大瓶颈之一。船舶合拢管数字化制造技术与装备通过测量→计算→再现三个工作流程，解决了造船企业合拢管制作的巨大瓶颈，每根合拢管的测量处理和加工装配时间减少 80% 左右，消除法兰取样的焊接破坏，避免材料浪费和法兰打磨，节约成本，提高精度和效率，减少返修，避免重复起吊运输和现场动火造成的安全隐患。装备由合拢管测量仪、移动数据终端 PDA、采用七轴数字运动控制技术的合拢管再现机等硬件组成，并通过自主研发的基于设计规则与工艺知识库的合拢管测量系统软件及数据处理系统软件，实现了合拢管不同空间位置的精确测量、定位、拟合设计和再现制作。自动生成合拢管路径，支持柔性调整，自动输出三维成像和二维制作图，解决了合拢管传统制作的弊端，降低了现场施工人员的劳动强度和技能要求，提高了合拢管制作质量和效率，节能降耗、降本增效、绿色环保，实现了合拢管外场工作内场制作、后道工序前道制作、手工放样自动化制作，是解决数字化、智能化精益造船的关键技术之一。

保证合拢管的制作精度、避免安全隐患、降本增效已成为现代新型高技术船舶及海洋工程管系生产极为迫切的要求。船舶合拢管数字化制造技术与装备属于重点支持的智能化、数字化和信息化高端制造装备领域，顺应国家船舶及海洋工程先进制造技术产品发展方向，符合工信部《推进船舶总装建造智能化转型行动计划（2019—2021 年）》提出的针对脏险难作业过程的智能单元和智能生产线的发展方向，是进一步建成数字化智能化管子车间的重要组成部分，拥有自主知识产权，经济效益和社会效益显著，打破了国外合拢管制造技术的垄断，填补了我国合拢管数字化先进设计制造技术和装备的空白，突破了制约我国船舶和海洋工程管系制造的关键瓶颈，为促使我国船舶制造业向智能化、数字化和信息化发展提供有力支撑，对提高我国船舶行业技术创新能力和国际竞争能力具有较大的推动作用。

二、解决的问题

通常船舶管系加工和安装的工作量约占船舶建造总工时的 12%～18%，而作为现代新型船舶与海洋工程建造中的一个重要环节，管系加工和安装的工作量约占总工时的 25%～30%。由于管件的加工制造和装配精度不够，以及船体分段建造变形产生的累积误差使得管件无法合拢，按照管件设计图纸无法预制，必须现场制作合拢管。传统合拢管的制作分为现场装焊法和取型法两种：现场装焊法是在安装现场对管子进行切割和焊接，适合小管径管件的安装合拢，制造周期长、工人劳动强度大，且现场施工切割火焰和焊接电弧存在极大的安全隐患；取型法是在现场装配好连接法兰，使用角钢等辅助材料现场焊接制作成刚性的"法兰模型"，运输到管加工车间，再由有经验的工人手工放样设计绘制出合拢管草图，制作出连接短管与法兰装配点焊，最后焊接为成品，该方法各制造环节分散、生产效率低、装配精度低、依赖人工操作和经验。现代高技术船舶与海洋工程管系复杂，规格品种多，合拢管常达数千根，所用材质种类多样，不锈钢、钛合金、镍基合金、铜合金等有色金属管道都不允许在现场采用火焰切割，传统的现场装焊法和取型法已完全不能适用。随着现代高技术船舶与海洋工程制造技术向数字化、精益化和绿色环保发展，合拢管数字化制造技术和装备的开发已成为急需解决的共性关键技术难题。

三、主要研究内容和创新点

1. 基于高精度传感和安卓（Android）数据处理的合拢管测量技术

（1）三长度高精度测量技术。

进行三长度高精度拉绳传感器特征点坐标提取算法、三维显示法兰和输出相关测量结果等设计研究。

（2）基于单片机和FPGA的多传感器信息处理技术。

进行单片机和FPGA现场多传感器数据采集、变换处理和数据通信电路及软件等设计研究。

（3）基于Android的手持数据终端软件设计。

进行Android的手持数据终端无线接收测量数据、空间点位置参数坐标自动计算、法兰空间位置拟合、三维显示等设计研究。

2. 基于设计规则和现场经验的合拢管设计系统

（1）基于设计规则的复杂管系拟合技术。

基于合拢管设计规则拟合合拢管实施路径，支持各种法兰、弯头、弯管及装配误差标准，自动生成管子零件图，自动计算再现机的控制参数，支持三维显示、二维图纸。

（2）根据现场经验人为干预的复杂管系拟合技术。

进行人工调整合拢管拟合约束边界条件、人工调整直管段及弯管、弯头、合拢管各零件参数等设计研究。

（3）建立软件标准库。

对常用的法兰、弯头、钢管、弯管机等建立软件标准库，还可根据需求，按照格式要求增加国标、行业标准和企业标准的零件，开放性和可扩展性强。

3. 基于精密位置定位和自诊断的合拢管数控再现技术

（1）再现机高精度定位技术。

设计优化再现机机械结构，使用高精度减速机，严格控制加工误差和形位公差，使用绝对值编码器反馈运动伺服控制，进行法兰空间位置和转角的高精度控制和定位。

（2）再现机故障自诊断技术。

进行传感单元实施反馈、绝对值编码实时反馈、组态软件重要参数监视控制、故障代码自动判读等设计研究。

（3）数控再现机防碰撞技术。

进行再现机各运动部件数学模型建立、再现机防碰撞安全预判等设计研究，具备碰撞检测预判功能，有良好的安全可靠性。

4. 特色和创新点

（1）船舶合拢管数字化测量技术使用三拉绳传感器，提出了三长度算法获得法兰盘安装平面以及螺栓孔的空间坐标，通过多点采集，计算法兰盘空间位置和转角，为国内首创，属于原理创新。

（2）合拢管测量仪的手持数据终端软件基于 Android 系统，具有与高精度传感器数据通信、自动计算测量点的坐标、拟合法兰空间位置、输出相关测量结果等功能，为国内首创，属于设计创新。

（3）基于设计规则和现场经验的合拢管设计软件适用于船舶和海洋工程各种复杂情况，适用于各种同径、异径管和搭焊、对焊法兰等情况，支持多种法兰、弯头、异径、弯管及装配误差标准，支持自动计算、人工调整，支持自动生成管子零件图，支持三维显示、二维图纸，为国际首创，属于设计创新。

（4）合拢管数控再现机用于再现工作现场法兰空间位置和转角，使用高精度机械传动和定位、运动伺服控制、绝对值编码器、PLC、嵌入式上位机、组态软件等，是一台高精度 7 轴头尾架式数控定位装备，具有故障自诊断功能和防碰撞功能，为国内首创，属于集成创新。

四、主要成果与工业应用

江苏科技大学和江苏阳明船舶装备制造技术有限公司自主开发的船舶合拢管数字化制造技术与装备属于自主创新，拥有自主知识产权，为国内首创。该技术和装备获上海市产学研合作一等奖、中国船舶与海洋工程行业优秀专利奖、中国创新创业大赛优秀企业奖、江苏省首台（套）重大装备、镇江市专精特新产品、镇江市优秀专利奖两项等，已授权发明专利22项，实用新型专利25件、外观专利2件、软件著作权5项，通过江苏省工信厅组织的新产品鉴定，鉴定结论为填补国内空白，项目技术水平属于国际领先。

1. 合拢管测量仪（图1）

- 测量距离：400～2000 mm（法兰中心距）；
- 法兰孔周径：130～920 mm；
- 法兰通径：DN 65～DN 800。

2. 合拢管测量系统软件（图2）

具有标准开放、柔性拟合、三维显示、二维图纸自动生成等特点。

图1　合拢管测量仪

图2　合拢管测量系统软件

3. 合拢管再现机（图3）

合拢管再现机用来再现现场两个法兰的空间位置，保证法兰螺栓孔不错位。

- 法兰外径：50～780/1000 mm；
- 前后移动：400～2000 mm。

图3　合拢管再现机

4. 合拢管管件自动下料系统

船舶合拢管数字化制造技术与装备还配套合拢管管件自动下料系统（图4），由合拢管设计软件数据驱动，一次完成合拢管件斜切功能，实现一次性自动下料，也可以实现相贯线切割，满足直管下料、马鞍口切割、多角度管切割、直管斜口切割，可实现厚壁、小角度、高精度的海工管切割，一机多用。

- 切割管径：50～1000 mm；
- 管件长度：12 m；
- 运动轴数：(7+1)轴。

5. 合拢管弯头切割机

船舶合拢管数字化制造技术与装备还配套有数据驱动的合拢管弯头切割机（图5），由合拢管设计软件数据驱动，实现非标准弯头的切割，满足管子和法兰非标准弯头角度切割需求。

- 管径范围：219～630 mm；
- 弯头规格：1D、1.5D；
- 弯头最大重量：500 kg。

图4　合拢管管件自动下料系统　　　　图5　合拢管弯头切割机

6. 船舶合拢管数字化生产流水线

在上海外高桥造船有限公司建立了船舶合拢管数字化生产流水线（图6），实现了数字化驱动和生产应用，工作流程可以概括为：测量→设计→自动下料→再现，如图7所示。

图 6 船舶合拢管数字化生产流水线

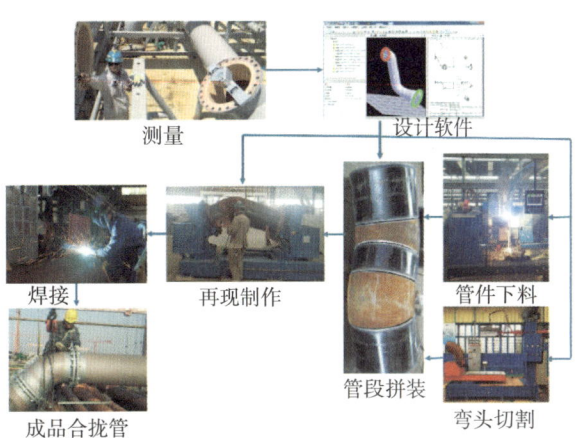

图 7 船舶合拢管数字化生产流水线工作流程

五、应用成效分析

从 2011 年起，船舶合拢管数字化制造技术与装备在上海外高桥造船有限公司、上海江南长兴造船有限公司、广州广船国际股份有限公司、中海工业（江苏）有限公司、上海江南长兴重工有限责任公司、大连船舶重工集团、广州黄船海洋工程有限公司、江苏新时代造船有限公司、南通中远川崎船舶工程有限公司、启东中远海运海洋工程有限公司、上海振华重工启东海洋工程股份有限公司、广州黄埔文冲船舶有限公司、南通象屿海洋工程有限公司、大连中远船务工程有限公司、中集烟台来福士海洋工程有限公司、渤海船舶重工有限责任公司等船企大规模应用，累计制作合拢管上百万根，合格率 100%，大大缩短制作周期，减少浪费，得到了一线工人、船检、船东的一致好评，为船厂降本增效做出了巨大贡献。

案例 1：某船厂统计，使用船舶合拢管数字化制造技术与装备后每根合拢管的测量加工时间平均减少 80%，不需要使用角钢靠模，单根合拢管节约角钢约 3.5 m，计 150 元，平均可以节约 5 个工时（含法兰领用、从车间到船上的来回运输、吊车等待、割焊角钢靠模、拆卸、打磨、放样、出图等），单位工时价格 50~100 元，按 75 元计算，计 375 元，合计 525 元，以上还没有计算废管的成本和焊条、砂轮片、能源动力、返修、改样等消耗和增加产量产生的新增利润、固定资产折旧等因素。如一条 10 万吨左右的船舶按 750 根合拢管计算，可节约直接成本约 40 万元，一个大型船企每年按 20 条船计算，可节约直接成本达 800 万元，对船厂的降本增效成果十分显著。以上还没有考虑由于提高合拢管制作效率，缩短船坞周期，提高造船效率带来的可观的经济效益和社会效益。

案例 2：某船厂船舶合拢管数字化制造技术与装备已累计测量制作合拢管 10 万余根，涉及船装部、机调部和模块部等制作合拢管的部门，船型有17万吨散货船、30万吨油船和万箱集装箱船等，管子最大为DN750，合拢管制作合格率100%。据生产部门统计，使用该装备以来，节省了大量的劳动力和耗材，把原本靠模管2个月的制作周期缩短到3天，减少了浪费，加快了生产进度，降本增效成效显著。以油轮泵舱为例，不仅大大减轻工人的劳动强度，还明显降低生产成本，减少安全事故，提高5S效果。泵舱内大部分合拢管直径都在610 mm至750 mm，如果采用传统的靠模取样方法，需要的一对法兰在32 T吊车空闲时才能吊运至泵舱，再由2～3个人进行法兰的安装，放垫片、塞螺栓、拧螺丝、割焊角钢，法兰模拟件成型后拆卸螺栓，再由32 T吊车空闲时吊出泵舱，然后使用铲车运至模块部，进行排队等待制作，1天最多制作3～4根靠模样板，再由有经验的工人通过手工放样制作草图，计算加工尺寸，制作出连接短管，与法兰装配点焊，最后焊接为成品，整个制作过程涉及工序分散复杂、劳动强度大、效率低，制作期间很容易发生安全事故。堆积的法兰经常占用通道，拆卸后的螺栓垫片也对5S造成影响。以船装部的某根DN550合拢管制作为例，原先的取型法需5人用2天才能制作完成，使用合拢管设计制作系统后2人用0.5天即可制作完成。

六、发展展望

为了解决船舶及海洋工程结构合拢管制作中的一些特殊场合：位置狭窄、小管径、近舱壁、中间有障碍物、无法兰等情况，江苏科技大学和江苏阳明船舶装备制造技术有限公司研发了船舶合拢管双目视觉测量技术及装备，如图8所示，已成功规模化应用于多个船厂的合拢管生产现场，制作精度和质量完全满足生产要求，可以适应各种特殊工况条件，与现有的拉绳测量技术互为补充。

双目视觉测量技术通过专门的定制开发，还可以应用在精度测量、曲面线型测量、设备安装、模块安装、轴舵系安装、吊架安装等船舶和海洋工程建造中。双目视觉测量软件和装备经过专业化移植和开发，可以很容易地在医疗行业的手术导航、冲压行业的压机变形测量、汽车行业的夹具调整、风电行业的动态装配中得到应用，为众多行业提供创新技术和产品，在机器视觉领域有着广泛的应用前景。

图8 船舶合拢管双目视觉测量技术及装备

案例 17

中厚壁高强钢激光－电弧复合焊接技术与装备

哈尔滨工业大学先进焊接与连接国家重点实验室

激光及其复合焊接被国际公认为"21世纪最有发展潜力的制造技术之一"。哈尔滨工业大学自1995年开展激光－电弧复合焊接技术研究，在复合焊接基础理论、复合方法、焊接工艺、中厚壁构件复合焊接装备集成等方面取得了重大突破，形成了具有自主知识产权的系列机器人/数控激光－电弧复合焊接装备，并在航天、舰船、高铁、石油管线等领域关键中厚壁构件批量生产中得到应用。

一、导言

随着新一代舰船、装甲战车等重要武器装备技战术指标的快速提升，以及高铁、压力容器、石油管线等国民经济重点工程领域对焊接生产效率和焊接质量进一步提高的需求，产品设计的高指标与焊接工艺的低能力之间的不适应矛盾日益突出，其中，具有代表性的新材料大型中厚壁构件的优质、高效、低成本的焊接制造技术需求更是十分迫切。激光及其电弧复合焊接技术作为"21世纪最有发展潜力的焊接技术之一"，具有焊缝质量好、能量利用率高、焊接变形小、焊接适应性强、成本低等优点，是解决目前特种材料中厚板焊接、薄板高速焊接的主要途径之一。

激光-电弧复合焊接技术自从20世纪80年代首次提出以来，就展现出了巨大的应用潜力。欧美等发达国家更是将激光及其复合焊接技术在军工制造领域的发展与应用作为国家计划项目进行研究和推广。如美国的爱迪生焊接研究所与美国海军连接中心共同开发出可应用水陆两栖攻击装甲战车的2519铝合金激光复合焊接技术，代替原有的MIG弧焊获得了良好的效果；美国Triton公司将复合焊接应用于地面车辆Ti合金结构件的焊接，且被公认为是未来大型Ti合金和其他合金结构件连接的主导技术。目前，激光-电弧复合焊接涉及的材料主要是各种高强钢、铝合金以及钛合金等；其接头形式主要为对接、角接、搭接和T型焊缝等。迄今为止，激光-GMA电弧复合焊接技术一次熔透成形的最大板厚为25 mm厚不锈钢，焊接速度可达到1.8 m/min；双道成形最大为30 mm厚船结构钢。

哈尔滨工业大学自1995年开展激光-电弧复合焊接技术研究以来，在国家自然科学基金、国家重大专项、国防基础科研等国家计划项目的支持下，研究水平一直与国际水平基本保持一致，甚至在某些领域超前，相关成果已经应用于航空、航天、舰船、兵器、高铁和石油管线等重点型号中厚壁高强钢构件批产与研制，是国防科技工业激光焊接技术的研究和推广基地。

二、主要创新点分析

激光-电弧复合热源是将物理性质、能量传输机制截然不同的两种热源复合在一起，同时作用于同一加工位置，它既充分发挥了两种热源各自的优势，又相互弥补了各自的不足，从而形成一种全新的高效焊接热源。同时，复合热源利用激光产生的锁孔效应吸引、压缩和稳定焊接电弧，使电流密度显著提高，具有熔深大、焊速快、成本低等显著优势，非常适合于大型中厚壁构件的焊接。

1. 提出了"附加能场控制复合焊接熔滴稳定过渡"新理论

激光与电弧共同作用下的熔滴过渡行为以及其稳定性控制俨然成为激光-电弧复合焊接技术的关键科学问题，是保证激光-电弧复合焊接质量的关键因素。激光与电弧复合焊接时，激光辐照母材的热效应及光致等离子体对激光-电弧相互作用产生重要影响，电弧吸收激光能量后，导致局部电子密度及电子密度梯度升高，引起吸收和折射效应的进一步增强。在激光与短路过渡或射滴过渡 GMA 电弧旁轴复合焊接过程中，一方面，如图 1 所示，受激光等离子体和激光锁孔焊接所产生的金属蒸气的影响，激光与电弧的相互作用改变了原有电弧焊接熔滴稳定过渡区间，致使熔滴过渡过程中向激光束方向偏移，导致熔滴过渡周期变长，熔滴形态由小球状变成了不规则的大椭圆形，大大降低了熔滴过渡频率以及过渡的轴向性和稳定性。另一方面，复合焊接过程中生成的尺寸过大的不规则熔滴也易破坏激光焊接的锁孔效应，导致焊缝熔深变浅，成形不规则，呈现为一种非稳定的复合焊接特征。

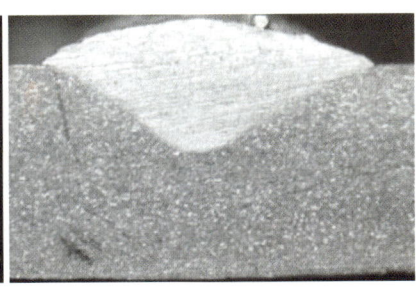

图 1 非稳定复合焊接熔滴过渡

一般来说，对于短路过渡或射滴过渡的 GMA 电弧焊接，其熔滴过渡频率越快，熔滴轴向性越好，越有利于获得稳定的焊接区间和好的焊缝熔深。因此哈尔滨工业大学先进焊接与连接国家重点实验室针对激光的引入改变了原有电弧焊接稳定焊接区间这一特点，提出采用"附加能场控制复合焊接熔滴稳定过渡"的新理论指导复合焊接工艺试验，如图 2 所示，结果表明：①在相同的焊接条件下，轴向附加能场的加入改变了原有复合热源焊接熔滴液面的

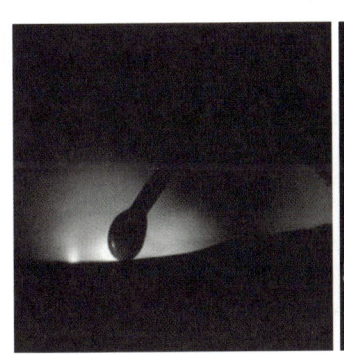

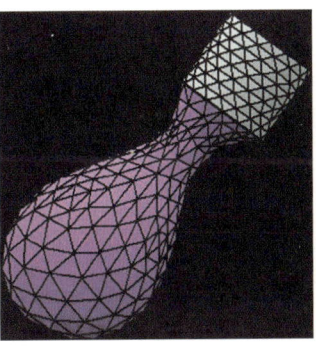

图 2 附加能场控制的稳定复合焊接熔滴过渡

形态，使熔滴颈缩变细，大大促进了熔滴过渡，有利于提高熔滴过渡的频率，并且在熔滴达到临界失稳时，也极大地改善了熔滴过渡轴向性，与同样焊接参数下的 GMA 电弧焊接相比，其熔滴过渡频率可提高 20% 左右；②避免了熔滴破坏激光焊接的锁孔效应，试验证明焊缝熔深可提高 3 倍以上，并获得连续的焊缝成形；③与现有常规激光 - GMA 电弧复合焊接相比，在获得同样焊缝熔深的情况下，能够降低激光功率和焊接电流，从而减少焊接热输入量，降低焊接变形；④提高了能量利用率和焊接效率，降低了生产成本，与现有常规激光 -GMA 电弧复合焊接相比，其焊接效率可提高 3~4 倍以上。

2. 开发了中厚板激光 - 电弧复合多层焊接方法

对于航天、舰船、兵器、高铁等重要领域关键中厚壁构件焊接，为了保证焊接质量，降低热输入，减少焊接变形，一般采用激光 - 电弧复合多层焊接的方法实现高品质可靠连接。在打底层焊接中，为了保证足够的焊缝熔透深度以减少后续填充层的数量来提高焊接效率，打底层焊接方法是以激光为主要能量、小电流电弧为辅实现"1+1＞2"的焊接效果，如图 3 所示，并显著提高焊接过程适应性，即打底层焊接策略为：大功率激光主导＋小电流电弧辅助；在填充/盖面焊中，为了显著提高填充盖面效率，因此在焊接过程中以 MAG 电弧为主要能量，通过提高焊接电流获得足够的焊缝填充量，同时为了保持电弧的稳定性和挺直性，常采用小功率激光辅助起引导压缩电弧作用，提高焊接过程稳定性以及焊接效率，如图 4 所示，即填充/盖面层焊接策略为：小功率激光引导＋大电流电弧主导。

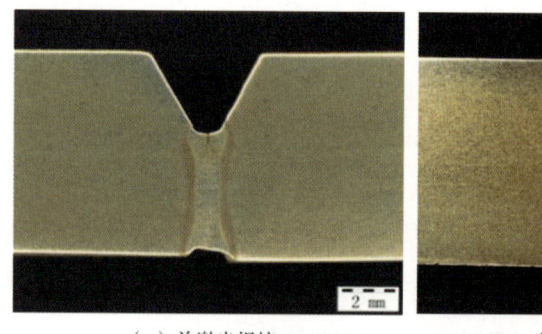

（a）单激光焊接　　（b）复合焊接

图 3　激光 - 电弧复合打底层焊接

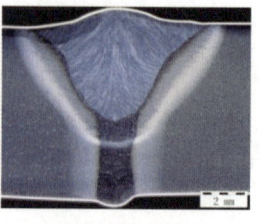

（a）单 MAG 电弧焊接　　（b）复合焊接

图 4　激光 - 电弧复合填充层/盖面层焊接

3. 突破了全位置激光－电弧复合焊接熔滴过渡稳定性与焊缝成形控制

无论是 MAG 还是激光－MAG 复合焊接，熔滴过渡行为会影响焊接稳定性，进而影响焊接质量。一般而言，在激光－MAG 复合焊接中，我们希望得到射滴过渡或射流过渡的熔滴过渡模式，此时焊接过程稳定，飞溅小，焊缝成形良好。而在全位置焊接中，重力的作用效果不断变化，熔滴过渡行为复杂化，可能会造成焊缝成形缺陷，如管道焊接 3-6 点位焊缝背面易出现内凹等问题，因此，哈尔滨工业大学开展了 X70、X80 钢管道全位置激光－MAG 电弧复合焊接技术研究，如图 5 所示，重点分析了平焊、立焊、斜向上焊、斜向下焊和仰焊等 5 个特征点位置的焊接特性，建立了不同焊接位置复合焊接能量和焊枪几何参数与焊缝成形和焊接质量之间的对应关系，提出了管道全位置激光－电弧复合焊接变能量输入与复合焊枪倾斜的调控策略，突破了全位置激光－电弧复合焊接熔滴过渡稳定性与背面焊缝成形控制等关键技术，有效抑制内凹缺陷，提高了焊接稳定性，改善了焊缝成形，全部满足 API 1104 和中石油 SY/T4103 等管道焊接相关标准（图 6）。

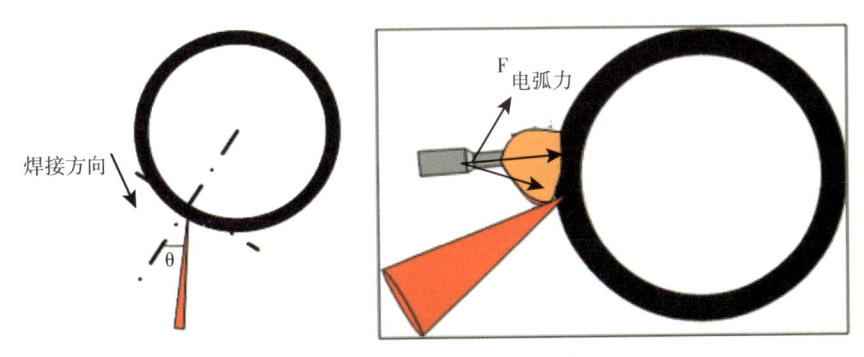

图 5　全位置复合焊接焊枪作用角度示意图

图 6　石油管道全位置激光－MAG 电弧复合焊接

三、应用效果

目前，哈工大已将激光－电弧复合焊接技术应用到了上海航天某型号不锈钢火箭发动机

Ω结构件、某型号飞行器30CrMnSi贮气罐、兵器系列型号坦克装甲车辆油箱激光－电弧复合焊接的批产之中，与原有电弧焊工艺相比，采用激光－电弧复合焊接技术效率可以提高10倍以上，焊接变形减少约1/2，同时可以取消超高强度钢焊前预热和焊后热处理等工序，改善工人劳动条件，有助于提高焊缝强度和焊接质量稳定性。目前，上海航天某型号不锈钢火箭发动机Ω结构件以及某型号飞行器30CrMnSi贮气罐近几年累积制造量达5000件以上，节约成本500万元以上。同时，哈工大也将激光－电弧复合焊接技术应用于西安航天某型号D406超高强钢发射筒壳体、高铁S355高强钢横梁管、12MnNiVR储罐以及中石油管道局X70、X80石油管道等激光－MAG电弧复合焊接技术的开发与装备研制，实现了直径为1016 mm、壁厚22 mm的X70钢石油管道全位置激光－MAG电弧复合焊接，焊缝成形和力学性能均达到了中石油SY/T4103和管道API1104国际标准（图7）。

在中厚壁构件单侧激光－电弧复合焊接研究的基础之上，哈工大围绕大型水面战舰、核潜艇等厚板焊接需求，开展了面向船用高强钢厚壁构件的双侧激光－GMA电弧复合"不预热"焊接技术研究，突破了激光－电弧复合热源双面打底焊气孔与未熔透控制、激光－电弧复合热源双面横焊熔滴过渡稳定性控制技术、激光引导电弧摆动填充焊接、适应大型厚壁构件的

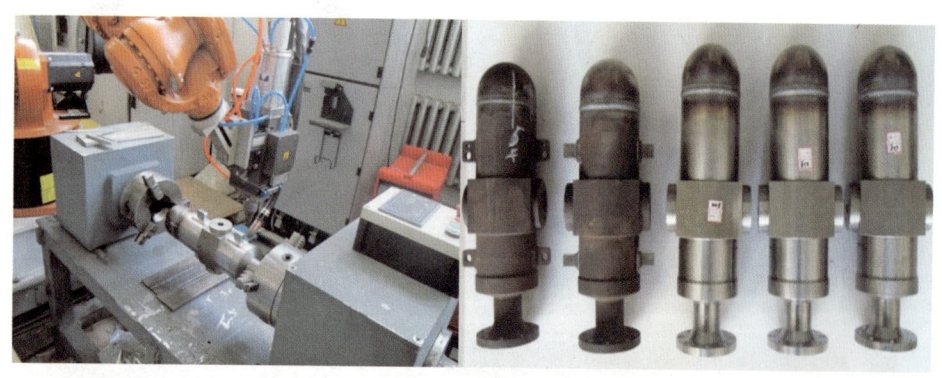

（a）飞行器30CrMnSi贮气罐焊接

（b）超高强钢发射筒壳体　　　　（c）高铁S355高强钢横梁管

图7　哈工大激光－电弧复合焊接技术典型应用

紧凑型一体式复合焊接枪头设计与研制,以及主从式双机器人同步控制技术等关键技术,实现了一次焊接焊缝熔深可达 20 mm 以上的厚壁构件高强钢激光焊接。

四、主要成果

目前,在激光-电弧复合焊接领域已申请"附加能场的中小功率激光-MIG 复合焊接""利用激光-GMA 电弧复合焊接装置实现摆动焊接的方法""一种激光引导 GMAW 电弧复合横向焊接方法""厚板 T 型接头双面激光电弧复合焊接方法"等 30 余项发明专利,其中已授权国家发明专利 20 余项;在国际高水平刊物上发表 60 余篇论文,其中"激光与 TIG 电弧复合焊接能量有限增强理论"发表在英国《焊接与连接科学与技术》(*Science and Technology of Welding and Joining*)杂志上,也被列为先进焊接与连接国家重点实验室的标志性成果。培养博士生 5 名,硕士生 10 名。

案例 18
激光诱导电弧耦合焊接技术及数字化装备

大连理工大学辽宁省先进焊接技术重点实验室

激光诱导电弧耦合焊接技术，是基于大连理工大学提出的脉冲激光诱导增强电弧耦合放电理论，自主创新开发出的一种兼具低能耗和高能量密度特征的全新焊接方法。经过近二十余年的系统研究，大连理工大学在激光与电弧热源能量耦合精确调控理论、工艺及数字化装备研制等方面取得了重大突破，研制出具有低能耗、高效率、高精度特征的国产高端焊接技术与装备，并在飞机、船舶、机车等领域关键构件中实现了产业化示范应用。

一、导言

自 1949 以来，我国焊接领域取得了诸多举世瞩目的成果。但是，必须清醒认识到，目前国产焊接装备仍处于产业链中低端，焊接数字化水平与国外存在较大差距，大污染和高能耗仍是焊接行业不可回避的问题。

焊接热源是直接决定焊接能耗及效率水平的关键因素。纵观近百年焊接学科发展历程，焊接热源的每一次进步都带来了焊接技术的变革。尤其是近二十年来国际上电弧、等离子弧以及激光束等单一热源模式已发展到极致，例如电弧电源的电 – 热能量转换率由 50%~60% 提高到 90%；激光电源的电 – 光转换效率从 YAG 固体激光的约 5% 提高到光纤、半导体激光器的 30% 左右。美国、德国、日本等发达国家正是凭借其拥有上述核心技术优势保持在国际焊接制造产业链中的领先地位。而在全球新一轮高端制造业竞争中，我国焊接制造领域面临着日益严峻的巨大挑战，优质、高效、节能的数字化、智能化焊接模式已成为未来发展的必然趋势，而数字化、智能化焊接热源的开发仍是国际竞争的制高点。

大连理工大学焊接团队历经近 20 年的系统研究，在脉冲激光与电弧耦合热源能量精确调控理论、工艺及数字化装备研制等方面取得了重大突破，研制出具有自主知识产权、兼具低能耗和热源能量密度柔性可控特征的系列国产高端焊接技术与装备，并在飞机、船舶、机车等领域实现了产业化示范应用。

二、数字化方面的主要创新点分析

1. 脉冲激光诱导增强电弧等离子体耦合放电的物理机制

脉冲激光诱导增强电弧等离子体放电的本质在于激光脉冲形成的"匙孔"等离子体与电弧等离子体之间的耦合放电。耦合放电发生时，"匙孔"等离子体与电弧等离子体连接（图1），并与电弧等离子体形成耦合放电等离子体，"匙孔"等离子体和电弧等离子体之间存在粒子质量的交换和能量的传递。耦合放电发生时，"匙孔"内高温、高密度的带电粒子使处于"匙孔"内部的复合等离子体具有更高的电导率，提高了能量传输密度；"匙孔"内部的复合等离子体更接近局域热力学平衡状态，电子和重粒子之间通过碰撞传递能量的效率大幅提高；耦合放电促使"匙孔"等离子体中的带电粒子从电弧电场中获得额外能量并用于熔化材料，获得能量的数值取决于"匙孔"等离子体自身的密度和"匙孔"深度；激光脉冲作用消失后，耦合放电的延迟效应使激光对电弧等离子体的增强效果仍可持续一定时间。因此，伴随着耦合放电发生的上述物理过程改变了电弧等离子体的放电模式，提高了电弧等离子体的能量密度，以及复合热源的焊接能力和焊接效率。

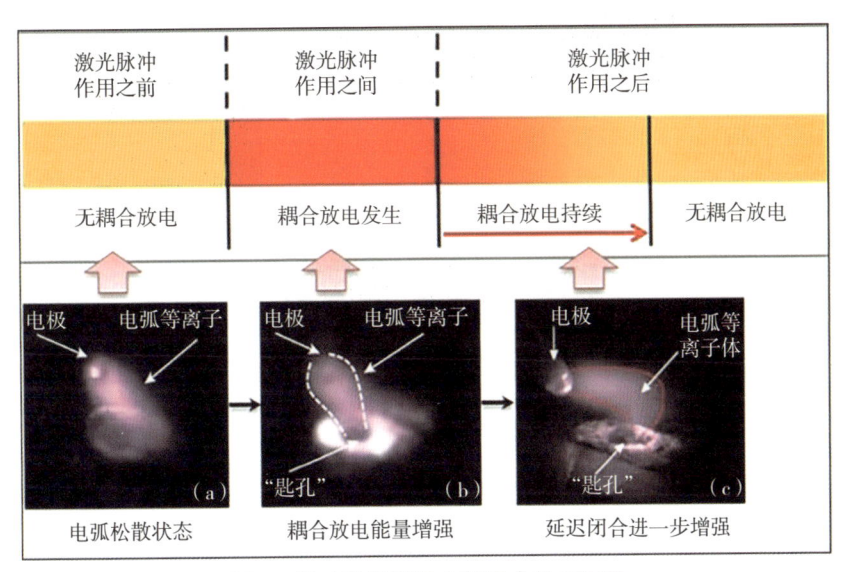

图 1 脉冲激光诱导电弧耦合放电原理

2. 脉冲激光诱导电弧耦合热源能量密度和梯度精确调控系统

系统研究发现，脉冲激光与电弧耦合一方面会存在激光"匙孔"对电弧等离子体的吸引和压缩现象；另一方面，当激光脉冲消失时，激光与电弧耦合放电呈现时间延迟特性，即激光"匙孔"的延迟闭合现象以及电弧等离子体形态的延迟恢复现象。利用上述现象及其形成的原理，提出了通过控制脉冲激光的能量、激光脉冲与电弧电流波形相位匹配以及激光光束与电弧的空间位置，从时间和空间两个维度实现对耦合热源能量密度以及能量梯度精确分布控制的思路。提出了加锁触发算法（图 2），实现了激光脉冲对电弧波形任意位置的精确重复触发，同时开发了电焊机与激光器的首次测试模块，实现了对电焊机及激光器硬件系统特征参数的精确测定。并基于 NI Labview 和 NI-DAQ 9.30 函数库开发了脉冲激光与电弧波形相位匹配控制系统（图 3）。利用该系统，可以解决脉冲激光与电弧耦合行为高精度可重复性精

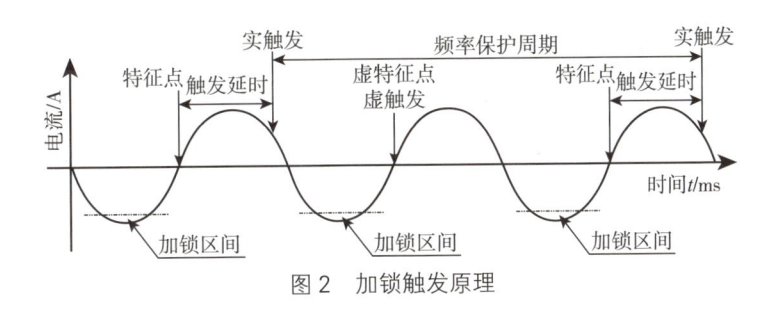

图 2 加锁触发原理

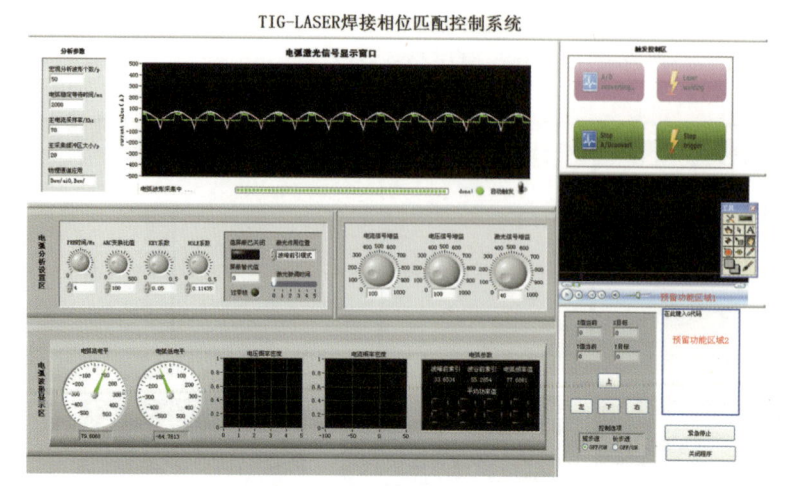

图 3　脉冲激光与电弧相位匹配触发控制软件

确调控,即实现了脉冲激光诱导电弧耦合热源能量密度和梯度的精确调控。

3. 脉冲激光诱导电弧耦合焊接实时调控系统及其调控方法

为了实现焊接过程质量控制,开发出了一种激光-电弧复合焊接实时调控系统及其调控方法。所述的调控系统,主要包括激光-电弧复合焊接热源系统、传感系统、焊接数据采集系统、控制单元、控制信号输出系统和焊接机械运动控制系统。通过传感系统进行信息采集,并输入到焊接数据采集系统,将这些信息转变为各自的数字信号输入到控制单元的数据采集模块中,通过分类将其输入到人机交互模块中,将简单的数字信号转变为可参考的相对变量信号,然后输入到智能模块中行计算,当计算出的结果数据偏离了智能模块的设定范围时,则对电弧电流、激光能量、激光与电弧空间位置及焊接速度等参数进行实时调控,进而使焊接综合评价值重新回到设定范围之内,从而达到稳定焊接过程,能够满足复杂结构自动化、数字化高效焊接的需求。

4. 激光诱导增强电弧耦合焊接技术指标

激光诱导电弧耦合热源实现了加工热源从"多个复合"向"一个凝聚"的跨越,开发出一种兼具低能耗和能量密度柔性可控特征的全新加工制造方法。新热源具备电弧低能量密度特征和优势以及激光的高能量密度特征和优势,并开发出了热源能量密度柔性精确调控系统,在焊接制造以及增材制造领域体现出了显著的技术优势。经国家权威机构检测,低能耗激光诱导电弧复合焊接/增材制造技术指标如下:

(1) 最大加工速度可达 9.8 m/min 以上。

(2) 零部件焊接/增材厚度为 0.5~50 mm。

(3）焊接/增材性能达到母材的95%以上。

(4）热源能耗为激光焊接的20%~30%以下。

(5）焊接效率为电弧焊接5~10倍。

(6）熔丝增材效率是传统3D打印技术的10倍以上（10~20 kg/h）。

(7）加工变形及残余应力比电弧加工均降低50%以上。

5. 激光诱导增强电弧耦合数字化焊接集成装备

新热源需要形成焊接装备才能够实际应用。面向高端装备业关键构件精确控形控性以及数字化、智能化焊接需求，相继突破脉冲激光诱导电弧相位匹配触发能量精确调控系统、基于激光脉冲诱导电弧摆动的焊接熔池稳定性调控方法、电磁防飞溅激光诱导电弧复合焊枪以及复杂曲面机器人焊枪姿态优化设计等关键技术，开发出脉冲激光诱导电弧低能耗高效焊接方法与装备。该装备经国家第三方机构检测：最大加工速度9.8 m/min，焊接板材厚度0.5~50 mm，最大焊缝长度3.2 m，焊接性能达到母材95%以上，焊接能耗比激光焊接节能50%以上，具有显著的低能耗高效绿色焊接特征。在系列"高档数控机床及基础制造装备"国家科技重大专项持续支持下，组建了激光诱导电弧低能耗高效焊接技术及装备产学研用全链条研发、示范应用以及规模化推广平台（图4），开发出的系列焊接装备在飞机、船舶、机车等制造企业实现产业化推广应用，显著提高了关键零部件的焊接制造效率，大幅降低焊接能耗，在国家重大工程关键结构焊接制造中发挥了重要作用，为企业带来显著经济效益的同时，全面提升了企业的焊接生产制造水平和产品核心竞争力。

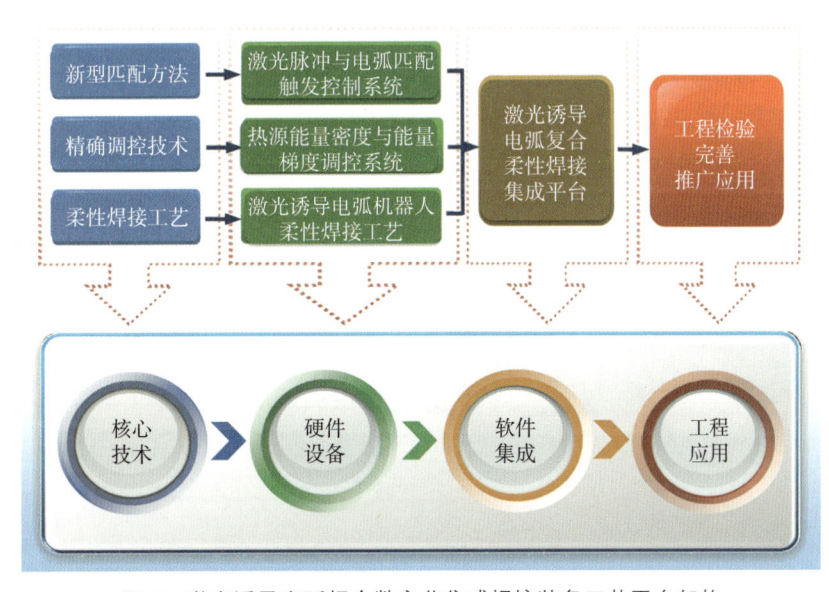

图4 激光诱导电弧耦合数字化集成焊接装备示范平台架构

三、主要成果与产业化推广应用

大连理工大学焊接团队经过近 20 年的系统研究,建立了脉冲激光诱导电弧低能耗高效绿色焊接理论体系,发明了多项原创性工艺技术,获得授权发明专利 12 项(其中美国发明专利授权 1 项)、公开国家发明专利 10 项,获得软件著作权 1 项,建立企业标准 2 项。所开发的激光诱导电弧耦合焊接集成装备经行业协会组织鉴定:"装备整体达到国际先进水平,其中低功率激光诱导电弧复合焊接技术属国际首创"。开发出的系列焊接装备在飞机、船舶、机车等制造企业实现规模化推广应用,解决了多项国家重大工程关键问题,打破国外技术封锁,实现进口设备的有效替代,核心技术相继获得国家技术发明奖二等奖、中国机械工业科学技术技术发明奖一等奖和科技进步奖二等奖以及中国专利奖银奖。

1. 飞机制造领域产业化示范应用

针对飞机尾段钛合金关键零部件手工电弧焊接效率低、焊接质量波动等瓶颈难题,大连理工大学与飞机制造企业合作,充分利用激光诱导电弧获得的高能电弧热源具有的大熔深、高穿透的焊接技术优势,首次在大气环境局部保护条件下实现了复杂钛合金结构件的低能耗高效优质焊接,并在"高档数控机床及基础制造装备"国家科技重大专项支持下,双方共同建立飞机尾段钛合金关键零部件低能耗高效焊接示范应用平台,成功实现了钛合金变厚度方形结构件、T 型结构件、薄板曲面结构件等十余种飞机钛合金零部件的低能耗高效焊接制造(图 5)。企业出具的用户报告表明:采用本项目技术实现关键钛合金零部件焊接制造周期由 1 个月缩减为 3 天,实现了对进口焊接装备的有效替代,解决了新型飞机研制中制约飞机起落大型承力结构可靠制造的难题,使企业的整体焊接制造能力得到显著提升,为企业关键型号研制开发提供了有力保障。

图 5 钛合金激光诱导电弧耦合焊接装备样机

2. 船舶制造领域产业化示范应用

基于激光诱导电弧耦合焊接集成装备的低能耗、高效焊接优势,多家船舶制造企业全面引进本项目激光诱导电弧低能耗高效焊接技术及装备研究成果,并组建了国内第一条船舶曲面骨材激光诱导电弧耦合低能耗高效焊接装备示范生产线（图6），并实现了系列船舶分段平面及曲面骨材结构、通风系统、铝围壁等结构的高效率、低能耗、高性能焊接制造，其中曲面骨材焊接制造效率较传统手工电弧焊接效率提高5倍以上，焊接制造能耗降低50%。激光诱导电弧低能耗高效柔性化焊接装备的应用，为我国船舶焊接制造向低能耗、高效绿色化方向发展起到了积极的促进作用。

图6 船舶曲面骨材激光诱导电弧耦合焊接自动化装备

3. 机车制造领域产业化示范应用

激光诱导电弧耦合焊接技术及集成装备具有焊接速度快、焊接热影响区窄等优点，非常适合车辆结构件的低损伤、低变形、高效焊接需求。大连理工大学与机车制造企业历经2年的时间联合开发出机车关键结构激光诱导电弧耦合焊接生产线（图7），形成了工艺和性能数据库。企业应用表明，本项目技术与现有机车构架焊接技术对比试验，焊接效率可提高5倍，焊接能耗降低50%，该机车企业将大力推广成套设备在机车制造领域的扩大应用。

图7 电力机车构架激光诱导电弧耦合焊接自动化装备

4. 频频亮相北京埃森焊接与切割国际装备展

大连理工大学焊接团队与企业合作，相继携带激光诱导电弧低能耗高效焊接装备参加了世界三大焊接展之一的北京埃森焊接与切割国际展览会（2013年、2015年以及2018年），实现了国产激光诱导电弧耦合高端焊接装备的首次亮相及现场焊接演示，并在国际展厅与德国 Cloos、奥地利 Fronius 等国际品牌同台展示和竞技（图 8），现场进行了镁合金、钛合金以及结构钢高效焊接和增材制造展示，吸引了国内外企业及高校科研院所的广泛关注，共收到技术需求及合作意向 100 余项，为激光诱导电弧耦合焊接集成装备的产业化推广应用奠定了坚实基础。

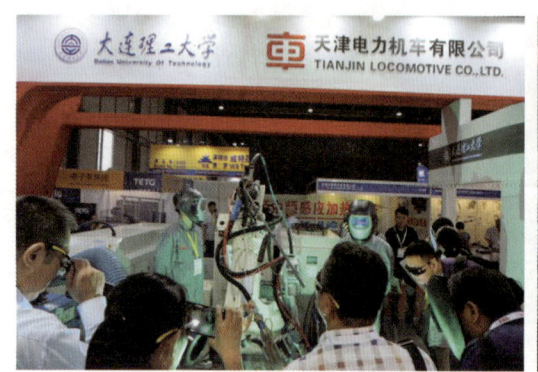

图 8　激光诱导电弧耦合自动化焊接装备展会现场

案例 19
变极性等离子弧穿孔焊接数控技术与成果应用

北京工业大学　北京卫星制造厂有限公司

本案例以变极性电弧物理的理论突破、穿孔熔池稳定性控制的技术突破和穿孔非稳态过程的宏微融合控制创新三点为主线，攻克了变极性等离子弧的过零稳弧和双弧干涉抑制、穿孔熔池稳定控制和穿孔过程中多状态调整等难题，研制出具有完全自主产权的变极性等离子弧焊接专用电源及系列自动化焊接系统，保证了我国"天宫"一号空间站、新型运载火箭等国家重大工程项目焊接制造的顺利实施。

一、导言

航天制造产业是我国重要的战略性新兴产业，其制造水平和能力的提升将是我国装备制造产业升级的重要引擎。我国航天工程早期的 TIG 焊接工艺虽然可以使焊接接头性能达到短期在轨的设计指标要求，但难以保证载人航天器的尺寸精度和重量控制，无法满足长期在轨服役的密封性和高精度、高可靠制造需求。寻求一种适合载人航天器的"高精度控形，低损伤控性"的新型焊接工艺已经迫在眉睫。铝合金变极性等离子弧（VPPA）焊接技术，综合了变极性 TIG 焊和等离子弧焊两方面的优点，弥补了激光焊接的气孔问题，回避了电子束焊接的"真空室"要求，和搅拌摩擦焊接相比较其设备简单、操控性好（由于搅拌摩擦焊接的疲劳寿命问题国际空间站采用的也是等离子焊接工艺），是焊接大型中等厚度铝合金壁板结构的最佳解决方案，在国外航天器制造领域已得到成功应用，具有不可替代的地位，是载人航天二期工程的空间实验室和载人航天三期工程的空间站制造中最适用的技术，如图 1 所示。但是某些航天大国设置了种种障碍阻碍我国提高航天制造业技术水平，虽可提供 VPPA 焊接设备但价格动辄上千万元且不提供工艺支持，关键技术受制于人，航天制造企业难以获得成套的解决方案来完成大型密封舱的焊接装配。因此迫切需要在 VPPA 焊接工艺及装备技术方面获得自主知识产权的突破，打破国外严密技术封锁的尴尬境地。

本案例中，自主研发了变极性等离子弧焊接专用电源及系列自动化焊接系统，在电气性能指标上与国外同类焊接设备处于同一水平并具有竞争优势，中薄板的穿孔等离子弧立焊蒙皮结构上都实现了小于 3mm 板厚的铝合金结构优质焊接拼装。开发的空间曲线焊缝 VPPA 穿孔立焊装备，通过集成开发专用焊接机头（图 2），在导丝机构最前端巧妙地设计了防撞器，使其兼具防撞传感功能；焊接机头的 ±0.1mm 的控制精度恰恰弥补了多轴联动自动化焊接系统的运动控制精度的不足问题，上述创新技术达到国际先进水平。在自主开发核心焊接电源的基础上进行大量等离子弧焊接机理和工艺研究，成功实现仅依靠电气参数控制完成焊接起弧收孔，并在环缝焊接中实现首尾完美搭接闭合，整体穿孔焊接的工艺技术水平国际领先，并在我国航天产业获得了良好的应用，保证了我国"天宫"一号空间站、新型运载火箭等国家重大工程项目的顺利实施，也打破了我国高端制造装备依赖国外进口产品而受制于人的局面。

图 1 "天宫"一号主体结构焊接现场

焊枪多维度微调机构

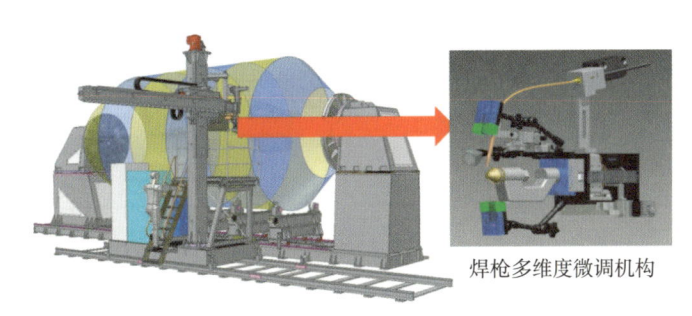

图 2　专用焊接机头与人在回路控制

二、数字化方面的主要创新点分析

1. 电源稳定 – 软开关控制技术提高可靠性

焊接电源的性能、可靠性和电磁兼容性是成套解决方案的基础保障。"电源稳定"是指必须保证大功率双逆变式变极性焊接电源的可靠性和稳定性，其技术实质属于焊接工艺及设备学科和电力电子技术学科交叉范畴。北京工业大学焊接团队首次提出环境友好型焊接电源概念，在电源的主电路、控制电路和软件系统上分别采用了自均流型双变压器逆变主电路拓扑、恒流输出峰值电流型全负载范围软开关控制、软件电流波形发生器等多项专利技术保证了电源的性能和可靠性，并进行了三相功率因数校正和电磁干扰抑制等多项电磁兼容防护技术（图 3），使研制的专用 VPPA 焊接电源达到了"自身能抗干扰、也不干扰其他设备"的全相容状态，奠定了全套焊接解决方案的基础。相关电磁兼容防护技术已形成国家强制标准。

2. 电弧稳定 – 基于嵌入式控制的前置电流脉冲和即时电压脉冲稳弧

电弧稳定是指必须保证变极性等离子弧的稳定放电过程，其技术实质属于焊接工艺及设备学科和等离子体物理技术学科交叉范畴。为确保等离子弧的稳定，传统设计方案是在钨极和压缩喷嘴接上维弧电源。但在主电弧变换极性进行氧化膜清理时，经常出现主弧电流绕行维弧电源通路的现象，称为双弧干涉（图 4）。主电弧通过喷嘴放电，极易损坏喷嘴，并使电弧质心发生跳动，穿孔状态失稳，焊接失败；包括从国外专门引进等离子焊接电源都无法从根本上避免双弧干涉引起的电弧质心跳动。北京工业大学焊接团队经过多年研究，探明维弧通路阻抗是双弧干涉的诱因，并采用双脉冲联合稳弧和维弧通路截止抑制技术，从根本上消除了双弧，使等离子弧只是膨胀收缩而不偏摆，质心稳定，从而实现一次连续焊接 120 min 而不发生质心跳动现象，实现 20 m 超长焊缝的穿孔焊接高质高效一次完成！

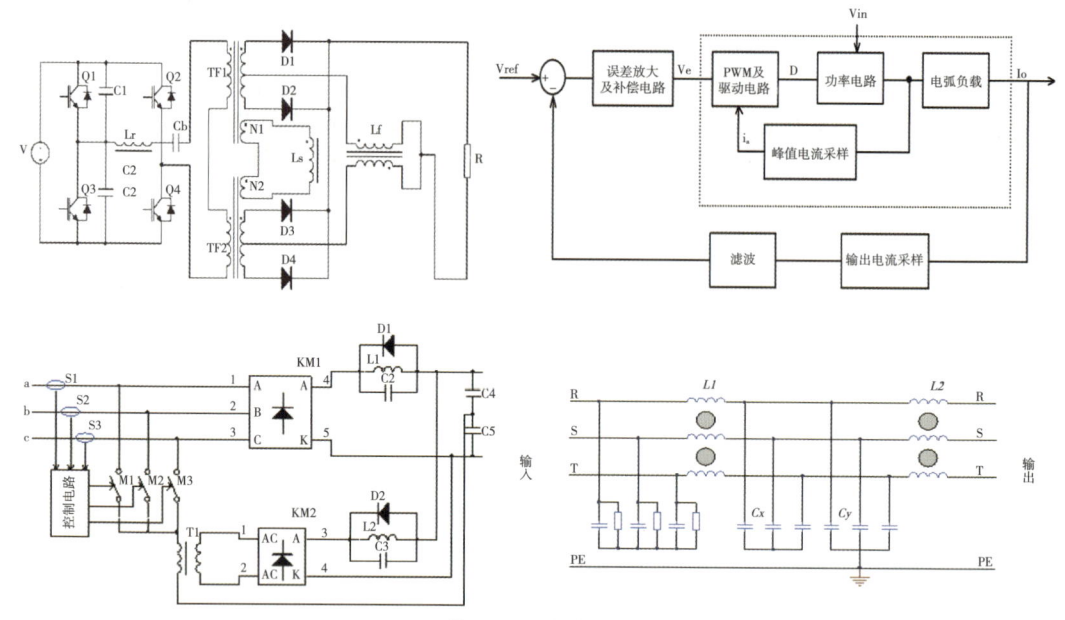

图 3　软开关和谐波抑制技术

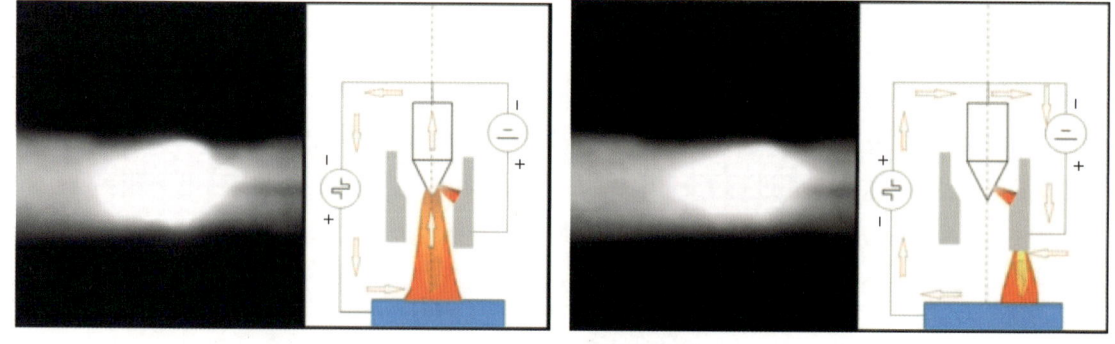

图 4　双弧干涉原理示意

3. 熔池稳定－基于空心沙漏模型的数字控制技术

熔池稳定是指必须能够保持住等离子体射流与熔池微流体流动垂直交互耦合的准稳态流动，其技术实质属于焊接工艺及设备学科与流体热力学学科交叉范畴。穿孔焊接的小孔是一个准稳定状态，几乎所有的焊接工艺参数都可能对小孔的状态产生影响，所以穿孔焊接工艺稳定区间窄，10A 的参数范围已经和传统电源输出容差接近，焊接过程的参数波动极易导致小孔失稳，焊接失败。北京工业大学焊接团队深入研究了等离子弧的刚性和可分离特性，发现了小孔稳定存在的科学本质是等离子弧的刚性射流和电子流的均衡控制，为穿孔稳定模型奠定了理论基础；并提出一种空心沙漏模型来表征穿孔熔池：刚性等离子体和穿孔熔池的固液界面将液态金属保持在小孔周围，使液态金属在刚脱离小孔时就迅速凝固形成焊缝（图5）。在"天宫"一号航天器主体结构的焊接中，每条环缝焊接都超过90 min，航天Ⅰ级焊缝标准100%一次合格！穿孔稳定技术还将VPPA焊接工艺区间扩大3倍，成功实现3 mm薄板穿孔焊接，这解决了运载火箭助推段、"神舟"飞船蒙皮的焊接难题，此技术为国际首创！

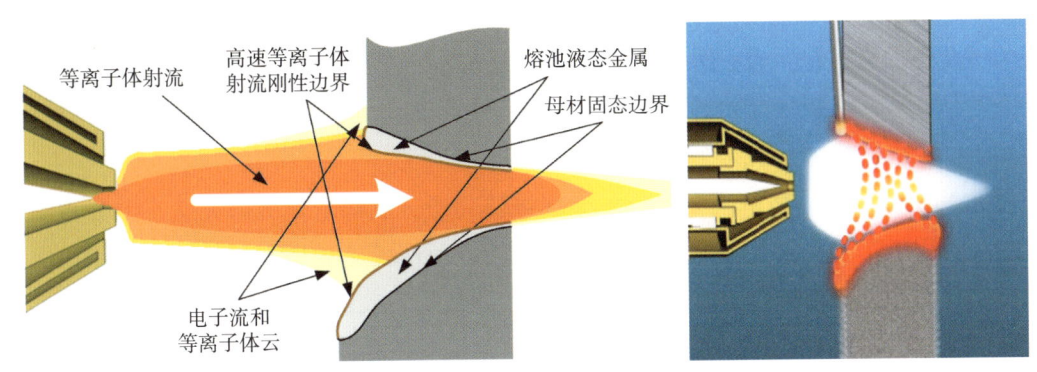

图5 "刚性"等离子弧与"空心沙漏"模型示意

4. 系统稳定 – 多子系统联合控制解决起弧收弧问题

过程稳定是指在满足了上述三大技术需求的基础上，必须能够保证垂直立向上施焊的自动控制系统的稳定性，其技术实质属于焊接工艺及设备学科与机电一体化技术学科交叉范畴。弧源稳定、弧孔稳定技术成功解决了稳态焊接过程，但工程应用还需解决非稳态过程的焊接问题，即环缝焊接的开始和结束段的过程稳定。起收弧处易产生缺陷，一直是焊接结构的短板。北京工业大学焊接团队经过艰苦攻关，利用激光弧高控制专利技术和多参量协同控制解决了起收弧难题。由于铝合金流动好，必须采用立向上焊接方式，用先前凝固的金属托住熔池，这就对焊接操作机的定位精度提出了极高的要求。北京工业大学焊接团队借鉴航天领域的卫星远程控制思想，提出了一种"机器回路和人在回路相结合，宏观编程、微观自主的跨尺度控制"技术方案，解决了大型多轴联动焊接操作机系统正负0.5 mm的绝对定位精度不足的难题。这一应用瓶颈的解决，为VPPA焊接技术大面积应用奠定了基础。

三、应用效果

项目成果在航天科技集团重点企业北京卫星制造厂应用4台/套，并成功实现国家重要航天装备"天宫"一号的焊装任务，为我国空间交会对接和自主建设空间站提供了有效保障，并获载人航天总体部赠送的"保对接携手同心，征天宇共创辉煌"锦旗，表彰采用自主知识产权科研成果直接服务国家重大工程建设。

项目成果在 2011 年解密后，在首都航天机械公司应用 2 台 / 套，完成某新型运载火箭助推段壳体的焊装；上海航天制造总厂也引进本装备用以 2219 铝合金的焊接研究；湖北三江航天红阳机电有限公司为解决某关键型号的导弹弹体铝合金焊缝的气孔和大尺度薄壁壳体结构的变形问题，引进本装备 2 台 / 套。该项技术的突破，解决了大型航天器主体结构焊装合格率低下的瓶颈问题，极大提高了航天产品的装备制造能力，打破了国外对我国的技术封锁，实现关键装备的自主化，为我国自主建设空间站及交互对接提供了有效保障，展示了我国科技实力和创新水平，极大提高了民族凝聚力和民族自豪感，为增强我国国防实力及空间探索能力做出了无法估量的贡献。

哈尔滨工业大学、清华大学、哈尔滨焊接研究所、成都电焊机研究所、内蒙古工业大学等单位都引进了本成果的纵缝焊接系统作为基础科研设备，有效地提升我国科学研究自主创新能力；在科技成果转化中成功实现将高端装备从实验室走向工程，建立了产学研用合作的创新之路。成果中的逆变电源技术转让给北京时代科技和杭州凯尔达电焊机等国内著名企业，产品全面替代进口并具有竞争优势，提升了行业整体技术水平。

四、主要成果

项目开发完成铝合金大型薄壁壳体焊接成套技术解决方案，形成授权国家发明专利 14 项、实用新型 18 项、软件著作权 1 项，经中国机械工业联合会组织专家鉴定认为，项目成果总体达到国际先进水平，其中铝合金变极性等离子弧电流波形控制技术和穿孔熔池稳定技术国际领先。

项目研究过程中部分成果获得 2012 年度军队科技进步二等奖、2014 年度中国机械工业科学技术奖二等奖和 2014 年度北京市科技进步奖一等奖，整体成果获得 2015 年国家科技进步奖二等奖。

五、当前存在的问题和展望

本项目成果航天器壳体结构的环缝和纵缝焊接中已经获得了良好的应用，但是 VPPA 穿孔焊接的工艺特点需要多参数相互协调控制，控制过程相对复杂，控制系统机器回路和人在回路相互融合，要求操作者实时观察焊接穿孔熔池状态，需要对穿孔焊接工艺有较深入的理解。为了更好地提升焊接质量，需要采用高动态范围（140db 以上）的焊接图像采集和图像处理技术，将焊缝质量和焊接过程信息进行大数据分析与综合，将人工智能技术引入的穿孔焊接过程中，逐渐降低人在回路对焊接过程的控制分量，推动等离子弧焊接技术向更高层次进一步发展，挖掘其最大的潜力和应用价值。

在大型航天器结构中，存在大量复杂形式的焊缝，如球形、圆台壳体与圆形、异形法兰形成的相贯线等，为实现立向上的焊接操作，需要采用高动态性能的大型变位机翻转或旋转工件，才有可能实现复杂空间曲线焊缝的立向上穿孔焊接。对传统的机器人焊接系统来说，都是以工件优先策略来调整运动轨迹的，也就是尽可能地让焊枪适应工件。而机器人 VPPA 穿孔焊接系统，必须以焊枪优先策略来调整运动轨迹，也就是必须用高动态性能的变位机调整工件来适应焊枪的立向上运动。

VPPA 穿孔焊接技术的下一步努力方向是：开发空间曲线焊缝 VPPA 穿孔立焊机器人焊接系统，实现焊接过程自动化与信息化的融合，解决大型薄壁壳体结构的空间曲线焊缝焊接的关键技术，实现航天壳体结构 VPPA 穿孔焊接应用全覆盖，对航天飞行器密封舱体制造领域意义重大。

案例 20
中厚板激光焊接技术与装备

大族激光智能装备集团

大族激光智能装备集团对焊接基本工艺参数进行了优化，提出了孔外蒸气羽烟抑制的方法，发明了多功能吹气保护装置，在万瓦级以上高功率光纤激光焊接中对蒸气羽烟形成了有效抑制，实现了良好的焊缝成形，研究成果对中厚板焊接具有重要的指导意义，可促进激光焊接技术在大型装备制造领域中的应用。

一、导言

激光焊接作为当前先进制造技术之一,具有广泛的应用前景,是满足新能源、航空航天、汽车等领域核心构件高性能、高效率自主制造的关键技术。

近年来,随着激光器技术的快速发展,越来越多的高功率激光器面世,万瓦级以上的工业用激光器得到了越来越多的应用,激光在中厚板焊接领域得到了深入的研究,越来越多的大型装备中厚板可实现小变形的单道熔透焊接,焊缝质量高,得到了工业界的广泛好评,然而,随着激光器功率的增大,激光焊接过程中的不稳定因素也随之增加,如焊接过程中产生的蒸气羽烟对激光束的散射、吸收和屏蔽作用急剧增强,极易产生严重缺陷,如飞溅、塌陷以及表面驼峰等,严重影响焊接过程的稳定性。如何有效抑制高功率激光中厚板深熔焊过程中产生的蒸气羽烟并控制焊缝缺陷是实现大型装备厚板高质量焊接的关键技术。大族激光智能装备集团经过十余年的产学研用联合攻关,通过理论方法、工艺技术和关键部件原始创新及高端成套装备集成创新,突破了单道激光穿透焊接的极限厚度,在单道激光穿透焊接中厚板(3~20mm)成形技术上取得重大突破,技术处于国际领先水平,系列装备已应用于核电、航空航天、汽车等领域核心构件制造。

二、中厚板焊接难点及缺陷控制

1. 中厚板焊接难点

金属材料在功率密度为 $10^6 \sim 10^7$ W/cm^2 激光束照射下,激光能量作用速率远大于材料热传导、对流及热辐射的速率,使得材料表面局部剧烈蒸发气化,蒸发气化压力将熔融金属排开形成小孔,金属蒸气进一步在高能密度激光作用下发生电离形成光致等离子体,分布于小孔内部和外部,孔外等离子体及金属蒸气形成孔外蒸气羽烟,通过高清 CCD 相机,采用高速摄像的方法对 15 kW 光纤激光焊接孔外蒸气羽烟进行观察,如图 1 所示,蒸气羽烟高度可达 100 mm,并伴随飞溅产生,可对入射激光造成严重干扰。

在万瓦级激光深熔焊过程中,超强的孔外蒸气羽烟对入射激光产生明显的"屏蔽"效应,焊接深度一开始随着激光

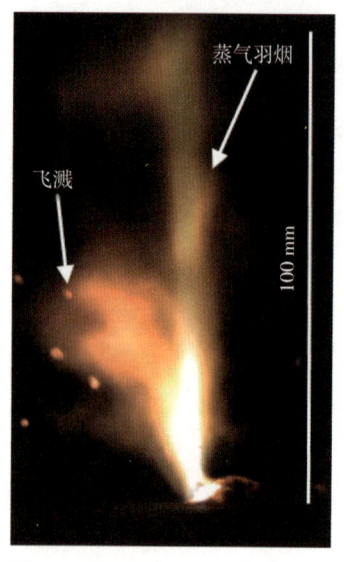

图 1 15 kW 光纤激光焊接孔外蒸气羽烟

功率的增加而增大,但当激光功率超过某一值时,焊接深度明显减小,并产生严重缺陷。有研究表明,蒸气羽烟对激光束的折射行为是引起"屏蔽"效应的根源所在,通过对入射激光束的折射,使激光束产生散焦,明显减弱激光的穿透深度。除对激光束产生折射外,在万瓦级激光深熔焊过程中,孔外蒸气羽烟稳定性极差,蒸气羽烟的扰动对激光束的影响也导致熔池小孔稳定性差,易产生严重的焊接飞溅,且在整个焊接过程中,蒸气羽烟呈现增强-减弱-增强的周期性特点并伴随产生周期性的驼峰成形现象,高功率激光中厚板深熔焊接产生的缺陷主要包括飞溅、塌陷以及驼峰,如图2所示。

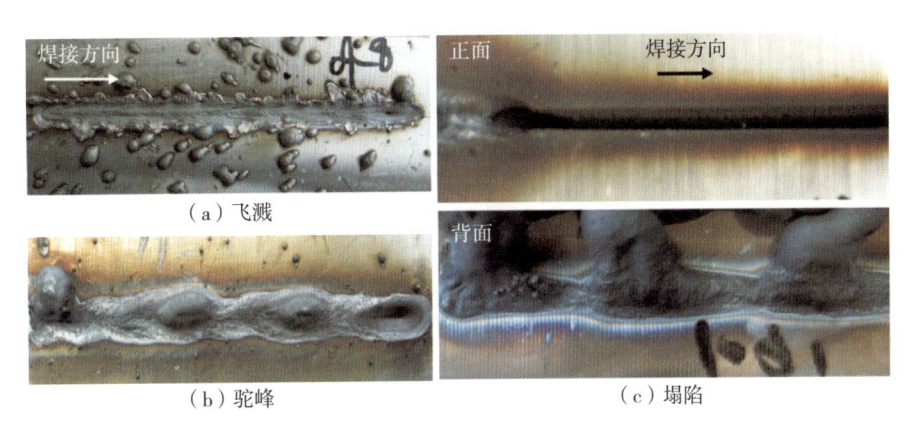

(a) 飞溅

(b) 驼峰

(c) 塌陷

图2 中厚板激光深熔焊接缺陷

2. 控制系统与激光功率控制方式

焊接装备核心部件如图3所示,测试整机装备由HAN'S 703数字控制系统或者KUKA机器人、激光器、焊接头、伺服驱动系统、冷水机、现场传感器和执行器、声光报警系统等组成。结构紧凑、模块式的HAN'S 703系列CNC以其良好的性价比满足了用户使用高性能数控系统的需求,可很好地实现X/Y/Z三轴联动和多轴点到点精密运动控制,可以跟主流的工业以太网EtherCAT或者SERCOS-Ⅲ通信,另外,通过控制模拟量来调节激光器出光功率大小的方式,在激光焊接的起弧和收弧阶段,保证焊接起停阶段的激光功率随时间而灵活设定,保证焊缝质量。

HAN'S 703数控系统可以根据不同需求灵活地提供合适的激光功率控制方式:

(1)激光功率与时间控制函数:激光功率随着一个给定时间而爬升到稳定功率出光焊接,然后再随着一个给定时间而下降到设定功率,直至0W,如图4(a)所示。

(2)激光功率与焊接轨迹路径控制函数:激光功率随着一个给定轨迹长度而爬升到稳定功率出光焊接,然后再随着一个给定路径而下降到设定功率,直至0W,如图4(b)所示。这种方式特别适合焊接的功率控制。

图 3 焊接装备核心部件连接图

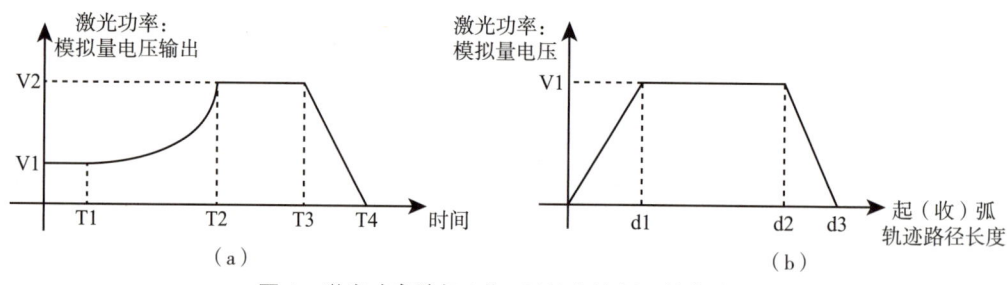

图 4 激光功率随起(收)弧长度控制函数曲线图

人机界面开发了焊接工艺参数库,参数库中包括有焊接材料、焊缝深度、焊缝宽度、焊缝接头形式、焊接功率、收弧功率、起弧距离、收弧距离、焊接速度、焊接工位、焊接横吹/侧吹气体压力、焊接保护气体流量等参数设定。该人机界面还可方便实现系统对工艺层的调用、I/O 状态监控显示、获取并清除报警信息等。

3. 中厚板焊接小孔及蒸气羽烟行为分析

激光焊接过程的稳定性及焊接质量与小孔及孔外蒸气羽烟的动态行为密切相关,为了更好地掌握小孔、熔池及蒸气羽烟在焊接过程中的状态,基于"三明治"方法,利用高速相机从试件侧面实时观测了小孔的动态行为,并将相机调整至一定角度后对孔外蒸气羽烟进行了实时观测,拍摄原理如图 5 所示。

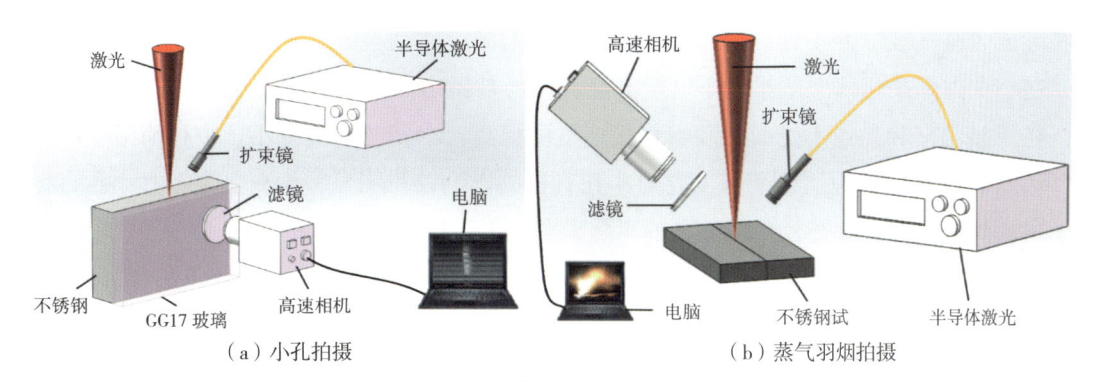

图5 高速摄像装置示意图

(a) 小孔拍摄　　(b) 蒸气羽烟拍摄

采用10kW光纤激光器进行深熔焊接拍摄得到如图5所示小孔特征,其中,图6(a)为小孔在一段时间内连续变化的形貌特征,图6(b)为小孔随速度变化特征,图6(c)为小孔随焦点变化特征。

从图6(a)中可以看到,小孔内壁充满皱褶,并呈现一定的波动状态,小孔前壁形状较规则,略微向前倾斜,而小孔后壁波动明显大于前壁,凹凸不平,小孔内部发生局部收缩与

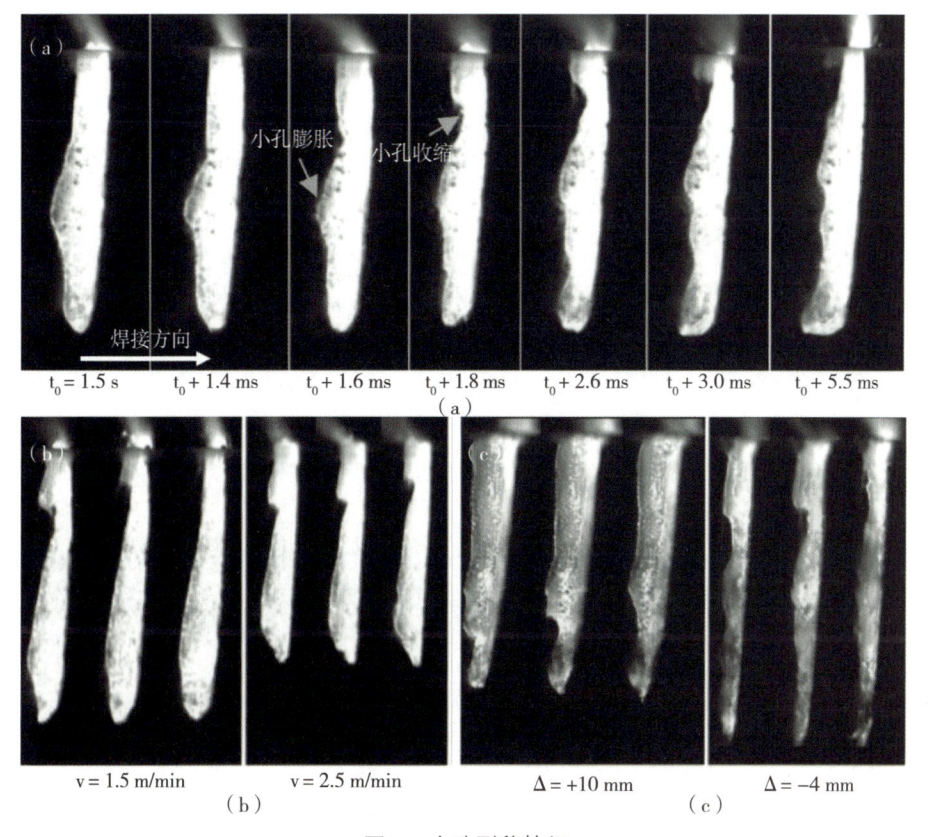

图6 小孔形貌特征

膨胀形成"蒸气波"并不断向上移动，当小孔收缩向上移动至开口处时，小孔开口会突然变小，在小孔内部高压蒸气的推动下，液态金属极易被抛出而形成飞溅；从图6（b）中可以看到，在焊接功率和焦点不变时，随着焊接速度的提高，小孔的深度变小，小孔前沿壁倾角增大；从图6（c）中可以看到焦点变化对小孔直径的影响较为明显，大离焦焊接时小孔直径大于小离焦焊接时的小孔直径，但过大的离焦量会减小焊接熔深。

采用10kW光纤激光器进行深熔焊接拍摄得到如图7所示蒸气羽烟及飞溅特征，其中，图7（a）为蒸气羽烟在一段时间内连续变化的形貌特征，图7（b）为飞溅随速度变化特征。从图7（a）中可以看到，在整个焊接过程中，蒸气羽烟的高度和喷射方向均处于不断变化的状态，并伴随飞溅产生，蒸气羽烟在整个焊接过程中呈现强弱交替出现的现象，具有一定振荡周期；从图7（b）中可以看到，焊接速度的变化对孔外飞溅具有明显影响，在相同焊接条件下，焊接速度越快孔外飞溅越大，从图6中对小孔的观察可知，焊接过程中小孔具有一定的倾斜角度，且焊接速度越大，小孔倾斜角度也越大，小孔倾斜时，孔内蒸气压力在孔壁的垂直方向会产生分力，可将小孔开口处的熔融金属向熔池后方抛出而形成飞溅，小孔倾角越大，在孔壁垂直方向产生的分力也越大，可抛出更多的熔融金属。

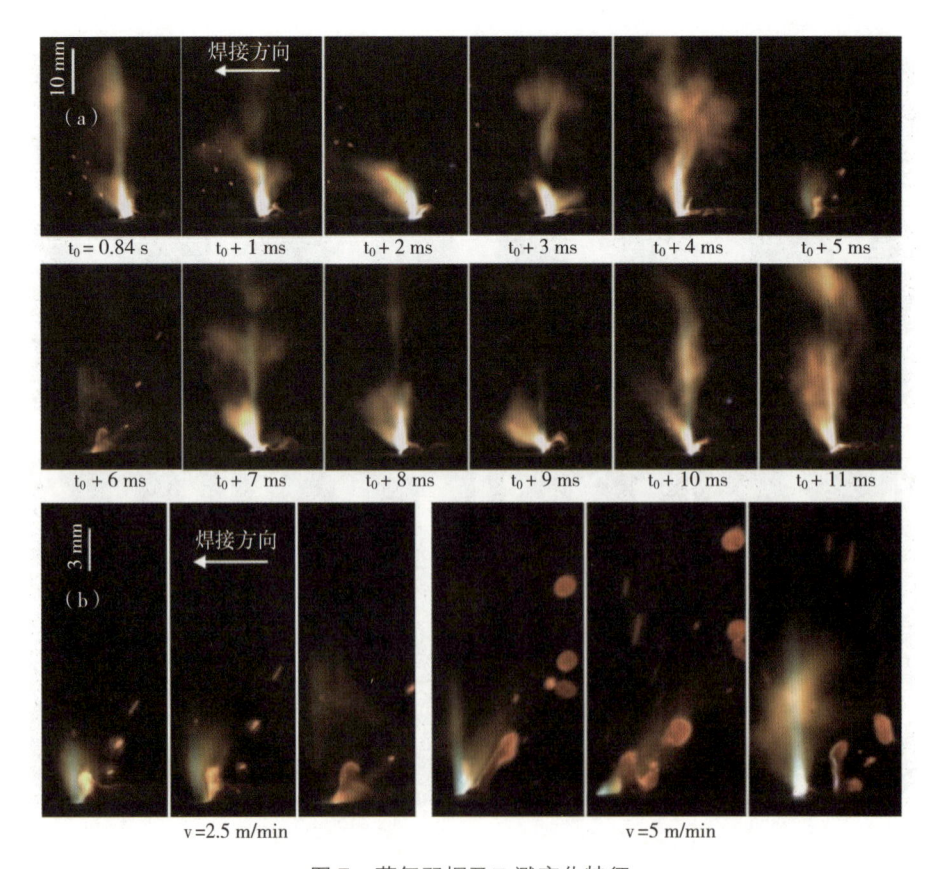

图7 蒸气羽烟及飞溅变化特征

通过采用高速摄像的方法对激光深熔焊接过程中小孔及蒸气羽烟的变化特征进行直观观察和对比分析,可明确焊接过程中工艺参数优化的方向,同时,对中厚板焊接缺陷控制具有重要的指导意义。

4. 中厚板焊接缺陷控制

高功率激光深熔焊接过程中产生的蒸气羽烟喷射高度大,且处于不断变化的过程中,可对入射激光可产生严重干扰,极易造成焊接缺陷性,如何有效抑制蒸气羽烟的影响是进行中厚板深熔焊接需要解决的关键问题。

针对中厚板深熔焊,大族激光发明了多功能气流保护装置,如图8所示,该装置具有三路气流,采用气流分析与焊接测试相结合获得了良好的内部气流组合,侧吹可对熔池位置进行气流保护、拖罩可对高温焊缝进行延时保护、横吹可对蒸气羽烟进行抑制。该装置在高功率激光焊接过程中可同时兼顾焊接蒸气羽烟抑制和焊缝保护,是高功率激光尤其是万瓦级以上高功率激光焊接获得优良焊缝不可或缺的功能部件。

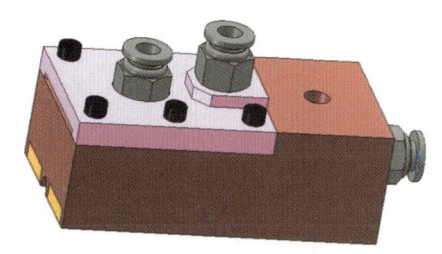

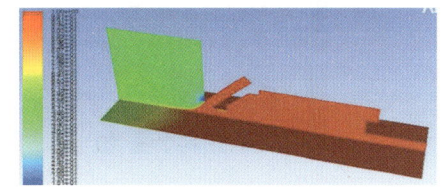

图 8　多功能气流保护装置

三、应用效果

大族激光经过10余年的产学研用联合攻关技术积累,先后攻克了多项高功率激光厚板焊接技术难题(图9)。如大族激光与上海电气合作,承担第三代核电技术AP1000大型核心部件堆芯围筒激光焊接工艺技术开发及装备制造,采用15000 W高功率激光,突破18 mm厚板激光单道熔透焊接,堆芯围筒整体焊接效果良好,属世界首次,该技术成果当前再次应用于东方电气核电堆芯围筒焊接;大族激光与核工业西南物理研究院聚变科学所合作,进行ITER(国际热核聚变实验反应堆)第一壁水道模块激光焊接工艺开发及装备制造,突破中厚板无飞溅焊接技术,有力地保障了我国率先通过ITER半原型认证,焊接质量在国内外同类部件制造中整体处于领先地位;大族激光与中科院等离子体物理研究所合作,承担ITER大型超导线圈容器激光焊接工艺开发和焊接装备制造,采用20000 W激光单道熔透20 mm焊缝,如图10所示,线圈盒整体焊接质量良好,得到ITER总部和中国核聚变能源中心的高度认可,解决了我国核电领先的关键制造问题之一。

以上应用使我国在核聚变及核裂变领域的中厚板激光深熔焊接技术处于世界领先水平，同时，本工艺技术及装备已在国内16mm厚以上单道激光深熔焊接领域形成技术优势和独占。

图9　重点行业中厚板焊接装备

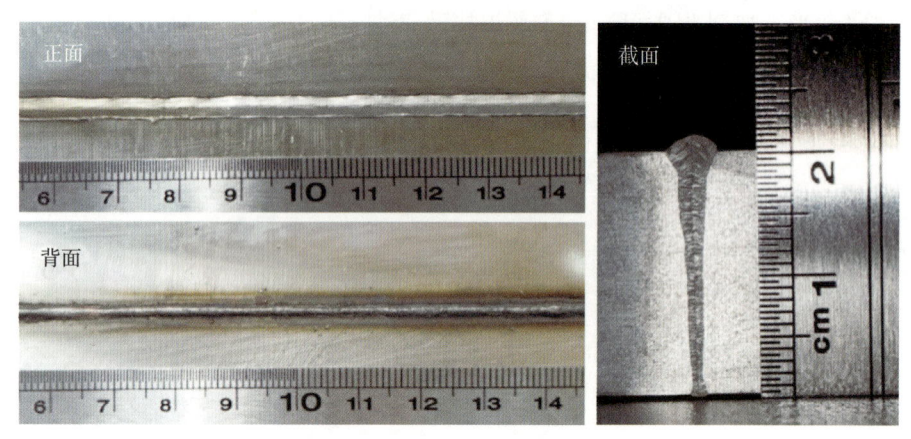

图10　20mm厚焊缝成形

四、主要成果

主要成果包括：获得授权发明专利2项；发表论文30余篇；培养工程技术人才20余名；培养硕士8名、博士4名；获国家科技进步奖二等奖1项，省部级一等奖1项，二等奖1项。

五、当前存在问题和展望

当前激光深熔焊接技术取得的成果主要针对 20 mm 以下钢铁材料，对于 20 mm 以上金属材料焊接采用激光单道一次焊接成形存在一定局限性，但可以采用窄间隙多层多道激光填丝或复合焊接等手段进一步解决，虽然也开展了部分研究，但在产业化方面还在摸索阶段。基于超高功率厚板深熔焊的发展趋势，今后有待进一步开展的研究内容有：

（1）超高功率激光厚板单道熔透焊小孔内部金属蒸气动力学研究。

（2）超高功率激光厚板单道熔透焊平焊成形控制工艺研究，包括电磁辅助及背部气压辅助等。

（3）基于负压环境蒸气羽烟抑制的优势，进行高功率负压激光焊工艺研究并开发易于应用推广的开放式负压装置，进一步提高焊接熔深及焊缝成形质量，以满足不断增长的厚板焊接需求。

案例 21

航天大型铝合金贮箱搅拌摩擦焊接技术及装备

首都航天机械有限公司

首先介绍了搅拌摩擦焊技术对我国运载火箭制造技术创新发展的重要作用。其次全面深入地分析了我国在航天高强铝合金搅拌摩擦焊的原理探究与技术布局。然后以椭球箱底、贮箱总装环缝焊接装备为例，解析了搅拌摩擦焊装备的设计要点。最后，结合实例介绍了贮箱箱底与贮箱总装环缝中应用搅拌摩擦焊技术的工程实际成效。

一、导语

大型铝合金贮箱是运载火箭、航天飞机等航天运输系统的重要组成部分，长期以来主要采用熔焊焊接，搅拌摩擦焊由于具有缺陷少、质量高、焊接过程绿色无污染等优点，是贮箱结构理想的制造工艺。本项目在新一代运载火箭研制等国家重大工程的支持下，与中国航空制造技术研究院、上海拓璞科技有限公司等国内优势单位共同开展了航天大型铝合金贮箱搅拌摩擦焊接技术研究及核心关键装备研制工作，取得了具有完全自主知识产权的创新成果：

1）提出了运载火箭贮箱筒段纵缝恒位移、椭球箱底恒压力搅拌摩擦焊接方法，突破了变曲率结构恒压力控制、对接环缝无匙孔/无加工余量搅拌摩擦焊等关键技术，解决了焊缝根部缺陷控制和匙孔抑制等难题，接头抗拉强度比熔化焊接提升15%以上，采用搅拌摩擦焊技术研制的贮箱在国内首次成功参加了重要型号火箭飞行任务。

2）发明并研制了国内首台集外定位与主驱动于一体的运载火箭贮箱环缝搅拌摩擦焊接装备、大型椭球箱底搅拌摩擦焊接装备以及立式筒段纵缝搅拌摩擦焊接装备，突破了搅拌摩擦焊接装备总体设计等关键技术，解决了焊接过程中压力和扭矩过大以及装配精度控制等难题，大尺寸弱刚性筒段装配局部间隙从1.2 mm减小到0.2 mm，贮箱垂直度等形位精度提高约60%，实现了火箭贮箱高质量装配及焊接。

项目授权发明专利20项、实用新型专利3项，发布航天行业搅拌摩擦焊接标准5项，编制国内首部搅拌摩擦焊接专著，形成了搅拌摩擦焊接知识体系。研究成果已应用于现役长征三号甲系列运载火箭的批量生产以及新一代运载火箭的研制，贮箱结构制造精度显著提高，质量大幅提升，生产效率提高约20%，研制的产品已多次参加了火箭飞行，满足了北斗导航等国家重大工程发射任务需求，标志着我国运载火箭箭体结构制造技术及装备实现了升级换代，对国防建设和保障国家安全具有重大作用。

二、主要研究内容

1. 航天大型铝合金贮箱结构搅拌摩擦焊接关键技术

（1）基于顶锻力—前进抗力的恒压力搅拌摩擦焊接技术。

提出了一种在搅拌摩擦焊接过程中将顶锻力和前进抗力保持恒定的自适应控制方法：通过实时调整搅拌头的下压量控制焊接顶锻力，通过实时调整焊接速度控制前进抗力。开发了集顶锻力与前进抗力实时测量的测量系统、伺服控制系统和执行系统于一体的搅拌摩擦焊接自适应装置,如图1所示。焊接自适应控制系统整体架构如图2所示。选取变厚度试板(从6mm逐步过渡到7mm)进行自适应控制试验,结果表明,当开启自适应控制功能时,焊缝两侧飞边量、表面质量始终稳定,并且焊接过程中的顶锻力和前进抗力也维持在一个稳定的水平(图3)。该方法成功解决了总装环缝工件变形、装夹不当、传热条件变化等原因造成的焊接过程中顶锻力和前进抗力容易产生波动的问题,有效地保证了焊接质量。

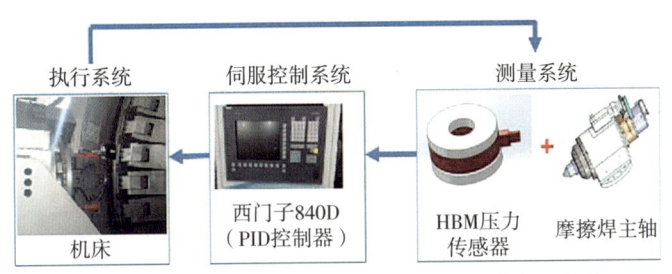

图1 基于顶锻力—前进抗力的搅拌摩擦焊接自适应装置

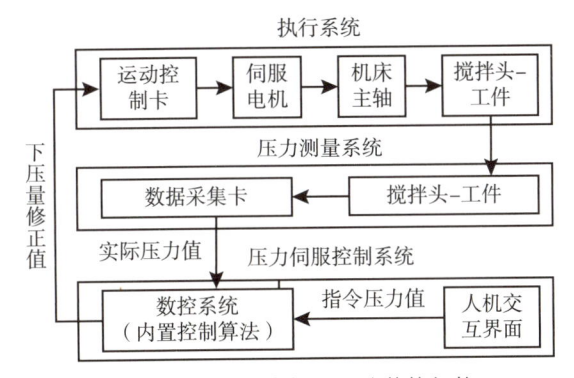

图2 焊接自适应控制系统整体架构

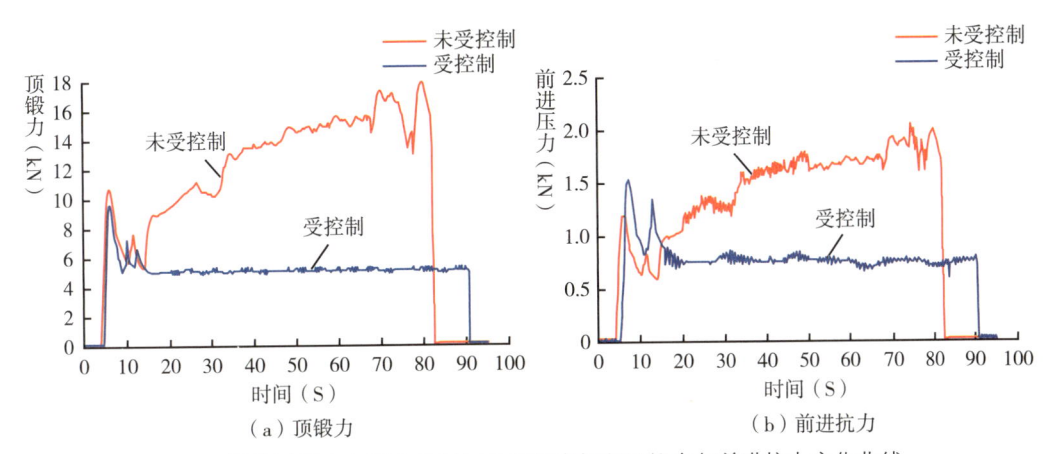

(a)顶锻力

(b)前进抗力

图3 焊接过程中自适应控制与非自适应控制顶锻力与前进抗力变化曲线

(2)封闭环缝无匙孔搅拌摩擦焊接技术。

为实现运载火箭封闭环缝的搅拌摩擦焊接,必须解决焊接结束时的匙孔问题,保证焊缝结构的完整性。发明了适用于环缝搅拌摩擦焊接所需的回抽装置及无匙孔搅拌摩擦焊接工艺方法，研制了用于不同厚度环缝焊接的系列化可回抽搅拌头（图4），攻克了中薄板无匙孔搅拌摩擦焊接技术，解决了环缝搅拌摩擦焊匙孔封闭的难题，实现了航天大型铝合金贮箱结构封闭环缝无加工余量、无匙孔搅拌摩擦焊接。

图4 可回抽搅拌头

采用自主研制的搅拌摩擦焊回抽装置和可回抽搅拌头，焊接结束时可完全消除匙孔，且焊缝内部质量符合航天行业标准Ⅰ级接头要求。回抽速度对焊缝的影响如图5所示，随着回抽速度的逐渐降低，回抽区域焊缝质量从表面沟槽缺陷、内部孔洞型缺陷直至无缺陷接头，回抽区焊缝抗拉强度在330～345 MPa，采用回抽技术进行缺陷补焊时，缺陷补焊处焊缝强度可达到330 MPa以上，满足设计指标要求。

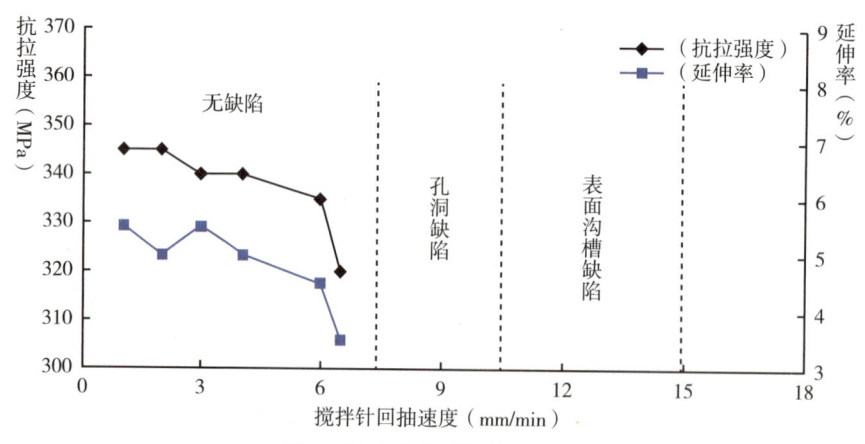

图5 回抽速度对焊缝的影响

（3）缺陷在位超声相控阵自动检测技术。

针对贮箱箱体结构尺寸大、缺陷补焊二次装配难度大等问题，提出了在位超声相控阵自动检测的方案。设计了自适应曲率界面的密封耦合超声相控阵探头，确定了超声相控阵探头阵列单元数量和超声频率；设计了可自适应调节探头角度且保持一定压紧力的探头装卡装置，保证探头角度垂直于焊缝；通过滤波控制、电流干扰信号控制、闸门控制，获得了成像最优的在位自动化检测信号，有效保证了缺陷检测的准确性。通过两种途径实现了缺陷自动化检测：一是自动化扫查装置（图6），二是利用原有的焊接条件如焊机等（图7）。

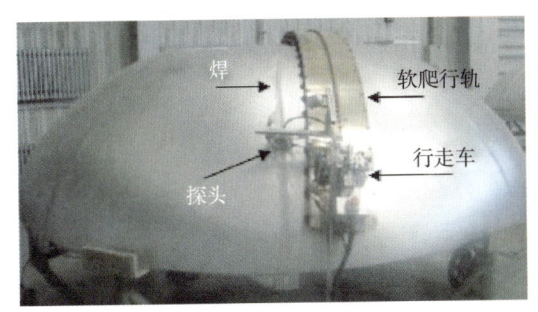

图6 自动化扫查装置实际检测图

图7 依靠焊机实现自动化扫查

2. 航天大型铝合金贮箱结构搅拌摩擦焊接装备

（1）椭球箱底搅拌摩擦焊接装备。

发明并研制了椭球箱底封闭框式悬臂搅拌摩擦焊接装备（图8），突破了重载条件下机头高精度多轴联动、大型工作台旋转精度控制等技术，满足了变曲率空间结构搅拌摩擦焊压力、位移集成控制等要求，实现了椭球箱底的高质量、自动化焊接。

图8 椭球箱底搅拌摩擦焊装备

该设备总体方案包括：①采用双立柱、封闭框式结构以及增加设备结构尺寸等手段实现了重载条件下多轴联动设备的整体刚性要求；②主轴悬臂梁采用带有液压配重模块的变截面横梁设计，同时采用闭环反馈设计，有效保证了悬臂梁伸出过长时的运行精度；③采用大型回转支撑、双齿轮消隙、结构旋转驱动、旋转编码器、定位反馈系统以及闭环控制等技术实现工作台高精度旋转。

提出"刚性贴型内支撑、柔性装夹外压紧"的工装设计方案。创新设计了集定位、铣切、焊接、保形等功能于一体的箱底搅拌摩擦焊接工装，发明了不随焊接工位旋转而调整的焊接夹具，环缝焊接压紧采用密排压板方式，内、外环夹具可以对待焊零件整体施加一定压力，而密排压板则可以对零件局部的压紧状态进行微调。纵缝焊接夹具方案简图如图9所示，纵缝焊接夹具不随焊接工位旋转而调整，纵缝液压琴键上设计了自适应压紧装置（图10），可实现具体压紧部位随零件型面进行自适应调整。整体工装具备箱底纵环缝定位、铣切、焊接、保形等功能，实现了高精度装配和保形（局部间隙小于0.2mm、错缝小于0.2mm），保证了椭球箱底搅拌摩擦焊接质量及空间形位尺寸。

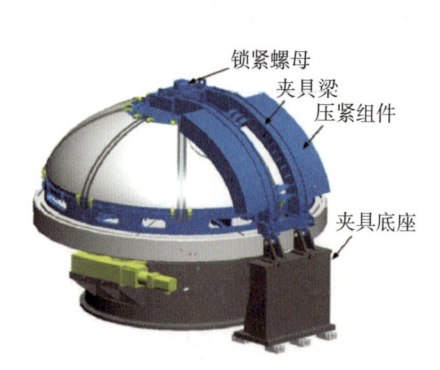

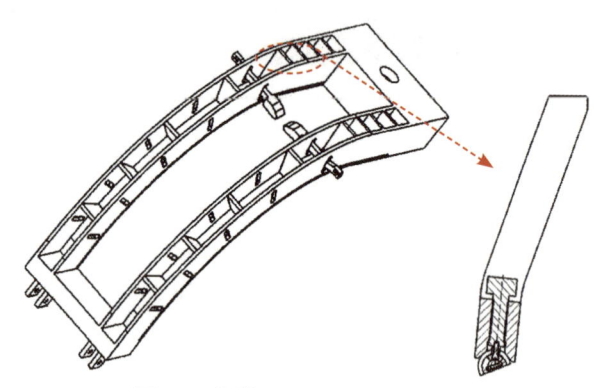

图9 纵缝焊接夹具方案简图 图10 纵缝琴键压紧自适应装置

（2）贮箱总装环缝搅拌摩擦焊接装备。

研制了国内首台工程应用的运载火箭贮箱箱体环缝搅拌摩擦焊接装备，提出了基于外定位的搅拌摩擦焊接装配理念，创新发明了外定位与主驱动一体化的外部刚性压紧机构，设计了内部360°无缝贴合的铣切与焊接复合内撑工装，确保了贮箱箱体环缝搅拌摩擦焊接装配精度要求，为实现贮箱箱体环缝高质量搅拌摩擦焊接奠定了坚实的基础。

成功研制出国内首台集"外定位与主驱动一体化""铣切焊接一体化"功能的运载火箭贮箱总装环缝搅拌摩擦焊接系统（图11）。针对贮箱箱体环缝搅拌摩擦焊接装配精度要求高、焊接压力和扭转力矩大、焊接工装要求刚性强等难点，创新提出了一种保证卧式贮箱总装环缝装配精度的外定位装配方法，解决了传统贮箱内定位时内支撑刚性弱导致的装配精度低等问题；首次提出了左右外压紧机构作为贮箱旋转主驱动，床头床尾随动的特殊驱动方式，成功解决了长贮箱总装焊接时扭转力矩偏大的难题；利用自主研制的复合内支撑装置，实现了原位铣切、自动装配，避免了传统贮箱箱体环缝铣切、焊接分开进行，需要二次装配而带来的装配精度降低问题。该系统可实现焊接区厚度2~12mm的运载火箭贮箱搅拌摩擦焊接，装配局部间隙0.2mm，错缝0.3mm，圆度偏差0.8mm。

贮箱箱体环缝外定位压紧机构主要由底箱、环座体、转环、齿圈、双伺服无隙旋转机构、压环、楔块等组成，用于精确定位产品形状、提供位置精度基准，并作为铣焊旋转主驱动的主体结构。外定位压紧机构可提供稳定且可调整的旋转运动满足焊接和铣削加工的需要，同时左右外定位压紧机构同步驱动、高精度径向定位，可以消除夹具和产品不同心、齿轮副间隙等原因所引起的窜动现象，保证搅拌摩擦焊接过程对大扭矩和旋转稳定性、精确度的要求。

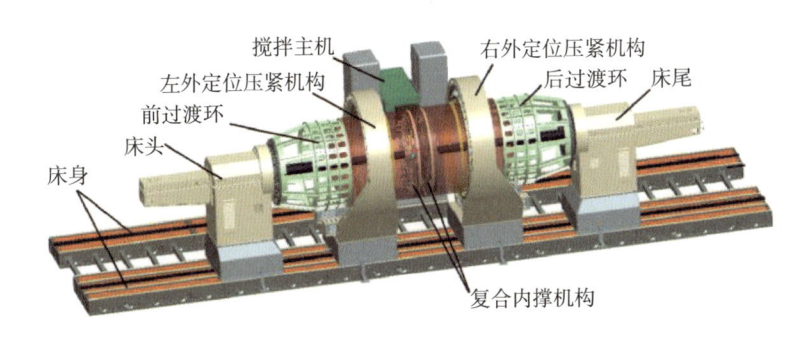

图 11　卧式贮箱箱体环缝搅拌摩擦焊系统

利用自主研制的原位铣切和焊接复合内支撑装置（图 12），实现了原位铣切、自动装配，避免了传统贮箱箱体环缝铣切、焊接分开进行，需要二次装配而带来的装配精度降低问题。

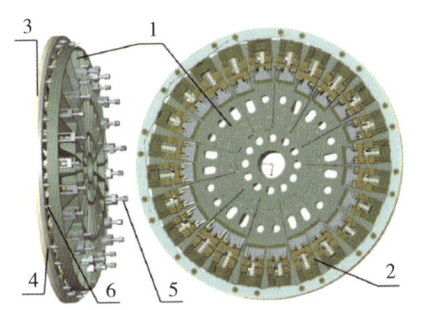

1. 支撑环；2. 连杆；3. 焊接撑块；4. 铣切撑块；5. 顶紧器；6. 涨紧器

图 12　原位铣切和焊接复合撑紧机构

三、应用成效分析

1. 箱底搅拌摩擦焊接技术及装备

首都航天机械有限公司联合中国航空制造技术研究院共同研制了箱底搅拌摩擦焊接装备，并应用研究成果生产了贮箱椭球箱底。产品 2012 年参加运载火箭的飞行任务，成功发射 2 颗北斗导航卫星，实现了搅拌摩擦焊接技术在国内运载火箭贮箱椭球箱底飞行任务的首次应用。目前，椭球箱底搅拌摩擦焊接装备已成为长征系列运载火箭贮箱椭球箱底主力焊接装备。

已经完成了数十个椭球箱底的搅拌摩擦焊生产，质量完全符合航天行业焊接标准 I 级接头要求；接头强度系数由传统熔焊的 0.5 提高到 0.7 以上，基本达到无缺陷焊接；箱底液压、气密考核均符合设计指标要求。

箱底搅拌摩擦关键技术填补了国内外空白，具有多项自主知识产权。与国外箱底搅拌摩擦焊技术对比，首都航天机械有限公司椭球箱底搅拌摩擦焊整体技术水平达到国内领先、国际先进，其中在运载火箭贮箱箱底搅拌摩擦焊接工程化应用方面处于国际领先水平（表 1）。

表 1 箱底搅拌摩擦焊国内外对比

比较项目	首都航天机械有限公司	国外
箱底底型	椭球箱底	球形箱底
焊接结构	箱底纵缝：变曲率空间结构 箱底环缝：封闭圆环结构	箱底纵缝：恒曲率空间结构 箱底环缝：封闭圆环结构
焊接控制方式	箱底纵缝：恒压力控制 箱底环缝：恒位移控制	箱底纵缝：恒位移控制 箱底环缝：恒位移控制
是否飞行应用	已飞行	未检索到飞行报道
装备设计主体结构	双立柱、变截面、悬臂梁结构	单立柱、悬臂梁结构

2. 贮箱总装环缝搅拌摩擦焊接技术及装备

首都航天机械有限公司自主研制了薄壁铝合金贮箱箱体环缝搅拌摩擦焊接装备，采用可回抽无匙孔搅拌摩擦焊接工艺（焊后无匙孔），成功研制了国内首个 $\phi 3350\,mm$ 全搅拌摩擦焊接贮箱（极限爆破压力超过设计值 30% 以上）（图 13），已经应用于我国 $\phi 3350\,mm$ 直径贮箱箱体总装环缝的生产中。完成的二级贮箱产品一次性通过液压、气密等考核，贮箱质量符合设计指标要求。与熔焊方法焊接的贮箱相比，不仅产品质量得到大幅提高，产品的形位尺寸精度也大幅提高（表2）。与美国采用立式装配方式完成的猎户座飞船壳段环缝搅拌摩擦焊接对比，项目研究成果达到国际先进、国内领先水平（表3）。

项目成果已全面应用于新一代运载火箭的研制生产，实现了新一代运载火箭箭体结构轻量化、高性能、高效率制造，为新型号研制成功做出重大贡献，成功发射我国第一艘货运飞船。推广应用于现役多型火箭的研制生产，解决了箭体结构高质量高效率制造难题，生产效率提高了4倍以上。与传统制造工艺相比，制造精度、性能、质量、效率大幅提高。

图13 全搅拌摩擦焊接贮箱

表2 熔焊/FSW生产的二级贮箱对比

比较项目	设计指标	熔焊	FSW
接头强度（MPa）	220	280～300	320～350
装配局部间隙（mm）	—	1.2	0.2
补焊缺陷（处）	—	10～15	无
前端框平面度（mm）	≤2	2.3	1.2
前端框垂直度（mm）	≤3	3.3	1.2
后端框平面度（mm）	≤2	2.1	1.1
后端框垂直度（mm）	≤3	3.2	0.9
前后端框平行度（mm）	≤2.5	2.5	0.8

表3 国内外环缝FSW工艺与装备对比

比较项目	美国"猎户座"飞船	本项目
总装方式	立式总装	卧式总装
外压工装	简易外压紧	双抱环外定位压紧
内部支撑	手动内撑	铣焊一体自动复合内撑
产品长度	约4000 mm	3500～12000 mm可调
匙孔问题	焊后匙孔采用补焊解决	可回抽无匙孔FSW，焊后无匙孔

167

案例 22
线性摩擦焊技术及装备

中国航空制造技术研究院经过十余年的系统研究，在连接机理、工艺、装备等方面取得重大突破。项目打破了国外对技术的封锁，揭示了技术的微观连接机理，实现了设备的自主研制，走通了整体叶盘线性摩擦焊的制造路线，具有自主知识产权。其成果可以进一步用于其他型号整体叶盘、飞机等构件的制造及修复，应用前景非常广阔。

一、导言

整体叶盘是第四代航空发动机的标志之一，代表了航空发动机发展的趋势。与传统的叶盘分离结构相比，整体叶盘将叶片与轮盘制造成一体，减重效果显著，提高了燃油效率；消除了榫齿根部缝隙中的逸流损失；避免了叶片和轮盘装配不当造成的微动磨损、裂纹以及锁片损坏带来的故障；零件数大大减少，有利于装配和平衡。

焊接技术是实现整体叶盘制造的重要方法，其不仅可以实现异种材料叶片—叶盘的制造，也是空心叶片整体叶盘的必选方法。在焊接方法中，线性摩擦焊技术以其焊缝质量高、无烟尘和飞溅、无需填充材料和气体保护、材料损耗少、焊缝缺陷少等优点，已成为航空发动机整体叶盘制造和修复的关键技术，在航空制造业受到了广泛的青睐。

中国航空制造技术研究院先后研制成功了具有自主知识产权的20吨和60吨的线性摩擦焊试验设备，近年来，针对线性摩擦焊技术开展连接机理研究、工艺优化、数值仿真、性能测试等各方面的系统研究，积累了大量的性能数据，通过研究打通了我国线性摩擦焊整体叶盘的制造路线，叶片单元考核件通过了高周疲劳试验，研制的压气机及风扇整体盘通过了低循环疲劳和超转试验考核，所有失效均未发生在焊缝位置。整体叶盘线性摩擦焊技术及装备处于国际先进、国内领先地位。研究成果可以进一步用于飞机、导弹等构件的制造及修复，应用前景非常广阔。

二、线性摩擦焊技术与装备主要开展的工作

1. 线性摩擦焊技术原理

线性摩擦焊工作原理如图1所示，一侧待焊工件在垂直于振动方向压力的作用下，靠近另一侧被固定的正在上下高频振动的工件并进行摩擦。随着摩擦的进行，界面的温度快速升高，界面的金属逐渐达到黏塑性状态并产生塑性变形，塑性金属在剪切力的作用下被挤出形成飞边，最后控制两侧工件在停止振动时迅速对中，并施以顶锻力，保持一段时间后，工件完成焊接。

一般认为，线性摩擦焊包括4个过程：

（1）初始摩擦阶段。

待焊工件刚接触，在摩擦力的作用下待焊零

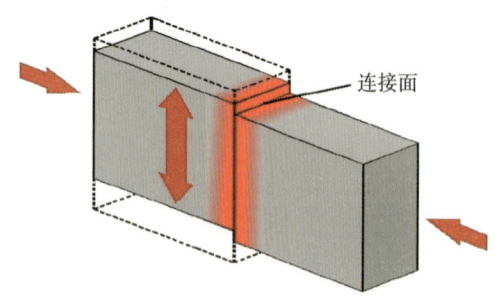

图1 线性摩擦焊原理示意图

件的表面迅速产生塑性变形和机械挖掘现象,而且由于表面的凸凹不平,会引起设备振动,但随着摩擦时间的增加,温度逐渐升高。

(2)黏着剪切阶段。

界面温度上升而使金属达到塑性状态,摩擦界面金属发生黏结、断裂、拖拽现象,摩擦表面出现凹凸不平的形貌,从而表现为黏着剪切特征。

(3)塑性流动阶段。

随着摩擦时间的延长,界面温度继续升高,摩擦表面金属原子被激活而形成金属键连接,在外力作用下界面塑性金属发生整体大变形,挤出大量飞边,且随着摩擦进行,飞边挤出均匀。

(4)顶锻维持阶段。

振动工件完全停振后,施加一定的顶锻力并保持一定时间直到程序停止,接头实现牢固结合。

线性摩擦焊主要有6个工艺参数,分别为振动频率、振幅、摩擦压力、摩擦时间、顶锻压力、顶锻时间。

2. 线性摩擦焊设备研制

大吨位线性摩擦焊接设备一般采用液压伺服驱动,系统组成主要包括机械系统、电控系统、液压系统、冷却系统、蓄能器组等。

(1)线性摩擦焊设备结构设计。

线性摩擦焊设备机械系统主要包括床身、振动立柱、振动滑台、振动缸、顶锻滑台、顶锻立柱、顶锻缸等部件(如图2所示)。

图2 线性摩擦焊设备基本结构

其关键技术有:

1)振动缸设计技术。

振动缸是线性摩擦焊接设备的关键执行元件,提供振动滑台的激振力和垂直方向的焊接力。

振动缸的设计要点：
- ➢ 采用双侧活塞杆结构，保证活塞两侧的液压油作用面积相同，从而保证两个方向的输出力相同，有利于提高焊接的稳定性；
- ➢ 缸体上安装磁致伸缩位移传感器或LVDT（差动变压器），实现活塞杆位置的准确测量和快速反馈，从而实现位置控制；
- ➢ 振动滑台上安装加速度传感器，实现加速度控制；
- ➢ 在保证活塞杆拉伸变形的前提下，尽量减小活塞杆质量；
- ➢ 采用特殊密封结构和密封元件，保证高频振动情况下激振缸无渗漏；
- ➢ 根据设备所需液压油流量，确定高频响液压阀的型号并考虑液压阀和激振缸的连接。

2）顶锻缸设计技术。

顶锻缸是线性摩擦焊接设备的关键执行元件，驱动顶锻滑台实现零件和焊接夹具的水平方向运动，并实现焊接顶锻。

顶锻缸的设计要点：
- ➢ 将顶锻缸的液压伺服阀安装在缸体上，保证液压油的快速稳定流动；
- ➢ 缸体的前后腔安装压力传感器，实现油压准确测量和快速反馈，从而实现顶锻缸的压力控制；
- ➢ 在活塞杆前端安装力传感器，监控顶锻力的输出是否准确和稳定；
- ➢ 力传感器的轴线尺寸宜短不宜长，以尽量减小设备床身的长度为宜，所以一般选择轮辐式力传感器；
- ➢ 顶锻缸的安装位置：顶锻缸的轴线应和振动滑台处于行程中间位置时的中心在相近似的高度上，不宜偏差过大。

（2）线性摩擦焊设备液压系统。

液压油源系统是线性摩擦焊设备的动力源，提供焊接过程中振动和顶锻运动所需的大流量高压压力油。线性摩擦焊设备中的振动摩擦和焊接顶锻需要很大的驱动力（通常为10~100吨），因此大多采用液压伺服驱动。液压式动力的基本原理是：通过泵组的连续驱动油液，产生原始压力，经过电液伺服阀，将液压油按照系统控制电流信号的大小，输入到振动和顶锻油缸活塞两侧，使油缸输出与电流信号成正比地控制流量，驱动夹具夹紧和工件的往复运动，以及轴向的顶锻加压，从而完成焊接。

液压油源系统还应具有恒温功能，保持压力油的温度在很小的范围内变化，以保证焊接质量的稳定。同时包括大量蓄能器组件，在焊接前，通过一个电机向蓄能器中供油，储存一定量的高压压力油。在焊接过程中，和液压系统的多个电机联合向振动缸供油，实现焊接过程中振动缸所需的短时大流量供油。

(3)线性摩擦焊设备控制系统。

线性摩擦焊设备控制系统包括：上位机监控系统、液压油源控制系统、振动伺服控制系统、顶锻伺服控制系统、夹具控制系统组成（如3所示）。

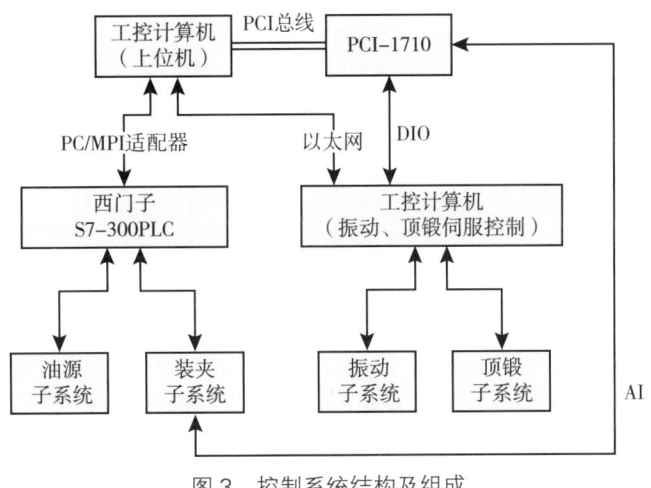

图 3 控制系统结构及组成

其中，上位机系统监控和协调各个子系统完成上述工艺过程，提供对焊接工艺参数的设置、显示、记录和管理，以及提供人机操作界面等，主要由工控计算机数据采集卡和PC/MPI适配器等构成。

液压油源控制系统采用可编程序控制器实现液压站的各种逻辑控制功能，各种检测及控制信号通过输入继电器将各部分相关信息送入PLC，经PLC控制程序进行逻辑处理后，由输出继电器去完成泵组启停、故障指示、报警及保护等相关控制操作。

振动伺服系统包括模拟控制和数字控制两部分，是整个电液伺服系统的重要环节。振动伺服系统模拟控制部分由缸位移控制环组成，令伺服缸在伺服阀的控制下完成振动波形的双向运动。数字控制部分主要用于振动台加速度反馈闭环控制、摩擦力分离计算、与上位机通信等功能，以及振动系统的应急处理和安全保护。

顶锻伺服控制包括位移和力闭环控制两种方式，用于推动顶锻滑台移动并定位；焊接时为焊接工件提供工艺所要求的顶锻压力。顶锻伺服控制系统还具有焊接自动循环时序控制功能。

夹具控制系统即采用系统自身的液压能作为夹紧系统的能量源，使用基于PLC的逻辑控制和伺服定位控制，通过控制油缸的伸缩实现夹紧力的控制，可以达到理想的效果。用于叶盘的焊接夹具除了具有工艺试验件焊接夹具所有的焊件夹紧油缸，另有用于叶盘分度定位的旋转伺服电机。

中国航空制造技术研究院发挥专用设备研发技术优势，已研制出20吨级线性摩擦焊试验设备和60吨级线性摩擦焊专用设备，其中60吨线性摩擦焊设备主要性能参数见表1。

表1 60吨线性摩擦焊设备主要性能参数

序号	项目	性能参数
1	最大激振力	60 t
2	最大顶锻力	75 t
3	最大振幅	3 mm
4	频率	10~125 Hz
5	振动滑台中心到顶锻滑台的距离	500 mm
6	振动缸行程	100 mm
7	振动静态定位精度	±0.1 mm
8	顶锻缸行程	1000 mm
9	顶锻静态定位精度	±0.08 mm
10	焊接精度	±0.2 mm
11	钛合金焊接面积	8000 mm^2

3. 线性摩擦焊过程的数值模拟

线性摩擦焊接过程是一个包含着热力、冶金、传质及其相互作用的复杂过程，焊接过程中大的塑性变形与强烈的热力耦合作用给接头温度场、界面金属粘塑性流动状况的测量与模拟带来很大难度。

开展线性摩擦焊接过程温度场、应力应变场和金属元素扩散等物理参量场的变化及其影响的研究，对优化焊接工艺和焊接力学性能参数与变形参数，提高焊接质量，改进焊接设备，以及发展改进焊接技术均有重要的作用。摩擦焊接过程的数值模拟研究，基本上是伴随着摩擦焊接工艺的研究同步发展起来的，有限元模拟辅助试验研究已成为揭示线性摩擦焊接过程温度场和接头金属流动状况的重要手段。

采用有限元模型，计算了TC4材料的线性摩擦焊过程中温度场和塑性流动的情况。图4所示为在摩擦界面上添加补偿热源后的试验件接头温度场随时间演变情况。

模拟结果显示，接头在摩擦热作用下，中心点在1s内迅速升高到1010℃左右，然后缓慢增加到1193℃，界面温度场逐步均匀化。高温产生大量黏塑性金属，在轴向压力的作用下，界面大量黏塑性金属被挤出，形成飞边。

对异种材料TC11和TC17钛合金线性摩擦焊过程的模拟结果表明，焊接过程中温度最高

（a）0.5 s时温度场分布云图

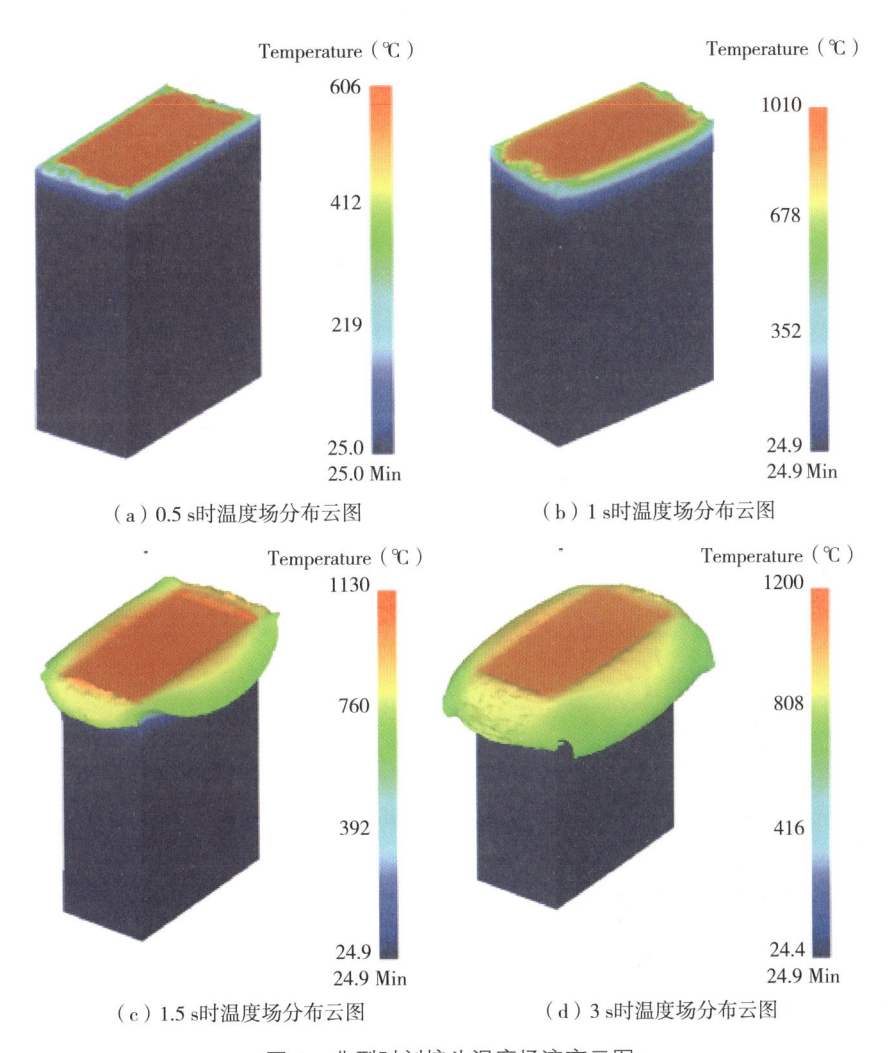

（b）1 s时温度场分布云图

（c）1.5 s时温度场分布云图

（d）3 s时温度场分布云图

图4　典型时刻接头温度场演变云图

达到了1210℃左右，由于TC11钛合金在相同温度下的屈服强度低于TC17钛合金，因此挤出的飞边向TC17一端卷曲，即出现"软包硬"现象，挤出的飞边材料以TC11为主，如图5。

此外，中国航空制造技术研究院通过数值模拟与实验验证相结合的方式，研究了线性摩擦焊过程的金属流动行为，并进一步探讨了焊接接头氧化物弥散夹杂与未焊合等缺陷的形成机制。

4. 线性摩擦焊连接机理研究

以同种钛合金线性摩擦焊过程为例，其初始摩擦阶段主要以材料间的摩擦产热为主，此时摩擦表面较为平整。随着界面温度的升高，在外力作用下，摩擦界面两侧材料达到塑性状态，相互之间发生黏结、断裂、拖拽现象，摩擦表面出现凹凸不平的形貌，从而表现为黏着

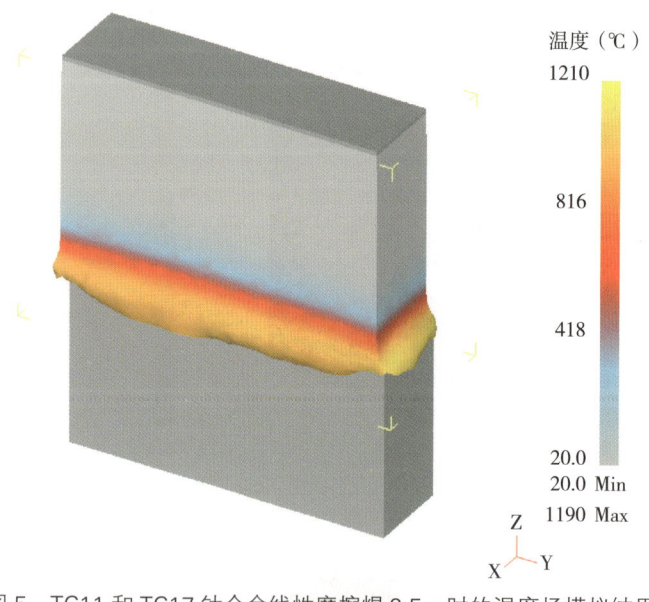

图5 TC11和TC17钛合金线性摩擦焊2.5 s时的温度场模拟结果

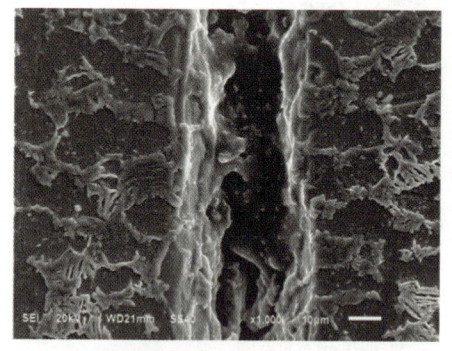

图6 同种钛合金摩擦界面黏着剪切特征

剪切特征（图6）。随着摩擦的进行，界面温度升高，摩擦表面原子被激活而形成金属键连接，使两侧塑性金属层成为一体，在外力作用下发生整体大变形（图7），从而进入"塑性流动"阶段，界面金属层厚度将增加，而接头飞边开始形成。此时，接头内热量主要来源于材料的变形产热，最高温度出现在界面上。随着界面温度的升高而超过钛合金 β 转变温度时，钛合金将发生完全的 β 相转变，随后在温度和应力的共同作用下，初生 β 相晶粒发生动态再结晶过程，如图8所示。此时，界面金属层厚度趋于稳定，界面金属的挤出量与产生量基本相当，处于稳态流动阶段。

5. 钛合金整体叶盘的线性摩擦焊

（1）钛合金线性摩擦焊接头性能。

针对多种钛合金材料，开展了其线性摩擦焊接头的拉伸、持久和高周疲劳性能测试，测试结果见表2。从表中可以看出，钛合金线性摩擦焊接头表现出优异的力学性能，一般都能达到和母材相当甚至高于母材。

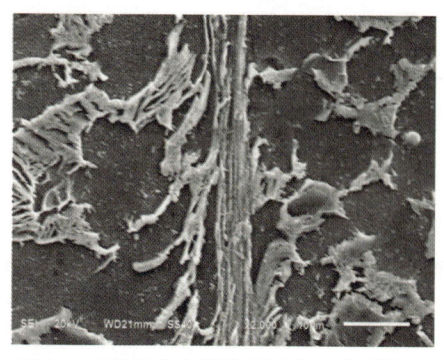

图7 同种钛合金摩擦界面金属变形特征 　　图8 同种钛合金线性摩擦焊界面金属动态再结晶

表2 钛合金线性摩擦焊接头力学性能测试结果

材料	拉伸（不同温度）	持久强度（400℃、100h）	高周疲劳（1×10⁷）
TC4	与母材相当	与母材相当	在高应力区接头与母材相当，在长寿命区略高于母材
TC11	与母材相当	与母材相当	在高应力区与母材相当，在长寿区略低于母材
TA15	与母材相当	—	与母材相当
TC4-DT	与母材相当	—	与母材相当
TC17	与母材相当	与母材相当	接头略高于母材
TC4/TC17	与TC4相当	与TC4相当	与TC4相当
TC11/TC17	与TC11相当	与TC11相当	与TC11相当

（2）单元考核件研制及考核。

研制的钛合金线性摩擦焊叶片单元考核件（图9）完成了高周振动疲劳试验考核（图10）。振动疲劳考核试验开始选用的最大试验载荷为400 MPa，疲劳寿命周期为$3×10^7$。

单元考核件的振动疲劳断裂位置稳定，均发生在最大应力区，表明单元考核件的制造工艺稳定，制造工艺对零件疲劳性能分散性的影响小。形成的考核试验结论如下：

1）在$3×10^7$循环基数下，线性摩擦焊实心叶片最低疲劳极限为260 MPa。

2）疲劳试验叶片断口位置距离线性摩擦焊焊缝位置距离较远，断裂位置均位于母材侧。

（3）整体叶盘研制及考核。

中国航空制造技术研究院针对压气机一级、风扇一级、风扇三级及核心机驱动风扇的整体叶盘开展了系统研究，图11为压气机一级整体叶盘实物。通过研究，已打通了线性摩擦焊整体叶盘的制造路线，压气机一级盘三种焊缝位置叶片单元考核件均通过高周疲劳试验，研制的压气机一级盘通过115%的超转试验考核，未发现异常。风扇一级盘单元考核件通过高周疲劳试验考核，线性摩擦焊焊缝未失效，2件风扇一级整体叶盘均通过低循环疲劳和超转试验考核。

图9 实心叶片单元考核件　　图10 单元考核件考核现场

图 11　压气机一级整体叶盘实物

三、当前存在问题和展望

线性摩擦焊技术目前已经成功用于发动机整体叶盘的制造，但是在其他的领域由于技术成熟度低，还未得到广泛的应用。今后，为了提高整体叶盘的制造效率，应尽可能地使夹具装夹自动化，并提高装夹精度。设备制造成本上，可通过设备改进并添加辅助装置，降低设备输入功率，降低成本，促进线性摩擦焊更广泛地应用。在可焊材料种类上，除了钛合金、高温合金和铝合金等，需要开展粉末材料和化合物材料的线性摩擦焊。未来线性摩擦焊不仅可以用于发动机整体叶盘、飞机机身、导弹结构制造，也可以用于民用高强索具、汽车等行业的制造中。

案例 23

飞机发动机盘轴转动部件惯性摩擦焊接技术与设备

哈尔滨焊接研究院有限公司

为满足我国国产宽体客机发动机压气机盘鼓组件、涡轮盘轴组件优质高效的制造要求，哈尔滨焊接研究院有限公司开发了具有自主知识产权的 6000 kN 焊接力大吨位、高精密惯性摩擦焊接成套装备，并基于接头组织冶金力学行为模拟研究，建立了压气机盘鼓组件、涡轮盘轴组件惯性摩擦焊接工艺、焊后热处理、机械加工、无损检测等制造技术体系与质量保证体系，为我国宽体客机发动机研制提供关键技术与装备保障。

一、导语

为提高自主创新能力和国家核心竞争力，国家中长期科学与技术发展规划纲要（2006—2020）确定了发展大型商用飞机的重大战略决策。研制和发展大涵道涡扇发动机成为完成大飞机专项和两机专项任务的技术关键。惯性摩擦焊是固相焊接工艺方法的一种，被焊工件在轴向压力的作用下，依靠惯性轮存储的动能转化为摩擦热能而实现冶金结合，原理图如图1所示。惯性摩擦焊具有工艺控制参数少、焊接尺寸精度高、能量输入准确可控、可再现性好、热输入小、变形小、焊缝窄、接头质量高等技术特点，尤其适用于大回转截面工件及异种材料的焊接。所以惯性摩擦焊是最适用于航空发动机中转动部件焊接的工艺方法之一，此技术已在国外航空制造领域有着成熟的应用。一直以来，螺栓连接结构是国产航空发动机盘轴类转动部件的制造重要方法之一，在宽体客机发动机中继续沿用此设计则会导致结构严重超重，难以满足大飞机的经济性设计目标。为满足轻量化设计要求，在宽体客机发动机中拟采用惯性摩擦焊接工艺制造压气机盘鼓和高压涡轮盘轴等转动部件。

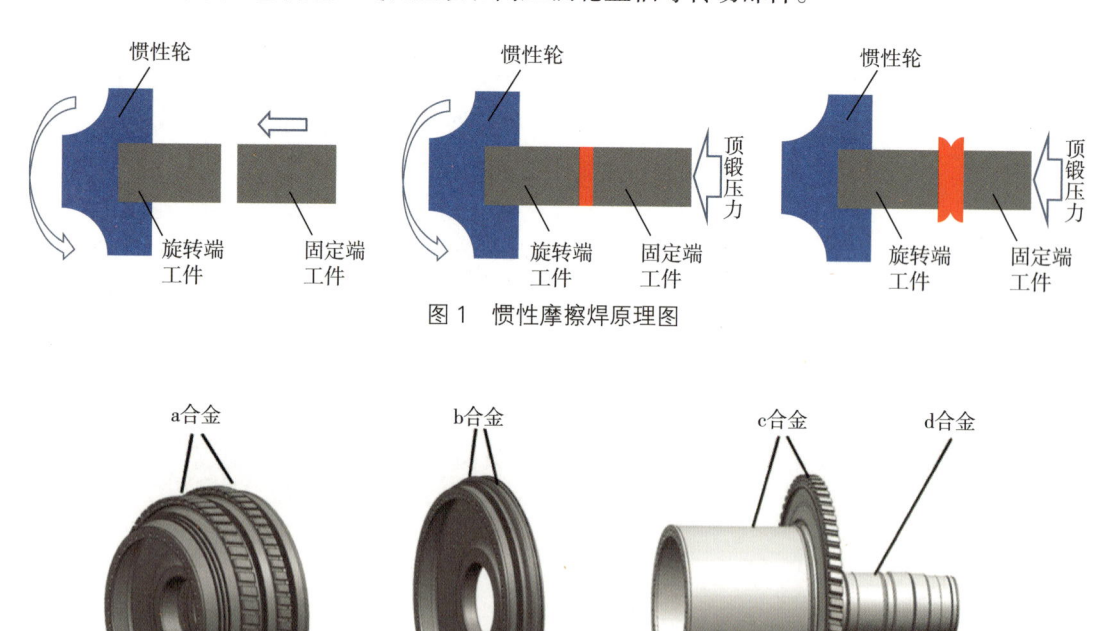

图1 惯性摩擦焊原理图

（a）高压压气机X_1级组件　　（b）高压压气机X_2级组件　　（c）高压涡轮盘轴组件

图2 宽体客机发动机热端部件示意图

案例 23 飞机发动机盘轴转动部件惯性摩擦焊接技术与设备

本项目针对国产商用大飞机轻量化设计、制造对航空发动机转子组件优质成形技术提出的迫切需求，研发大吨位、高精度惯性摩擦焊接装备及成套焊接、热处理、无损检测技术，为国产大飞机发动机转子组件制造提供装备及工艺保障。基于国产母材、国产设备及配套工艺，成功实现宽体客机发动机高压压气机及高压涡轮盘轴组件惯性摩擦焊接成形，焊接接头综合力学性能、焊接精度满足设计考核指标要求，为宽体客机航空发动机验证机及核心机研制工艺路线的制定提供关键支撑。基于本课题研究形成了多项围绕大吨位、高精度惯性摩擦焊接装备、航空发动机大截面转子组件惯性摩擦焊接工艺开发及复杂结构焊接接头无损检测技术等专利技术。突破了发达国家对我国大吨位、高精度惯性摩擦焊接装备及成套技术的封锁，实现关键航空制造装备的进口替代。成套装备及技术水平达到国内领先，国际先进，助力我国大涵道比商用航空发动机研制。

二、主要研究内容

1. 6000 kN 焊接力惯性摩擦焊接成套装备研制

惯性摩擦焊成套设备主要包括主机系统、液压系统和控制系统三部分，其中主机系统为设备执行单元，液压系统为动力输出单元，控制系统为设备核心。哈尔滨焊接研究院有限公司根据宽体客机发动机转动部件对焊接精度和焊接力等参数需求，对焊机机身结构、运动机构及动力系统进行设计与优化，图3为6000 kN焊接力惯性摩擦焊机示意图。其中，床身用于支撑焊机各主要零部件；主轴系统用于带动惯性轮旋转，同时承载轴向焊接力；传动系统由主轴电机、联轴器等组成，驱动主轴系统旋转，为摩擦焊接过程提供焊接所需的能量；惯性轮用于能量存储，通过不同惯量的组合，为摩擦焊接过程提供不同的焊接能量；滑台行走

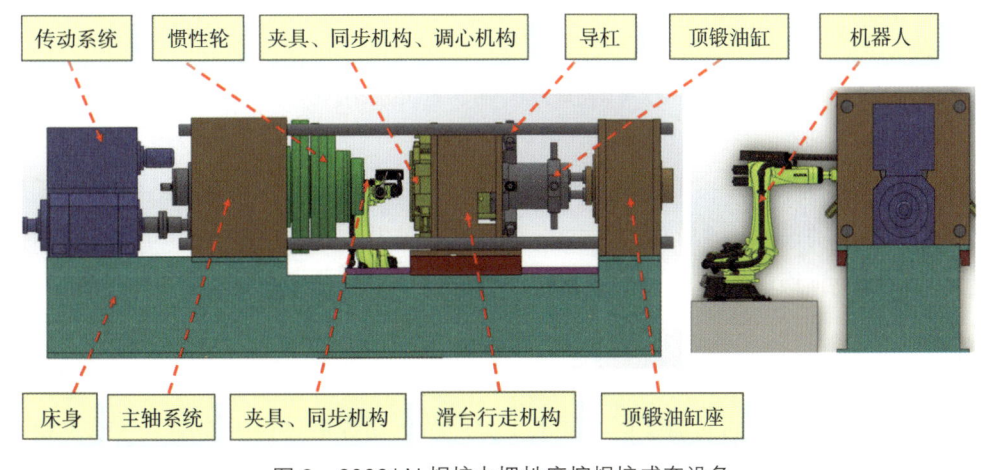

图 3　6000 kN 焊接力惯性摩擦焊接成套设备

机构为直线运动装置，在顶锻油缸的拖动下，带动尾座工件进行直线运动；夹具、同步机构、调心机构分别用于焊接工件的装夹以及工件中心调整；顶锻油缸是摩擦焊接过程加载机构，为焊接过程提供焊接力；顶锻油缸座用于安装顶锻油缸；导杠用于连接主轴箱、床身与顶锻油缸，以保证设备整体强度与刚度；机器人用于搬运、装夹焊接工件。

（1）主轴系统。

主轴系统作为执行机构中最关键部分，其稳定性直接影响焊接质量。如何保证主轴系统的稳定性、大顶锻力作用下主轴系统刚度以及轴承的使用寿命，使在主轴高速旋转的同时能够有效施加6000 kN焊接力是惯性摩擦焊机性能的决定性因素，也是关系到焊机研制成败的技术关键和最大难题。

哈尔滨焊接研究院有限公司综合考虑设备主轴电机功率、轴承精度、轴承承载能力、轴承转速、整机刚度等因素，合理设计了最大转动惯量、最高主轴转速。在没有静压轴承条件下，通过采用重载推力轴承和平衡油缸均衡受力的技术，解决了6000 kN焊接力承载问题，提高了轴承寿命。确保了主轴系统具有6000 kN的轴向承载能力，满足了高压压气机X_1级盘鼓组件、X_2级盘鼓组件及高压涡轮盘轴径向跳动和轴向跳动精度要求，主轴系统示意图见图4。

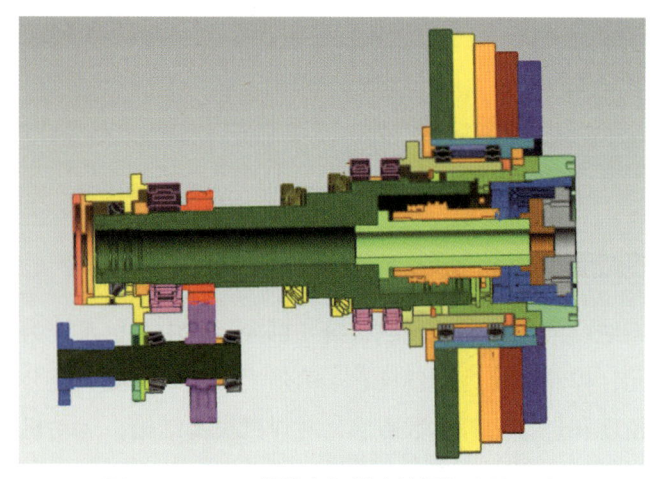

图4 6000 kN焊接力惯性摩擦焊机主轴系统

（2）液压系统。

6000 kN焊接力能否准确、有效施加载到焊接界面上，不仅仅取决于主轴系统承载情况，更取决于液压系统能否准确地提供足够的压力。在现有国产液压元器件性能约束条件下，通过液压系统的整体设计实现6000 kN焊接力精确、稳定供给是6000 kN焊接力惯性摩擦焊机研制亟待解决的技术难题之一。

哈焊院根据惯性摩擦焊接工艺特点对焊机液压系统装机容量进行优化，提出"低压大流量、高压小流量"的设计理念，通过蓄能器存储高压油并在顶锻快速焊接时将高压油供给顶锻油缸，从而解决顶锻油缸高压快速进给问题，并避免液压油运动冲击，确保焊接的各项指标满足工艺要求。

（3）同轴度保证系统。

航空发动机转动部件的同轴度精度要求十分严苛。而焊接过程中控制工件径跳和端跳精度则是控制工件同轴度的关键。因此，工件装配和焊接过程中同轴度的检测、调整以及工件位置精度控制、液压系统的精确控制是保证工件焊接尺寸精度的技术关键，也是亟待解决的难题。哈焊院通过工件焊前装配过程中工件同轴度的检测调整以及焊接过程中定心机构两方面的措施来保证工件的同轴度（图5）。

（4）发动机转动部件成套工装夹具。

根据宽体客机发动机高压压气机 X_1 级盘鼓组件、X_2 级盘鼓组件及高压涡轮轴的尺寸规格及结构特点，建立压气机盘鼓组件、涡轮盘轴组件以及

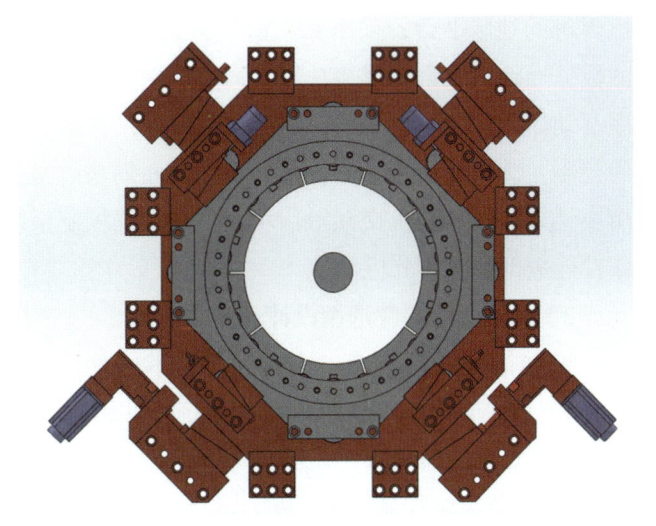

图5 同轴度精度调整机构及定心机构

对应夹具的物理模型，并对焊接过程进行力学分析，获得工件的受力状态及工装夹具的精度和刚度等相关数据。根据分析结果对夹具结构尺寸、精度进行优化设计，实现工件稳定可靠装夹，从而使复杂零部件受力合理、均衡，主轴夹具、尾座夹具见图6。

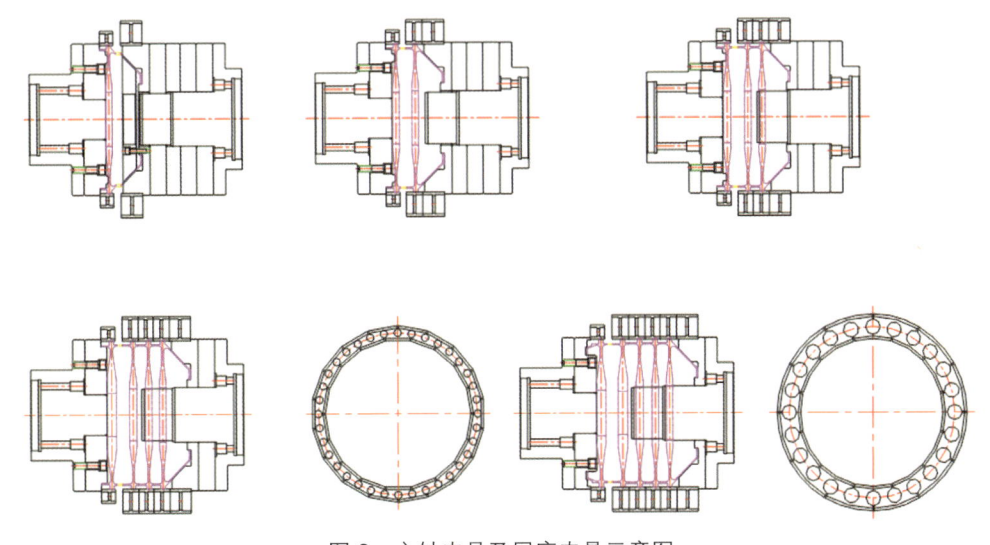

图6 主轴夹具及尾座夹具示意图

（5）控制系统。

控制系统是焊机的神经中枢，并且也是焊接工艺过程形性调控的关键。为保障航空发动机转子组件的焊接精度和力学性能指标，需要采用先进、合理的控制方法来实现。

1）控制系统功能分析与设计。

根据惯性摩擦焊接工艺需求，确定控制系统功能，以PLC+PC为硬件核心，建立惯性摩

擦焊机的控制平台,采用 PN 通信协议,建立 PLC、PC、传感器、电气伺服、液压伺服之间的数据通信:①自动焊接功能。通过详细分析焊接工艺流程,确定各执行元件动作间先后顺序及动作之间的相互关系,确定控制流程,编制 PLC 控制程序,实现对各执行元件运动过程的控制。②焊接控制界面设计。控制界面的功能是实现焊接工艺参数、辅助参数设置、焊接历史结果存储等人机交互对话功能,并根据控制系统内置数据库开展焊接工艺数据、接头力学性能数据处理与分析。

2)控制系统硬件选型设计。

根据控制系统功能,选择满足需求的标准电气元件,开发相关功能模块,建立满足 6000 kN 惯性摩擦焊机要求的控制系统硬件结构。采用高响应速度的数据采集、传输、存储模块,满足焊接过程数据处理能力的需求。

3)功能模块控制程序开发。

根据惯性摩擦焊机对工件装夹卸载、焊接、精度调整等各功能模块功能要求,开发各自功能模块的控制软件及程序。基于激光测距原理,开发工件焊前同轴度精度自动检测系统,解决机械精度偏差状态下精度校正与识别问题;基于电气伺服实现工件自动对中调整。

4)惯性摩擦焊机控制系统软件开发。

开发惯性摩擦焊机自动焊接程序,实现自动检测、自动焊接与故障诊断多种控制功能融为一体;借助转速、压力、位移数据、激光测距数据,实现多种极限条件下焊接过程判断功能;编写 PLC 与工业控制计算机及其他外围模块的接口程序,实现 PLC 与工业控制计算机、外围模块间的数据通信。

5)惯性摩擦焊接质量监控系统开发。

开发自动焊接过程监控程序,对焊接过程采集的主要工艺参数、设备状态等数据进行处理分析,实时监控焊接工艺参数和设备运行状态的动态信息,确保焊接过程的稳定性。

6)惯性摩擦焊接位置模式-力模式交互控制系统开发。

根据惯性摩擦焊接工艺特点,开发焊接过程位置闭环控制程序,严格控制焊接变形量精度。焊接过程交互控制模式按如下方法执行:位移传感器实时采集焊接变形量,并将位移数据传输给 PLC,PLC 将焊接过程位移数据与工控机监控系统设置参数进行比较,通过运算分析得到执行指令,PLC 将执行指令传输给液压伺服系统,控制液压油的流量、压力等参数,控制顶锻缸的行走速度和压力,控制焊接变形速率和焊接变形量。

7)监控软件与功能模块接口程序开发。

开发接口程序使焊机外围系统的各功能模块与 PLC 程序、监控系统融为一体,实现外围系统各功能模块与 PLC 及焊机监控软件通信,实现外围系统的数据采集以及控制指令的传输。

8)控制系统可靠性分析。

调试控制系统的可靠性以及各功能模块的协调性。

2. 焊接与热处理工艺制定

在摩擦焊接的实际生产过程中，焊接工艺参数及焊后热处理工艺参数是影响摩擦焊接头性能和质量的关键因素，因此针对高压压气机 X_1 级盘鼓组件、X_2 级盘鼓组件及高压涡轮轴部件使用的高性能钛合金、变形高温合金、粉末高温合金多种材料组合的焊接，为找出最优焊接工艺与热处理工艺规范，对小尺寸试验件和相同尺寸模拟件进行相应的焊接工艺试验研究和热处理工艺试验研究。

（1）焊接工艺。

采用正交试验，以良好的接头成形为前提，研究不同摩擦压力、飞轮转动惯量、初始速度、顶锻压力等工艺参数对接头室温、高温力学性能以及疲劳性能等动载力学性能的影响规律，确定最优工艺参数组合。

（2）热处理工艺。

综合考虑变形高温合金与粉末合金的组织、性能、热处理制度差异，进行组件焊前/焊后热处理制度研究，确保焊接及热处理后，组件中母材及惯性摩擦焊接头性能均能满足设计要求。

哈焊院针对最优焊接工艺参数组合下获得的焊接接头，根据母材强化机理、焊接接头组织、性能特点，加工工艺流程和实际工况条件，开展惯性摩擦焊接头热处理工艺试验，研究主要热处理参数如退火温度、保温时间、冷却速率等对焊接接头综合力学性能的影响规律。通过热处理工艺优化，最终获取焊后接头综合力学性能最优的工艺参数组合。

基于小尺寸试样件获得的组织、力学性能试验数据，初步建立惯性摩擦焊接专家系统，建立设备、焊接工艺、热处理工艺等因素与惯性摩擦焊接接头组织、力学性能的映射关系。通过逐步加大样本数量，提高专家系统的数据分析精度和预判的准确性。

3. 无损检测

由于焊接工艺参数波动等问题，摩擦焊接头中可能会产生宏观缺陷（未焊合）和微观缺陷（弱结合），从而降低接头冲击韧性等其他力学性能。因此，通过超声波检测缺陷对于保证焊接结构的质量具有重要意义。

为了确保惯性摩擦焊接头的质量，开发一种切实有效的超声无损检测方法，从含有噪声的信号中有效地提取出微弱缺陷信号，实现惯性摩擦焊接弱结合缺陷的可靠检测，是本课题要解决的难题之一。

另外，发动机上惯性摩擦焊接构件形状比较复杂，焊接区部位较薄，且往往含有较多的台阶、拐角等结构，影响检测的可达性和有效操作空间。这些特点给惯性摩擦焊接头质量评估带来诸多问题，如何对典型焊接构件实现高效、可靠的检测与评估也成为惯性摩擦焊能否可靠应用于宽体客机发动机的关键技术问题。

针对摩擦焊接头中弱结合缺陷常规相控阵超声非线性检测信号或发射信号频谱泄露与谐波分量相混叠使得微弱的非线性超声信号淹没在混叠干扰中而难以有效检测的问题，提出基于反相脉冲的非线性相控阵超声无损检测技术。此技术可以有效抑制回波中的基频分量以及因系统非线性等带来的频谱泄露、提高二次谐波分量的信噪比，实现接头弱结合缺陷的准确可靠检测，解决了惯性摩擦焊接头弱结合缺陷难以检测的难题。

三、主要成果与工业应用

哈尔滨焊接研究院有限公司历经三年时间，从惯性摩擦焊装备设计与制造、焊接与热处理工艺研究到无损检测与质量体系的形成，成功实现宽体客机航空发动机高压压气机 X_1 级、高压压气机 X_2 级、高压涡轮盘轴组件惯性摩擦焊接，模拟件焊接接头见图7，焊接接头综合力学性能及焊接精度满足发动机设计要求。初步建立起了大吨位惯性摩擦焊机研发制造基地，形成年制造摩擦焊机3~6台、年产值2000万元的生产能力。随着我国民用航空发动机

（a）高压压气机 X_1 级、X_2 级盘鼓组件

（b）高压涡轮盘轴组件

图7 宽体客机发动机转子组件惯性摩擦焊接接头

未来产业化的进行，哈焊院届时将成为我国民用航空发动机惯性摩擦焊示范基地。

哈焊院围绕航空发动机热端部件惯性摩擦焊接成套技术研究，获得了授权发明专利4件，发表论文8篇，制定国家规范标准1项，培养了硕、博士研究生共3名。所制造的具有自主知识产权的大吨位惯性摩擦焊设备最大焊接面积达13000 mm^2、最大焊接力为6000 kN、主轴最高转速为650 r/min、最大转动惯量可达7890 kg·m^2，达到国际先进水平，打破国外技术封锁和设备垄断，突破了制约我国宽体客机发动机转子组件制造的技术瓶颈，同时也将为国内窄体客机发动机及其他飞机发动机的研制提供惯性摩擦焊装备制造技术、焊接组件制造技术与质量保证体系。

四、当前存在问题和展望

"飞机发动机盘轴转动部件惯性摩擦焊接技术与设备"项目目前执行顺利，完成了项目任务书规定的关键技术研究内容，达到预期考核指标的要求，具备了技术验收的条件。惯性摩擦焊接成套技术作为航空发动机热端优质制造的关键手段，其技术成熟度对航空发动机质量的保证、性能的提升具有重要意义，因此需进一步完善设备功能，开展广泛的工艺验证试验，积累大样本的试验数据，促进惯性摩擦焊接技术在航空发动机热端部件制造中工程化应用的进度。

随着装备制造水平的提高和技术进步，国产惯性摩擦焊接成套工艺及装备技术将用于商用航空发动机热端部件制造中，为国产大飞机研制提供关键技术支撑。

案例 24 专用车、煤机行业数字化焊接系统

山东奥太电气有限公司

山东奥太电气有限公司成功突破参数化快速编程、激光跟踪、机器人专用数字电源及数字化焊接云等关键技术，实现数字化焊接机器人工作站的开发，可针对行业现状实现快速编程、自适应组对、高精度焊缝跟踪等功能，属国内首创，已在中国重汽、山东能源等国内30余家代表性企业成功应用，实现了自卸车机器人生产线的交付使用，促进了专用车、煤矿机械行业数字化生产模式转型升级。

一、导言

机器换人是我国工业生产实现自动化制造的重要措施之一，专用车、煤矿机械等行业焊接工作量大，生产存在多品种、小批量、定制化的特点，人工焊接已严重阻碍行业生产模式的升级，迫切需要机器人焊接代替人工。实现机器换人，还存在以下几方面的难题：产品多样性导致机器人编程和焊接工艺编制等工序占用过多生产时间，甚至比焊接时间还长，造成生产效率低；产品定制化、焊缝类型混杂导致焊缝跟踪适应性差，难度加大、精度低；传统焊接工艺效率慢，质量差；人机协作生产效率低。专用车、煤机制造行业对机器人高效率、高质量焊接提出了更高的要求。

针对专用车、煤机行业机器人焊接的难题，山东奥太电气有限公司（以下简称奥太公司）进行以下四个方面的研究：

（1）采用参数化快速编程技术，快速导入焊接工艺，解决生产效率问题。

（2）采用计算机视觉技术，解决复杂工件精度适应性问题。

（3）研究机器人生产的高效焊接电源及工艺，提高焊接单元的生产效率。

（4）将生产管理经验和工艺流程、大数据云技术与焊接装备进行有机地融合集成。对人机协作焊接生产线进行生产流程优化，提高焊接生产效率和质量。

奥太公司研发的专用汽车、煤矿机械数字化焊接机器人工作站，可针对多品种、小批量行业现状实现机器人快速编程、自适应组对、高精度焊缝跟踪及高效率焊接等功能，属国内首创，已在中国重汽、山东能源等国内30余家代表性企业成功应用，并实现自卸车机器人生产线的交付使用，促进了专用车、煤矿机械行业生产模式转型升级。

二、焊接机器人系统数字化创新点分析

1. 参数化快速编程技术研究

研究参数化快速编程机器人系统，取代传统的示教编程和离线编程技术，采用多循环交叉嵌套程序结构，多维搜索算法及坐标系网点分布策略，网点补偿优化算法，实现高效快捷焊接。在工件更换后，自动读取CAD图纸数据，进行最小模块单元组合，并结合焊接工人的工艺经验，自动生成机器人的焊接工艺和程序，缩短设备停机时间。

不同型号的工件，无需示教编程，只需在触摸屏上输入CAD图纸尺寸，机器人自动进行图形的阵列组合，自动生成焊接轨迹，实现多品种、小批量、定制化产品的机器人快速编程。

应用循环偏移来形成图形阵列，应用位置寄存器来定义图形中的关键点，整个工件的全部程序只需要手动示教一个参考原点，参数化快速编程系统会自动将所有焊接位置的坐标值进行自动组合计算，生成整个工件的焊接轨迹。

触摸屏对工件的设置如图1所示。

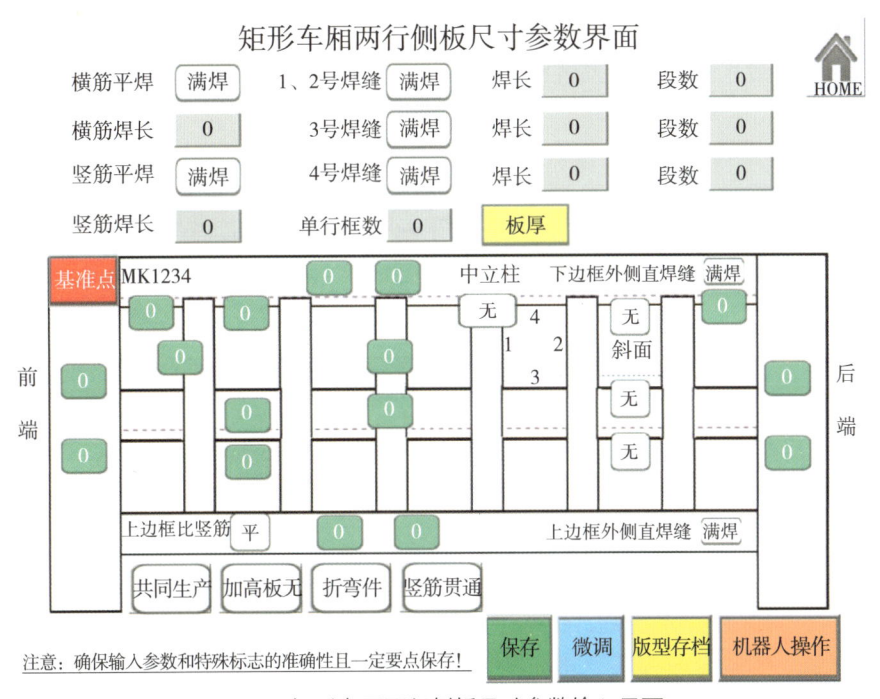

图1　矩形车厢两行侧板尺寸参数输入界面

图2为焊接参数界面，根据工件的焊缝形式设置在触摸屏中，自动在数据库中调用相应的参数。

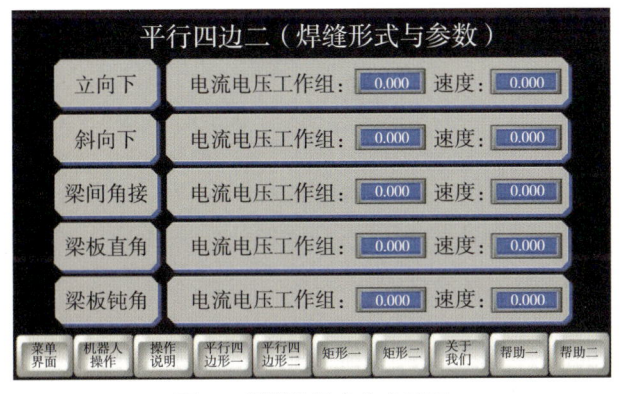

图2　焊接数据库生产界面

2. 激光视觉系统开发及研究

开发机器人的智能视觉算法，实时识别复杂焊缝形式，实现工件焊缝的快速精准定位，解决了现有焊接机器人焊接适应精度差以及实时切换焊缝形式的问题。人工智能视觉系统与焊接机器人的创新融合，让焊接机器人有了"眼睛"，通过对被检测工件的拍照和图像处理，实现焊缝位置的快速精准定位。

同时，开发的激光焊缝跟踪系统已具备云上传功能与跟踪效果自动分析功能，焊接云系统架构与焊缝跟踪云系统分别如图3、图4所示。

图3 智能焊接云系统架构

图4 焊缝跟踪云系统

3. 机器人专用高效焊接电源开发

焊接电源作为自动化和智能化焊接系统最重要的组成部分，起着执行主控的焊接指令，并且反馈当前工作情况的作用。奥太公司基于其在主回路技术、控制技术、焊接工艺、熔滴控制及焊机可靠性技术的积累，已开发出完备的产品系列（MAG、MIG、WSM、WSME及

LGK），满足实际生产中的不同需求。同时支持高压寻位、电弧跟踪、异常报警等机器人功能，支持所有的模拟、数字接口，支持信息化管理与监控。

针对专用车底板、车厢板等结构件厚度范围在 2～30mm，应用到的焊接工艺主要有超低飞溅 MAG 工艺、无飞溅脉冲 MIG 工艺及大熔深脉冲 MIG 工艺，专用汽车机器人系统应用如图 5 所示。

图 5　专用汽车机器人焊接系统应用

（1）超低飞溅 MAG。

针对专用车 1～3mm 厚度的板件，由于板件匹配间隙较大，传统普通气保焊热输入量大，易产生断焊和烧穿，影响焊接质量。采用数字化波形控制方法对熔滴过渡及电弧状态进行精细控制，控制系统使用高速数字信号处理器（DSP）和 ARM 内核微控控制器构成双 CPU 系统，可将控制周期缩短至 1us，缩颈判定准确性可达 99%。能够短时间内采集到焊接电流、电压的变化，实现高速动态调节，保证电弧的稳定性，控制回路功能框图如图 6 所示。

机器人专用焊接 MAG350RPL 应用于专用车行业，可大量降低焊接飞溅，大幅度提升焊接行走速度，搭桥能力强，非常适合大间隙工件的焊接，有效改善焊缝成形和焊接质量，为用户节省焊接原材料、缩短工时。

（2）无飞溅脉冲 MIG。

针对专用车 3～6mm 厚度的板件，采用无飞溅脉冲 MIG 工艺，其是一种高质量的焊接方法，理想的过渡形式是一脉一滴。为达到一脉一滴的过渡形式，需要对电弧状态进行快速和精准地检测并加以控制；通过检测电弧电压电流信号，来进行电弧状态的判定；通过弧长的闭环控制算法进行熔滴过渡的控制，输出目标电流电压控制值，从而使熔滴过渡可控，焊接更加稳定。

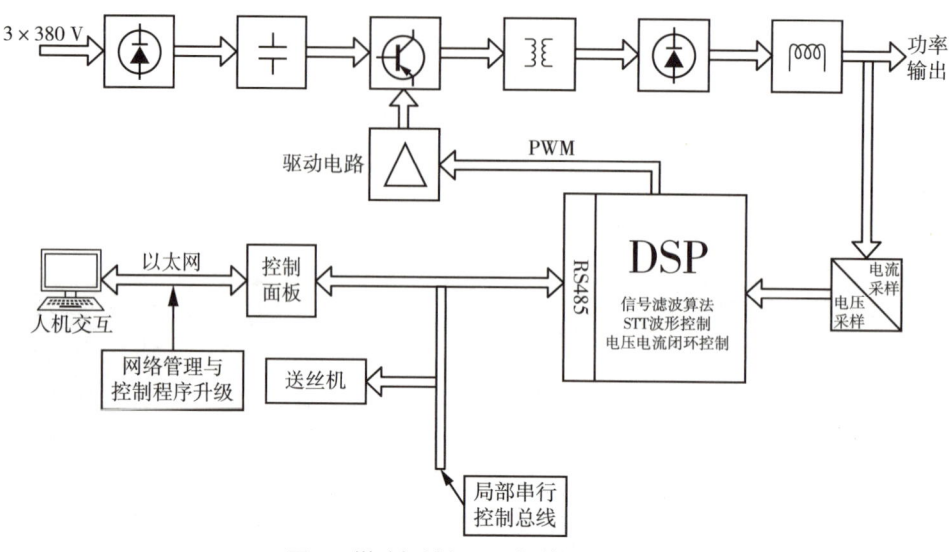

图6 煤矿机械机器人焊接系统应用

（3）大熔深脉冲MIG。

针对专用车6 mm以上厚度的板件，采用大熔深脉冲MIG工艺，在脉冲气保焊工艺的基础上，大熔深脉冲工艺通过精准的波形和精细的熔滴过渡控制技术，更加集中收缩电弧，增加电弧挺度，改变了传统的一脉一滴过渡模式，形成具有脉冲特征的射流过渡形式，呈现出一种"射滴流"的过渡模式，如图7所示。其电弧非常低，电弧压缩明显，指向性强，其形成强大的电弧力作用于熔池底部，熔深增大，可实现高速焊接。

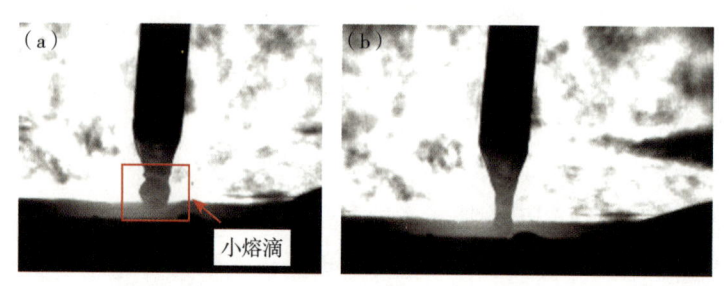

图7 大熔深脉冲熔滴过渡过程：a 峰值；b 基值

大熔深脉冲工艺可实现大熔深、高熔敷率及高焊接速度，可提高焊接效率30%，可减少坡口面积，减少焊接层数，减小焊接变形量；同时，大熔深脉冲工艺还可以避免根部未熔透、咬边缺陷。大熔深脉冲工艺广泛应用于碳钢、铝合金、不锈钢的中厚板焊接中。

大熔深脉冲工艺由于其熔深大、熔敷率高的特点，其应用于中厚板的焊接，对焊接电源、送丝机及焊枪提出了更高的要求。首先是焊接电源，焊接电源必须具备长时间大电流输出能力，自主开发出MIG-500/630/1000RPH焊接电源，满足高负载率、高可靠性需求，需具备大熔深脉冲工艺程序及数据库。其次，送丝机必须具备高稳定性高速送丝能力，其最高送丝速度必须达到 30 m/min 以上。最后，焊枪必须具备长时间大电流负载能力，其冷却效果必须优于常规焊枪。

4. 数字化焊接云系统

数字化焊接云系统是针对焊接现场焊机管理推出的可以实现焊机状态实时监控、焊接参数在线控制、产品管理、焊接数据海量存储以及焊接数据统计、分析的综合型焊机管理系统。

数字化管理系统的关键技术就是信息通信的实时性、可靠性和准确性。系统采用工业以太网（无线 WiFi、4G、有线方式均可）连接，可方便地实现焊接机器人自动化生产线的通讯集成，其通信图如图 8 所示。可与企业网络连接实现数据远程共享，为企业管理提供大数据

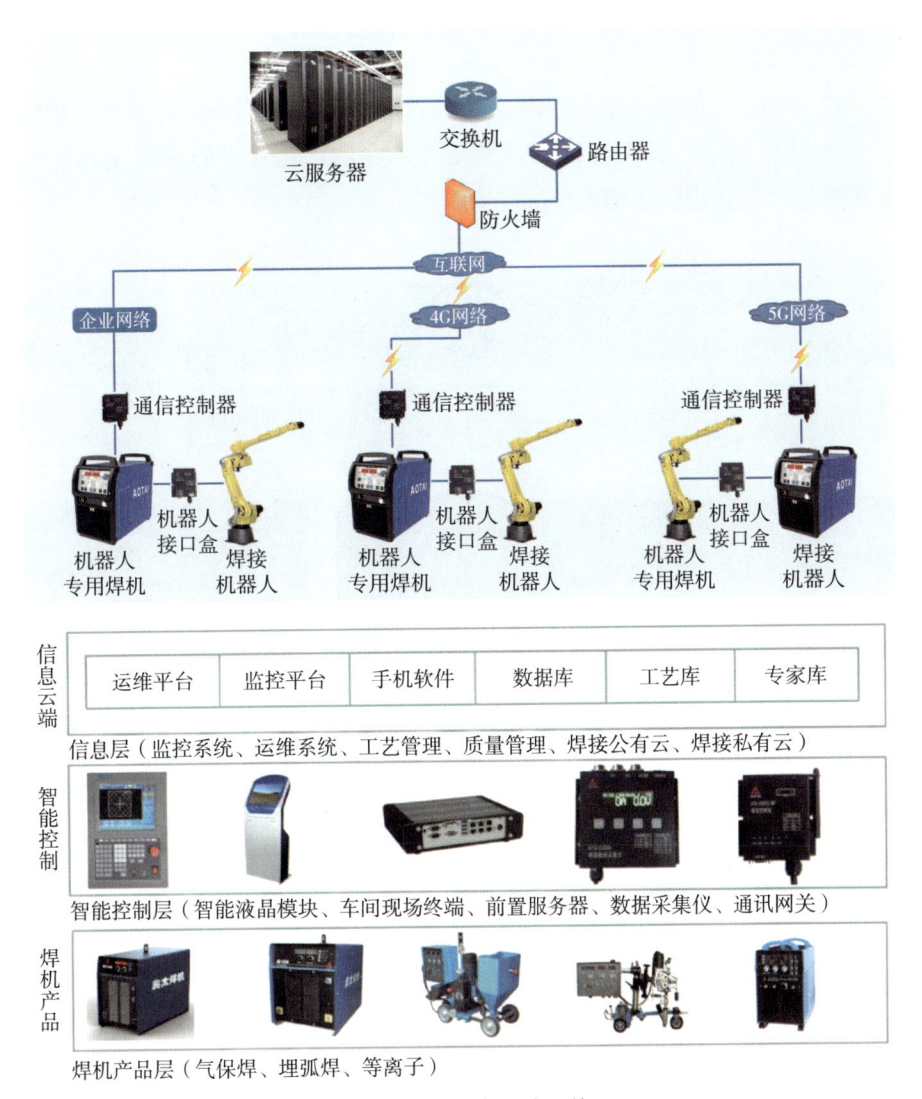

图 8 现场设备通信网络

支持。可以将生产管理经验和工艺流程、大数据云技术与焊接装备进行有机地融合集成,对人机协作焊接生产线进行生产流程优化,提高焊接生产效率和质量。

数字化群控管理系统的主要功能包括以下几个方面:

焊机监控:实时显示车间焊机实时运行状态、单台焊机实时焊接曲线。

焊接参数:实时显示多台焊机实时焊接参数、有效工作时间、开关机时间等。

焊丝用量:实时显示多台焊机实时焊接参数及焊丝用量等。

显示参数:焊机信息、焊工信息、实际电流、实际电压、焊机状态。

历史数据:显示焊接全过程连续给定及焊接电流、电压曲线图。

报警提示:显示报警列表信息、故障发送报警信息。

奥太数字化焊接云系统(图9),对于焊接自动化生产线,在现有数据云系统上增加焊接过程可视化设备监控、维修保养、故障检测、生产过程协同等工作,可记录跟踪每台设备状态,例如开机、加工、停机或空闲时间,帮助管理人员分析资源的利用并针对性地改善生产环节。可视化精益制造看板管理,大幅度提升企业信息化管理的透明度和生产过程可控性,可有效提高生产线各焊接工序的协同能力。

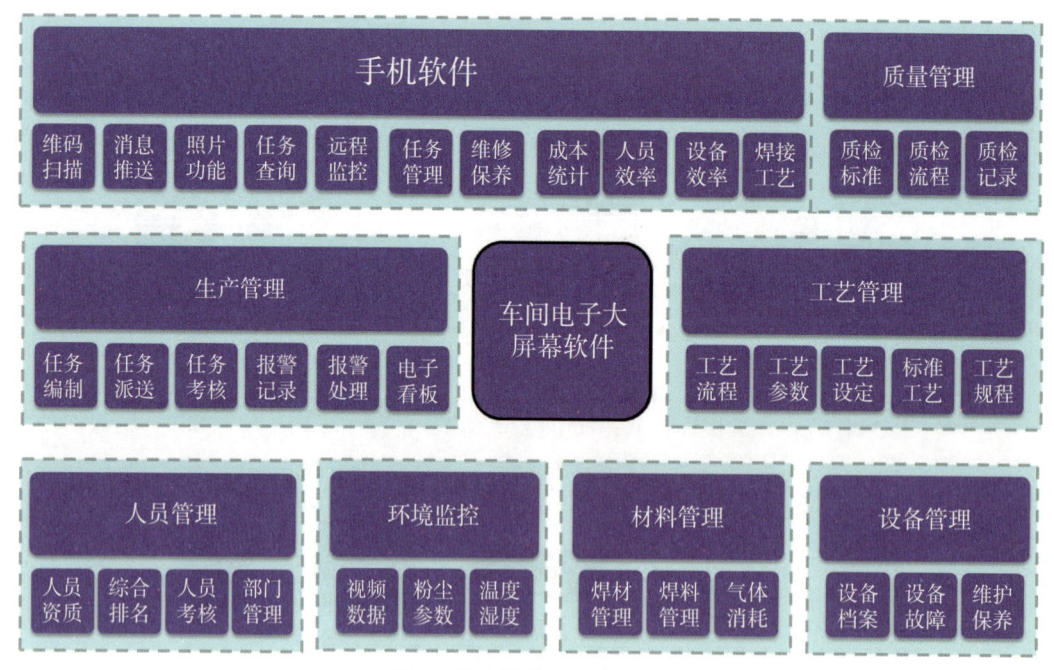

图9 奥太焊接云系统功能

5. 生产线设计及效率优化

图10为专用车生产线仿真图,整套产线包括:A 底板焊接自动化装备、B 侧板焊接自动

化装备、C合厢组队及焊接三部分。现奥太公司已设计整套生产线近10套，自动化水平高，可进行多品种混线生产的智慧管理系统，导入成熟焊接经验，实现焊接数字化工厂、生产线的智能化管理。

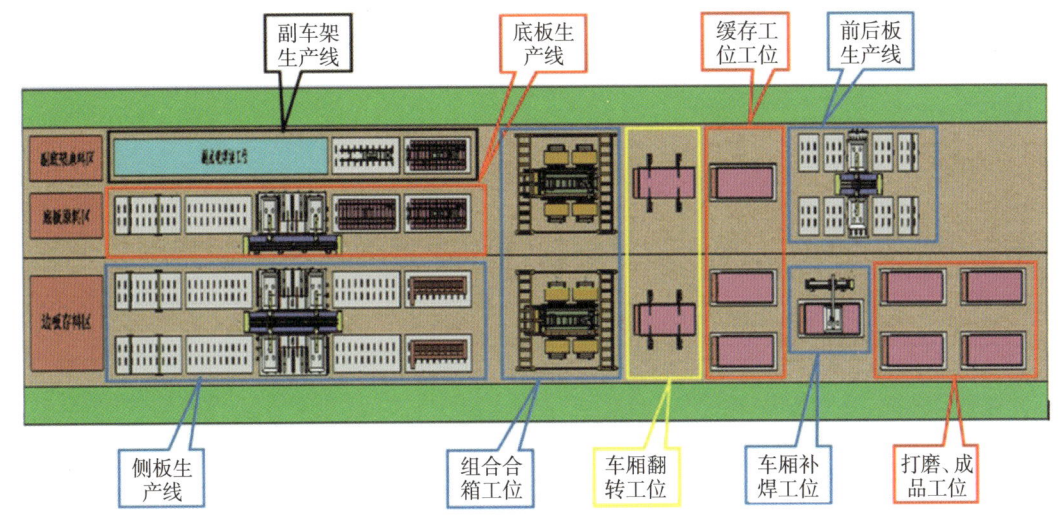

图 10　专用车生产线仿真图

三、数字化机器人系统产业化推广应用

奥太公司深耕专用汽车、煤机制造机器人焊接系统领域，其优势和数字化特点表现如下：

（1）将高水平焊接工人积累的焊接工艺转移到机器人中，结合参数化编程等技术，将焊工经验及焊接工艺制作成工艺库，根据多品种小批量生产流程，快速导入和切换工艺库。

（2）将焊接工人焊接非标工件积累的方法与技巧与机器视觉和寻位等技术结合，准确识别焊缝位置和形状，以提高焊接机器人对非标工件焊缝的适应能力，提高焊接质量。

（3）研究更适合机器人生产的高效焊接工艺，提高焊接单元的生产效率。

（4）将生产管理经验和工艺流程、大数据云技术与焊接装备进行有机融合集成。

（5）对人机协作焊接生产线进行生产流程优化，提高焊接生产效率和质量。

案例 25
全数字控制伺服弧焊系统

杭州凯尔达焊接机器人股份有限公司

全数字控制伺服弧焊系统包括一个电流稳定高速控制的焊接电源，一套高动态响应的送丝系统，以及一种送丝与电流波形相互融合的控制方法。杭州凯尔达焊接机器人股份有限公司在此基础上独创性提出伺服送丝机构后置方法，进一步改善了伺服焊接系统的适用性并有效降低了成本。

一、导言

短路过渡焊接方法由于诸多优点被广泛应用于低碳钢、低合金钢的中薄板焊接中。但是短路过渡焊接方法焊接过程飞溅大会导致焊接质量下降、影响工件的美观、恶化劳动条件和污染环境。在当前工业制造中,节能减产、产品轻量化已是大势所趋,所以对薄板焊接的应用越来越多,特别是在汽车、家电、五金等行业,薄板焊接已成为主体。对于薄板焊接工艺的研究也逐渐成了热点,如何有效降低焊接时热输入并确保热量均匀分布是在薄板焊接工艺中急需解决的问题。

伺服焊接系统可实现更低的飞溅、更快的焊接速度、更低的热输入量、更薄板的焊接,该技术将推拉脉动送丝与焊接过程联系起来,通过数字化系统进行控制,利用焊丝回抽力拉断熔滴完成熔滴过渡,从根本上解决了焊接飞溅的问题,满足了高端用户高效率、高品质的需求。但当前市场该类产品完全依赖进口,价格昂贵,系统复杂,对用户要求高,限制了其进一步应用。伺服焊接系统包括一个电流稳定高速控制的焊接电源,一套高动态响应的送丝系统,以及一种送丝与电流波形相互融合的控制方法。在此基础上独创性提出伺服送丝机构后置方法,进一步改善了伺服焊接系统的适用性并有效降低了成本。本系统主要适用于薄板高速焊接和铝合金高品质焊接,特别是在汽车制造、金属家具、家用电器、运动器材等行业。

二、数字化方面主要技术创新点

1. 全数字控制低飞溅弧焊逆变电源

本系统利用 IGBT 高速逆变技术和超高速数字控制技术,通过焊接控制的定量化、数值化、软件化相结合,搭载高精度焊接工艺数据库,实现多种材料的高品质焊接。主回路实现了 100 KHz 的高速逆变,通过 DSP+FPGA 构架的控制平台实现焊接过程的全数字化控制(图 1)。

利用焊接输出电压和电流的微分信号确定熔滴短路的状态,准确检测短路过程中的液桥缩颈时刻。同时电源具有快速的电流响应,能够满足熔滴过渡焊接电流的实时性控制要求,利用超高速逆变技术和大功率 IGBT 实现焊接电源的快速响应,实现电流每秒 1000 万 A 的速度下降。电弧热作用下焊丝端部的熔化金属形成熔滴,熔滴受到各种力的作用从焊丝端部脱离并过渡到熔池,对熔滴的整个生命周期的不同阶段进行不同的精细控制(图 2),实现熔滴的柔性过渡,降低焊接过程的飞溅,提高焊接过程的稳定性、焊缝成形、焊接质量和生产效率。

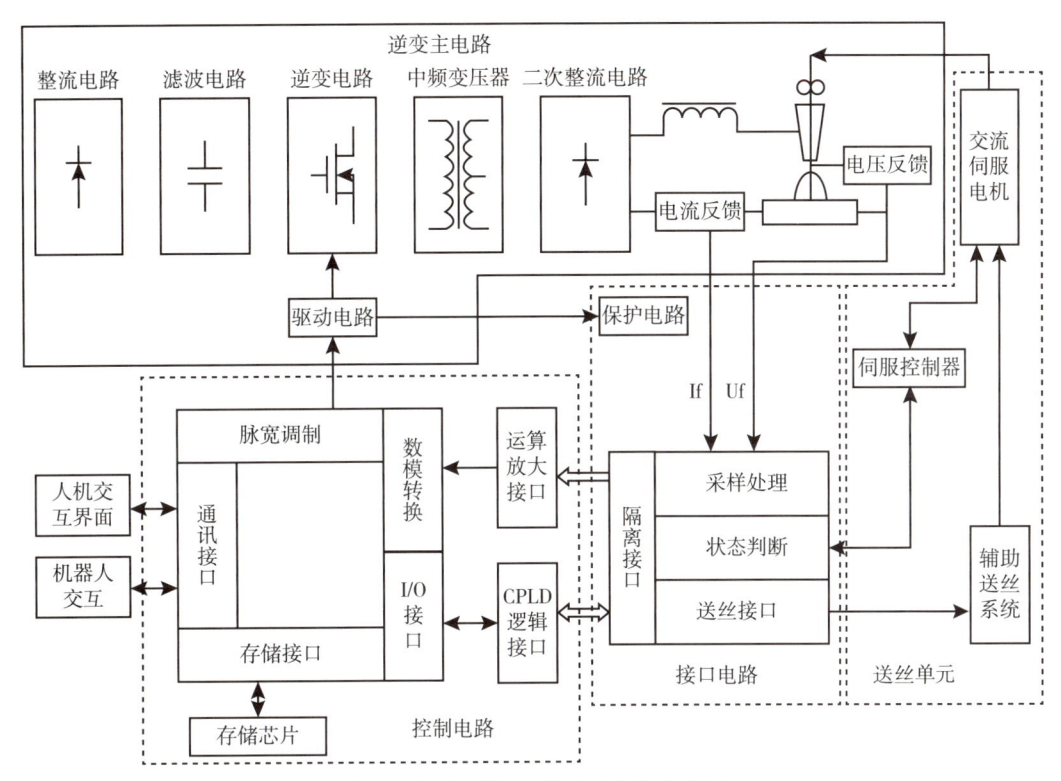

图 1　伺服弧焊系统数字控制平台框图

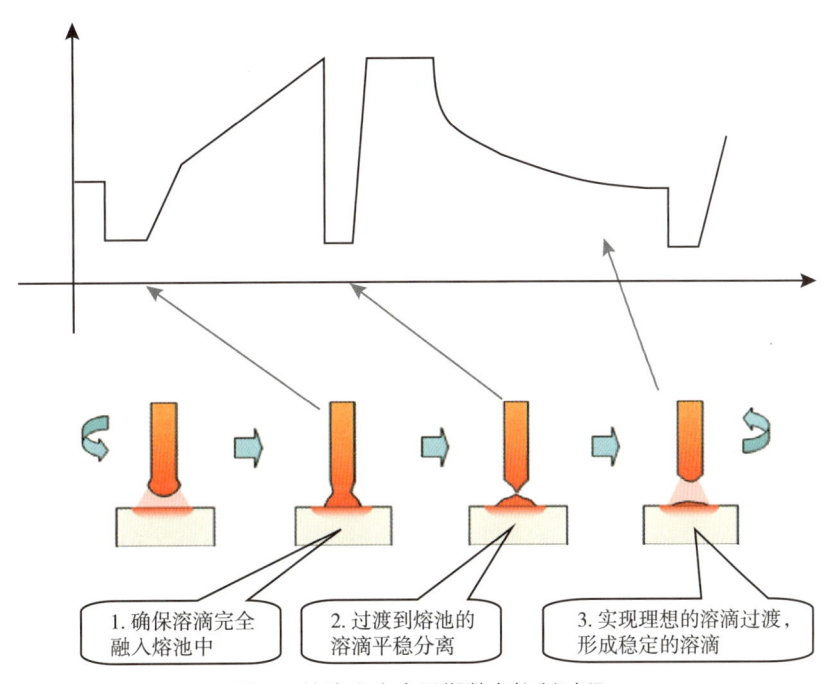

图 2　熔滴全生命周期数字控制过程

2. 新型伺服送丝系统提高适用性并大幅降低成本

本系统开发的机器人专用伺服焊枪整合了公司的推拉脉动送丝技术以及机器人专用送丝技术，并解决焊枪绝缘、防尘、耐用、散热等问题，为客户提供了可靠性高、安全性高、适用性强的伺服焊接产品。

国内除了杭州凯尔达焊接机器人股份有限公司（以下简称"杭州凯尔达"）以外未见公开展示和销售采用同类技术的产品。欧洲和日本企业近年来相继有推出同类产品，其中尤其以奥地利的福尼斯（Fronius）公司的 CMT 技术最具代表性。同类产品中普遍使用缓冲器实现前后送丝的同步，我们发明了一种伺服专用焊枪与力矩反馈同步送丝相结合前置伺服方式，提出了一种预测控制抵消送丝时延与动态调节焊丝盘阻尼力相结合的后置伺服方式（图3）。后置式伺服送丝技术将伺服送丝装置安装在焊枪前端较远的位置，提升了焊枪可达性，降低焊枪重量和复杂度，提高散热能力，提升可靠性。送丝误差补偿技术精确控制熔滴过渡。与世界同类产品相比，系统更加简单、成本大幅降低、用户使用更加方便。

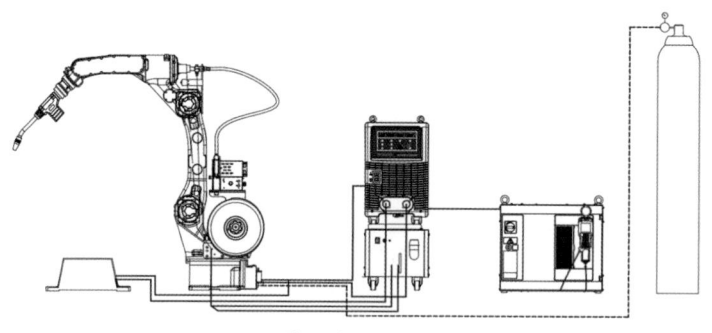

图 3　前置式伺服弧焊系统

3. 高动态响应送丝与电流波形协同调控技术实现超低飞溅焊接

高速焊接、薄板焊接、非碳钢母材（铝合金、不锈钢、铜合金）的焊接是焊接技术的发展趋势。超低飞溅焊接技术解决了 MAG 焊在 200A 以下电流段的飞溅问题，但是对于低热量、高速焊、大电流和 CO_2 焊飞溅控制仍然有进步空间。

伺服焊接技术是在超低飞溅焊接技术的基础之上，通过伺服电机改变送丝方式，从原单方向送丝，更改为推拉脉动送丝（正反向送丝），实现了每秒 100 次以上的正反抽送送丝，并将推拉脉动送丝技术与电流波形控制的结合，结合外在机械回抽力以及表面张力，在两种力量的共同作用下，使熔池与熔滴之间的液态小桥被拉断，进而使熔滴至熔池的过程得以完成。这种替代了爆断的方式从根本上杜绝了飞溅发生的可能，通过伺服焊接技术实现短电弧的稳定控制，从而实现了低热输入量和高速焊接（图4）。杭州凯尔达开发的伺服焊接系统在 MAG/CO_2 焊接飞溅量等指标达到或超过国际一流品牌产品。

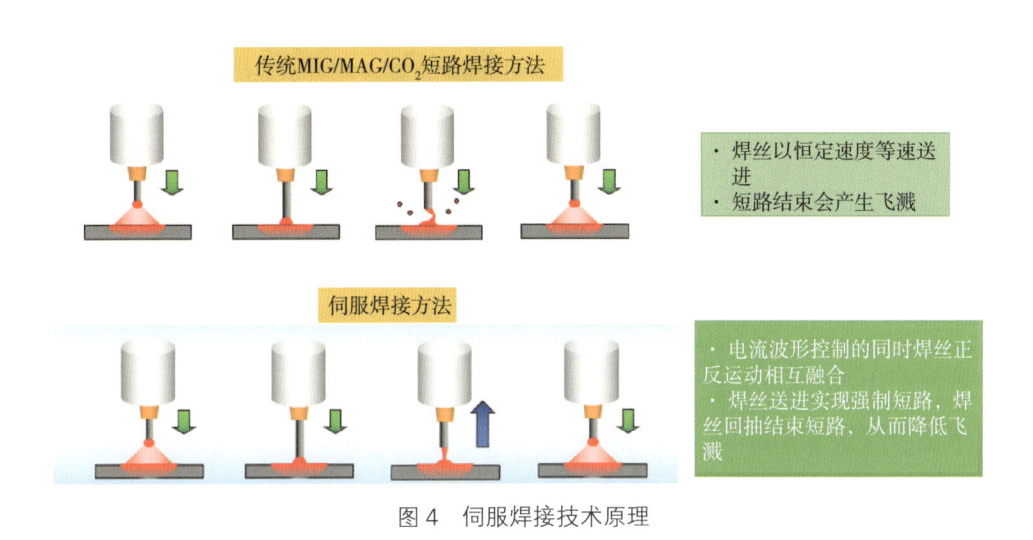

图 4　伺服焊接技术原理

4. PCT 熔深稳定控制铝合金焊接新工艺

铝合金产品中客户需要得到并保留鱼鳞状的美观焊缝。在传统焊接工艺中通过摇摆焊枪或者双脉冲得到鱼鳞状焊缝，但是参数调节复杂，热输入量大，鱼鳞纹不清晰。本系统通过高速响应的送丝控制与电流波形控制相结合，控制焊缝热输入量，获得铝合金鱼鳞状的美观焊缝。熔池冷却技术（Pool Cooling Technology，PCT）铝合金焊接工艺，具有更宽的焊接电流调整范围，更大的焊缝间隙对应能力，较少的热输入，较少的孔隙率和裂纹敏感性。脉冲阶段与短路阶段的周期性切换会导致熔池受力不均，从而发生周期性振荡，实现了搅拌熔池和释放熔池中溶解气体的目的，有利于提高焊接接头的综合力学性能。PCT 工艺可以有效地控制焊接热输入量和鱼鳞纹成型，形成连续、美观的鱼鳞纹焊缝成形（图5）。

图 5　PCT 铝合金焊缝成形

三、主要成果与产业化推广应用

杭州凯尔达经过 10 年的系统研究,建立全数字控制伺服弧焊系统,发明了多项伺服送丝和工艺技术,获得了授权发明专利 10 项、公开国家发明专利 10 项,获得商标著作权 1 项。"高动态响应送丝与电流波形协同调控伺服焊接系统"经中国机械工程学会组织鉴定,该系统技术难度大,创新性强,拥有自主知识产权,实现了产业化,整体技术达到国际先进水平,其中后置式伺服焊接系统处于国际领先。基于超低飞溅焊接技术,公司研发了伺服焊接技术,实现了大电流情况下的超低飞溅(超低飞溅工作范围可达 300 A 以上)、超低热输入量(通过表面熔覆,可用于薄板焊接、3D 打印)、高速焊(1 mm 钢板焊接速度最高可达 2 m/min 以上)以及多种非碳钢母材的焊接。

1. 汽车车身行业应用

在当前的汽车发展过程中,镀锌薄板因生产成本低、耐腐蚀性能良好,受到国内外汽车厂的青睐,被广泛用于侧围、顶盖、机罩、车门等外板区域。由于这些区域属于 A 级外观面及重要安装面,焊接质量要求很高,使用传统的气保焊接技术,会产生大量飞溅,焊接质量差,焊接缺陷较多,焊后通常需要进行二次补焊修复和焊渣的清理工作,批量生产过程中造成大量人工成本的浪费。

杭州凯尔达开发的伺服弧焊系统已经应用在汽车主机厂对汽车车身镀锌板的焊接(图 6)。采用伺服焊接技术能够精确控制焊接过程中焊丝的回抽,减少母材的热输入量,保证熔滴顺

图 6 伺服焊接系统在汽车主机现场图

利过渡无飞溅。伺服焊相对传统 MAG 焊缝成形外观、焊接质量和颜色外观都较大提高，伺服焊作为一种先进的新型连接技术，具有更加优良的焊接性，能在镀锌薄板中获得较好的焊接质量，为汽车轻量化、控制生产成本提供了有效的实现途径。

2. 一般工业铝合金自行车行业应用

自行车不仅仅是日常出行的交通工具，更是一种健康骑行的生活方式。共享单车，是当下的热门词，选用的基本上都是铝合金车架。因为其材料轻、强度高、价格适中、耐用且不易生锈等特性，铝合金车架成了自行车企业的理想选择。然而，铝合金车架的焊接却是一直困扰自行车企业的一大难题，自行车企业需要投入大量时间和成本对焊接工进行专业的技能培训，同时也面临着招工困难、留不住人才、用工成本日益增高等诸多问题。

杭州凯尔达伺服焊接系统 PCT 铝焊工艺已经应用于铝合金自行车行业（图 7）。采用机器人自动化焊接系统，杭州凯尔达伺服焊接系统 PCT 铝焊工艺，可以获得完美的鱼鳞纹成型。车架的生产效率比手工 TIG 焊接高出 2 倍，企业综合运行成本降低 50%。自行车为大众带来了新的生活方式，也为行业带来了创新动力和商业机遇。杭州凯尔达伺服焊接系统 PCT 铝焊工艺将帮助有需求的自行车企业实现产业升级和技术革新。

图 7　铝合金自行车车架焊接现场图

3. 国产伺服高端焊接装备首次亮相国际展会

杭州凯尔达自主研发的机器人伺服弧焊系统从 2016 年开始参加了世界三大焊接展之一的北京埃森焊接与切割国际展览会。实现了国产伺服高端焊接装备的首次亮相及现场焊接演示，并与奥地利福尼斯（Fronius）公司等国际品牌同台展示和竞技，现场进行 CO_2 大电流低飞溅焊接、大电流高速焊接、PCT 铝合金焊接和增材制造等展示，吸引了国内外企业及高校科研院所的广泛关注。多次参展为伺服弧焊系统的产业化推广应用奠定了坚实基础。

案例 26 高精度焊接机器人的国产化

南通振康机械有限公司

南通振康机械有限公司通过十余年的努力，攻克了高精度焊接机器人最核心的零部件——RV减速机，完成了科技部"863"计划工业机器人核心基础部件应用示范项目、工信部智能制造新模式应用项目等重大科技攻关项目，研制了核心零部件全国产化的、具有自主知识产权的高精度焊接机器人，成功解决了氩弧焊、激光焊等非熔化极高精密焊接，以及熔化极高速高效自动化焊接，并在汽车、钢结构、五金等领域得到了广泛应用。

一、导言

焊接机器人作为工业机器人的重要组成部分，占工业机器人总量40%以上。焊接机器人因具有焊接质量高、效率高、稳定性好、成本低、可在恶劣条件下工作等优势，在许多高危行业及部位的焊接工作开始大规模地替代传统焊工，不仅解放了生产力，并且极大地推动了焊接行业乃至整个制造业的发展。

目前，全球知名的焊接机器人品牌有日本发那科（FANUC）、松下、安川、东方贸易公司（OTC）、德国库卡（KUKA）、瑞士ABB等。我国焊接机器人的研究起步于20世纪80年代初，近年来呈现出快速增长的势头，其年平均增长率超过40%。但总的来看，我国焊接机器人无论从控制水平还是可靠性等方面和国外先进技术相比还有较大的距离，高精度弧焊机器人作为工业机器人市场的中高端产品一直被国外制造商所主导。

南通振康机械有限公司通过十余年的努力，攻克了高精度焊接机器人最核心的零部件——RV减速机，采用全国产化的核心零部件，研制出一款具有自主知识产权、性能安全可控的高精度焊接机器人，打破了国外产品的长期垄断。

二、主要研究内容

1. 机器人的结构

高精度焊接机器人，是工业机器人产品中一个重要的分支产品，它主要由四部分核心零部件：减速机、伺服电机、驱动器和控制器以及由焊枪、焊接电源和送丝机构组成的焊接装置构成，如图1所示。其中，减速机占机器人整机成本约35%，是最为重要的零部件。

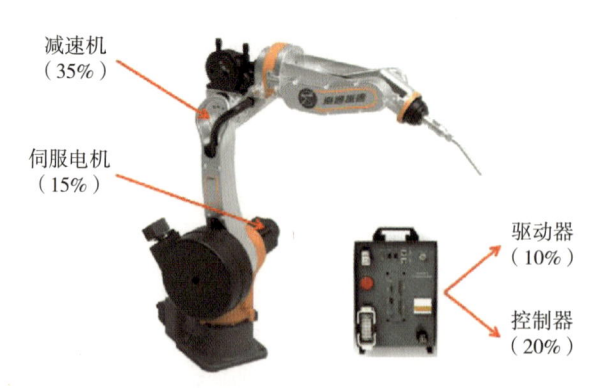

图1 高精度焊接机器人四大核心零部件

2. 机器人零部件的国产化

（1）减速机的国产化。

减速机国产化的核心包括两点——专用机床的国产化和批量制造的自动化。

南通振康潜心十年研制专用于 RV 减速机核心零部件批量化生产的精密磨床，并且一半以上重点专机从本体设计开始自主研制，绝不仅仅是标准化机床改造。最为突出的是研制出了两款"工信部智能制造短板装备"——针齿壳内齿精密专用磨床和外摆线精密专用磨床，如图 2。现已研制这两款精密专用磨床各 20 台，其定位精度小于 1 微米，分度精度小于 1 弧秒，精密砂轮磨头全部自主研发。精密专用机床的国产化，大幅提高了减速机核心零部件的加工精度、效率和稳定性，保证了产品的批量一致性。南通振康坚持性能品质与日本进口产品一致的前提下，充分发挥成本优势，迫使日本进口产品近五年内在中国市场售价下降 50%。

图 2 外摆线精密专用磨床与针齿壳精密专用磨床

在完成专用机床研制的基础上，南通振康利用自生产的机器人与机床进行自动化上下料集成应用，建立了 RV 减速机核心零部件的数字化加工生产线，如图 3 所示。

图 3 振康自产机器人抓取摆线轮与偏心轴

同时，利用 ERP/MES/PLM 等软件系统，对设备、生产、质量、成本进行全过程监控，实现了产品设计、工艺优化、制造过程的数控化；采用多种实时传感系统、测控装备、智能物流系统、工业信息安全防护等智能装备，实现了零件制造网络化，物流采集信息化，物料传递自动化。南通振康着力打造的 RV 减速机全数字化生产车间,获得并验收通过了工信部"智能制造新模式应用"项目。

(2)电控部件(伺服电机、驱动器、控制器)的国产化。

焊接加工对轨迹控制精度和运动柔顺度要求极高,高精度焊接机器人的设计与研制不仅要求机器人的机械连杆具有良好的刚度、各个运动关节具有精准的传动精度,而且要求控制系统软件具有高精度轨迹插补、平滑速度规划和振动抑制算法等控制功能。南通振康研制的高精度焊接机器人运动控制系统采用固高科技自主研发的 GTSD61 系列六轴驱控一体控制器,匹配交流伺服电机作为关节驱动电机,实现机器人的操作和运动控制。系统架构见图 4。

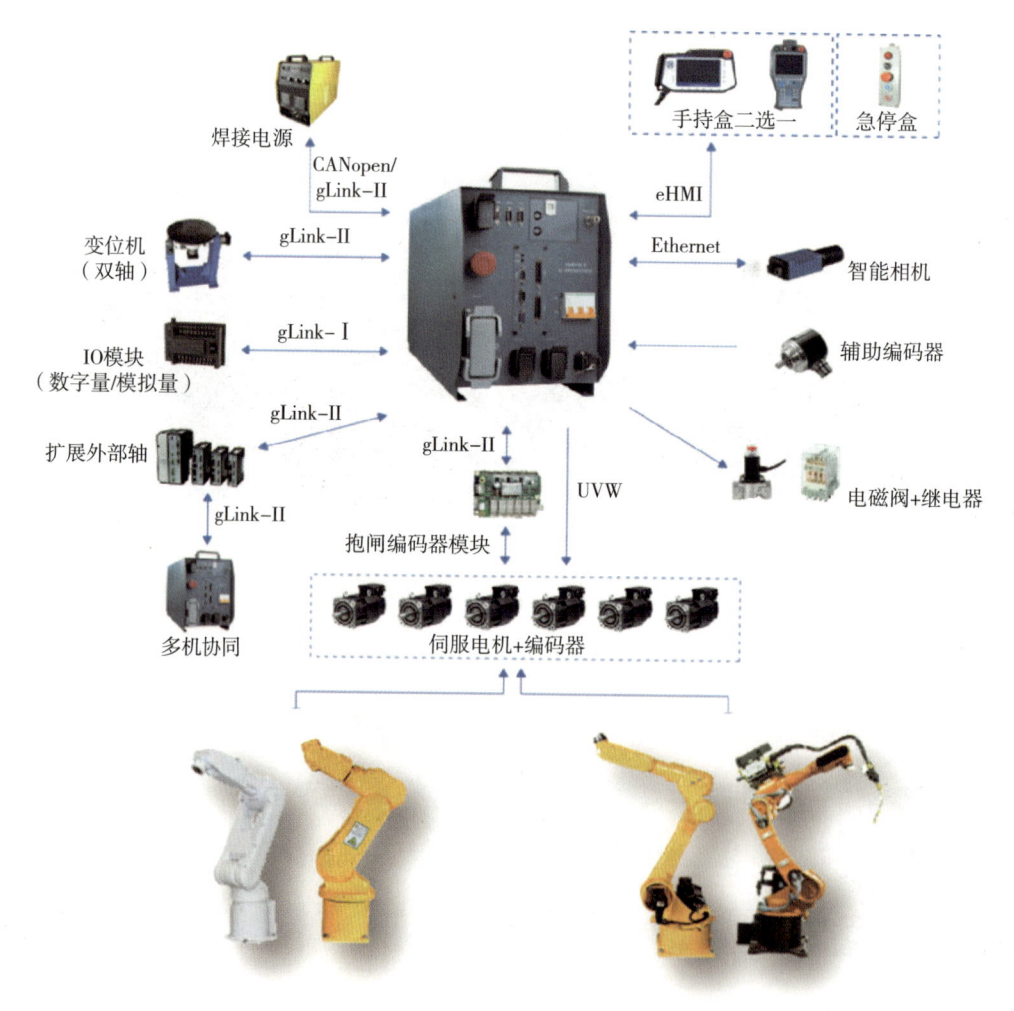

图 4 固高科技 GTSD61 系列控制系统结构图

GTSD61 系列六轴驱控一体采用高精度浮点运算的 SOC 芯片实现机器人运动学和动力学计算,具有电机的电流、速度和位置闭环控制功能,支持 16 个轴同步控制;具有基于动力学地主动碰撞检测、柔顺控制、拖动示教等功能，提高机器人的安全性和易用性。内部通过自主知识产权的 gLink 高速同步总线互联，驱动单元。机器人控制系统软件采用开放式架构、模块化设计，不仅包含功能丰富的焊接工艺包，而且支持工艺的深度定制开发，满足复杂的焊接应用需求。除此之外，控制器可以方便地与 PLC、数字化焊机、激光三维相机、力传感器和 IO 扩展模块等外设互联，通过网络与工业信息化云平台对接，构成功能强大的智慧型焊接工作站。

3. 高精度焊接机器人的特点

高精度焊接的突出要求是速度慢（作业速度小于 2 m/min）、轨迹精度高（小于 0.3 mm）。为了更好地满足该要求，南通振康对机器人的结构进行创新设计，具有以下特点：

1）六个关节分别采用 4 台 RV 减速机和 2 台谐波减速机，并且全部定制化，转矩富余量是传统设计的 3 倍以上。

2）整机没有任何形式的锥齿轮、圆弧齿轮和弹簧消隙齿轮，从而保证各关节的传动精度。

3）RV 减速机与伺服电机共用同一根轴，减小装配误差，提高关节精度，延长使用寿命。

4）采用世界领先的输入轴精磨技术，机器人关节噪声低于进口产品，获得了机器人整机的"静音"效果。

5）采用阻尼设计的专用焊丝盘安装在机器人第二关节，大大减少了送丝路径与阻力，送丝更平稳。

6）采用送丝机、防碰撞和焊枪一体化嵌入式设计，紧凑美观，减小线缆扭曲变形，防止疲劳扭断。

7）所有铸件都采用低压钢模铸造，金属组织致密，从而获得更高的本体刚度，同时，对铝铸件进行特殊表面处理，不喷漆、不烤漆，常年抗氧化。

4. 机器人的创新功能

振康 ZK1400 系列高精度焊接机器人具有如下创新功能（图 5）：

1）基于机器人运动学理论完成了 DH/POE 模型下的运动解算，实现了路径规划、速度规划、坐标系转换、全局最优化的运动学快速标定功能。

2）基于动力学前馈控制理论完成了动力学自适应控制技术，实现了动力学参数辨识、拖动示教、运行碰撞检测、运动能耗自动优化、动力学柔顺装配控制。

3）支持与工业信息化云平台的数据交换，开放内部数据，便于实现数据挖掘和智能优化分析。

4）创新的焊接软件工艺包括弧焊电源控制、激光寻位/扫描/在线跟踪、起始点机械寻位、基于智能相机的手眼系统等。还具有断弧重启、飞行引弧和熄弧、黏丝自动解除、空运行等功能，满足不同应用场景、不用工艺条件下的特殊应用。

离线仿真软件
精确的时序仿真
快速生成复杂轨迹规划
集成雕刻、弧焊、打磨等工艺

机器人构型
基于微分流形建模，支持通用6轴、7轴、并联、客户自定义构型

规划算法
快速平滑的在线规划
加速快，匀速稳，减速柔

动力学应用
动力学辨识和前馈控制
基于动力学的拖动示教
基于动力学的碰撞检测

交互界面
专业设计的跨平台UI设计

标定方案
快速自动标定机器人
20min让机器人实现精度5mm到0.3mm的华丽变身

工艺应用
焊接切割、码垛搬运、视觉跟踪
抛光打磨、离线雕刻、钣金折弯

云平台、大数据
给我一根网线，我给你全部数据；
寿命预测、故障预判、实时诊断、
工艺分析；

图 5　振康 ZK1400 系列高精度焊接机器人创新功能示意图

三、主要成果与工业应用

1. 主要成果

南通振康机械有限公司（以下简称"南通振康"）通过十余年的努力，攻克了高精度焊接机器人最核心的零部件——RV减速机，完成了国家高技术研究发展计划（"863"计划）"工业机器人RV减速机研发生产及应用示范"、工信部智能制造新模式应用项目"机器人RV减速机数字化车间"等重大科技攻关项目，作为课题责任单位承担了科技部重点研发计划"智能机器人"重点专项"复杂曲面壁板结构搅拌摩擦焊机器人技术及系统"项目，均取得了丰硕的技术成果，发表相关核心专利20余项。

南通振康研制的核心零部件全国产化、具有自主知识产权的高精度焊接机器人，重复定位精度、轨迹精度等核心技术指标达到国际先进水平，成功解决了熔化极高速高效自动化焊接，以及氩弧焊、激光焊等非熔化极高精密焊接，并在航天、核电、汽车、新基建等领域获得了典型应用，打破了国外产品的长期垄断。

2. 工业应用

振康高精度焊接机器人适用于多种电弧成型，包括基于熔化极的 MIG/MAG 焊接工艺、PMIG/DPMIG 焊接工艺和基于非熔化极的 TIG 自熔焊、TIG 填丝焊、激光焊等高轨迹精度条件下的焊接工艺，并成功应用于铸铁、碳钢、不锈钢、钛合金、铝及铝合金的焊接，在造船、桥梁、石油管道、海上平台等高端领域拥有三十多个高性能应用案例（图 6）。目前已累计服务客户 100 余家，在服役的机器人 400 余台，实现了国内同类产品的突破，部分主要性能指标甚至优于进口产品。随着这款机器人的批量生产，将为国家的智能制造发展贡献一份力量。

图 6 振康高精度焊接机器人基于熔化极焊接工艺的应用

四、应用成效分析

在轨道交通领域，地铁的通风管道焊接工作一直是制约我国城市地铁建设进程的关键难题之一。江苏中联风能机械股份有限公司作为国内领先的地铁通风管道制造商，全部采用振康高精度焊接机器人实现管道的全自动化焊接，解决了国外多年未攻克的技术难题，大大提高了生产效率以及产品质量。由于该工艺的突破，中联风能近两年的订单从 3000 万元/年猛增至 4 亿元/年，进一步巩固了其在该领域的领先地位。图 7 为振康高精度焊接机器人的地铁通风管道全自动化焊接应用。

国内市场对高精度焊接机器人的需求极为迫切。现阶段，振康将致力于国内市场的开拓，力求满足国内著名焊接设备制造商与系统集成商的需求，以完美的性能与合理的价格赢

图7 振康高精度焊接机器人的地铁通风管道全自动化焊接应用

取客户。同时，南通振康将借助在焊接行业的信誉和影响力，加快与焊接设备制造商的合作。相信在未来3年内，振康高精度焊接机器人产品将更多地获得终端客户的认可，真正使工业机器人国产化，达到焊接机器人市场约20%的市场占有率。

国内工业机器人行业发展快速，但以高精度焊接机器人为代表的中高端市场仍以进口产品为主。南通振康作为国内焊接行业知名企业之一，将形成我国高精度焊接机器人的自主技术和品牌，打破进口产品对这一高端市场的垄断，其在机械基础部件技术与焊接工艺方面的突破对我国焊接机器人产业及高端智能装备行业具有战略意义。

案例 27 数字技术在逆变电弧焊机中的应用

深圳市佳士科技股份有限公司

电弧焊机在经历了机械式、电磁式、电子式电流调节阶段，已进入了数字化控制新时代。数字化技术在从简单的手弧焊机（SMAW）到相对复杂的交/直流TIG焊机和脉冲MIG焊机，尤其是在逆变式焊机控制设计中的应用日益增加，使焊机的适应性、稳定性、控制精细化、自动化和信息化程度得到显著的提升。深圳市佳士科技股份有限公司经过十多年的科研攻关，掌握了全系列逆变焊机数字化设计的关键核心技术，在国内和国际焊机市场中均占有重要的一席。

一、导论

电弧焊广泛应用于工业制造、建筑、服务业以及家庭设施维护等领域。常见的电弧焊工艺是 SMAW、TIG 焊和 GMAW（MIG、MAG 和 CO_2 焊），不同的焊接工艺对焊接设备有不同的特性要求。弧焊电源是焊接设备中的核心，其性能优劣很大程度决定了焊接质量的优劣，先进的焊机还体现在对如下需求方面的满足程度：

- 供电适应性强，单相、三相兼容；
- 一机多用；
- 具有一定的智能化，使用简单，操控性好；
- 参数设置精细、可准确再现；
- 容易配合自动化设备实现焊接自动化；
- 有数字化接口，可以联网，实现信息化和产品升级；
- 体积小、重量轻。

20 世纪末随着计算机技术的快速发展，微控制器（MCU）的高性能、小体积和低成本的优势极大地促进了其在电焊机领域中的应用，特别是与先进的逆变技术和控制技术融合，世界各大焊机厂相继推出了具有革命性的新产品，弧焊电源进入数字化控制的新时代。

数字化产品的核心控制靠软件实现，允许引入复杂的控制算法，结合主电路的数字化容易实现通过输出电流控制获得电弧、熔滴和熔池的不同形态从而达到较理想的焊接效果（如降低飞溅、增大熔深）。数字化焊机具有良好的柔性，容易满足使用者的各种需求，同时定型产品一致性好便于批量化制造。

深圳市佳士科技股份有限公司（下文简称佳士公司）自 2007 年起就投入研发资源专门研究数字化焊机，实现了从最简单的手弧焊机到复杂的双脉冲 MIG 焊机、电流从 120A 到 630A 全系列、多品种数字化升级，较好地满足了装备先进性的要求，焊机年销量（约 80 万台套）在全球行业中名列前茅。

二、数字技术在产品上的应用与效果

1. 数字技术在多网压输入产品上应用与效果

电弧焊机的供电优选是三相电源，随着逆变焊机的小型化其用途更为广阔（如家装），因此能适应三相、单相电源的焊机应运而生（图 1）。目前较多采用倍压整流或切换主变初级绕组匝数的方法处理单相低电压，两种方法都需要电压判定和转换电路实现网压自动适应。初期的判定方法完全由硬件电路搭建，一般是设定电压参考阈值，若取得的与供电电压成比例的信号电压大于阈值，判定是高电压，否则是低电压。网压判定一旦出现错误，往往导致逆变器损坏的严重后果。由于设备开机或其他原因造成电网电压波形畸变，纯靠硬件搭建的判定电路容易出现网压判断错误。

图1　应用数字技术进行网压判断的多网压输入气保焊产品

数字技术的出现为在各种工况下精确判断输入网压提供了可能，同时能够提供基于复杂逻辑的灵活判断保护功能。在网压判断方面，通过高精度ADC的采样，将采集的实时电压数据送至ARM处理器，经处理器滤波去除干扰后，获取真实的网压值，为下一步进行逻辑处理做好准备。在基于复杂逻辑的灵活判断保护方面，数字技术具有先天优势，能够彻底摆脱电路规模的限制。在多网压输入产品上，根据实时采样的网压数据，首先对产品接入的电网额定电压、

图2　应用数字技术的气保焊产品应用现场

相数进行判断；然后在此基础上，设定产品可运行的网压范围，如超出范围，则报警并关闭主输入，确保产品处于安全状态；如在可工作范围内，则根据输入的实际电网情况，通过数字化算法，产品自动决定出最大输出范围。

通过数字技术在多网压输入一系列产品上的应用（图2），大幅度提高了产品的可靠性，尤其是由网压判断错误导致的逆变器损坏事件杜绝，使得佳士科技多网压输入产品的市场占有率大幅度提高，年销量达4万台。

2. 数字技术在交流TIG产品中的应用与应用效果

（1）数字技术在人机交互界面中的应用。

人机交互界面是人与焊机进行信息交换的重要窗口。友好的人机交互界面给焊工愉悦的感受。采用数字化的人机交互界面，可以用图形、文字和符号、指示灯信号等多种形式帮助、引导操作人员正确使用焊机；采用数字方式可实现焊接电流和电压精细调节，同时又能减少面板上的元件种类和数量，因而减小占用空间和重量，降低成本、减少元件电气连接引起的故障等优点。

佳士科技的WSME-315（E203）是基于ARM CortexTM-M4处理器而研发的一款集SMAW和TIG于一体的轻型、多用途数字化逆变焊机（图3）。该机有多种电流输出供选择：

DC（含恒定和脉冲）、AC（含方波、正弦波、三角波及脉冲）和混合波（AC+DC）；在 AC 模式，可以设置交流频率和清理宽度。在 SMAW 模式时可以设置热引弧和推力参数。电流大小可在本机的面板或遥控盒上调节。TIG 模式有四种枪控方式（二步、四步、点焊和反复）、两种引弧方式选择（接触引弧和高频引弧），可以配气冷和水冷 TIG 焊枪，配水冷枪时具有缺水保护功能。脉冲模式可设置电流的峰值、基值、脉冲频率和占空比。在 TIG 焊时还可以设置前吹（提前送气时间）、后吹（滞后送气时间）、起弧电流、电流缓升、电流缓降、收弧电流等细节。另外，面板上还安装有显示装置：显示各预置参数大小、焊接时的焊接电流和电压数值、所用模式、运行状态（燃弧、灭弧）、故障保护类型（用代码表示），配合图形、文字和符号，操作一目了然；焊接结束后还可以显示焊接电流和电压。该界面还可以把调试好的参数以组保存（最多 100 组），供以后调用。

图 3　载有数字控制技术的交流 TIG 焊机

人机交互界面分两部分：以 STM32F407 微处理器为控制核心的主板和以 TM1629 为核心的操作面板电路。WSME-315 的操作面板，采用非菜单方式的直选模式，具有功能强、操作简单和直观特点，特别适合非专业焊接人员。人机交互界面元件主要由膜式按键开关、数字电位器、双七段组合 LED 数码管和 LED 指示灯等构成，占用焊机前面板空间位置约 270 mm × 130 mm，与模拟式面板相比大幅度较小，解决了多用焊机因人机交互界面复杂、占用空间大的制约整机小型化的问题。

（2）在交流 TIG 复杂焊接波形生成中的应用。

普通的交流方波 TIG 焊仍存在焊接工艺性能不理想、焊接时噪声大等缺点，且铝薄板焊接困难，随着铝合金在工业中应用越来越广泛，人们对其焊接方法提出了更高的要求。

数字化的逆变交流 TIG 焊机不改变硬件电路就能实现任意焊接电流波形输出。数字化焊机以微处理器 STM32F407 为控制核心，将内部的高级定时器、DMA 控制器、DAC 模块通过灵活配置，结合软件算法计算出波形数据并实时更新，同时与高级定时器的 PWM 输出协同，达到电流波形控制的目的。

多波形输出交直流 TIG 焊机，在电弧挺度、熔深调节、噪声降低等方面具有针对性作用。选择交流方波时，极性转换快，电弧稳定性高，清洁铝氧化膜的能力强。选择三角波时，可以减弱电弧的脉冲效果，降低对熔池的冲击，母材不容易烧穿，有利于焊缝快速成型，适合于热敏感强的薄板焊接。选择正弦波时，电流变化平滑，输出电流的高频谐波含量少，电弧噪音小、更加柔和。实际焊接电流波形输出如图 4 所示。

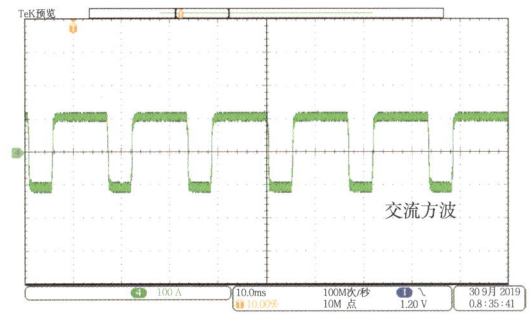

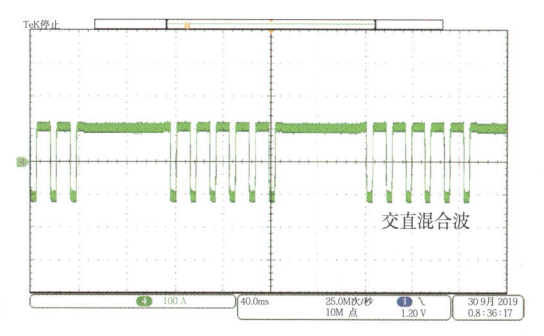

图 4　数字控制交流 TIG 焊机实际输出波形

（3）数字技术在交流 TIG 产品中的应用效果。

数字控制技术应用于交流 TIG 焊机，实现一机多用，解决了传统焊机电流范围窄、电弧稳定性差，体积大、笨重等缺点，达到了降低成本、提高焊接性能的效果。

3. 数字控制技术在脉冲 MIG 产品的应用与效果

脉冲熔化极气体保护焊（P-MIG）能在较大电流范围内实现喷射过渡（图 5），具有熔滴过渡轴向性好、飞溅小、热输入能量调节区宽等优点，焊接质量高，特别适用于全位置焊接（图 6）；但是该工艺参数多、调试复杂，只有具备相当经验的人员才能熟练操作。随着计算机技术的发展，利用数据库技术将多个关联工艺参数的匹配进行合理简化，帮助焊工快速和准确调试，对推广 P-MIG 这一先进工艺具有重要意义。

焊接工艺参数一元化调节（有时称为协同控制）是基于标准条件下建立的专家数据库对焊接参数的一元化调用，即对确定的母材、焊丝、保护气和推荐干伸长（如 20 mm）条件，在焊接理论指导下由具有丰富焊接经验的焊工通过焊接试验得出不同板厚所对应的一系列脉冲焊匹配参数。一元化有焊接条件选择，如母材材质、厚度，焊丝类型、规格和保护气体成分。该工艺的可调节参数较多，如平均电流、送丝速度、焊接速度、弧长以及脉冲电流波形参数（峰值幅度、峰值时间、上升斜率、下降斜率、后中值幅值、后中值时间、下降斜率Ⅱ、基值幅值、基值时间），如果全靠焊工调试确定，不仅费时也较难得出好的焊接效果。利用计算机数据库对多参数归一化处理在这一焊接方法中得到普遍应

图 5　应用数字控制技术的脉冲 MIG 产品

图 6　数字控制交流 TIG 焊机在 DC 脉冲波形下的应用效果

用。所建立的专家数据库满足大多数场合应用，如实际焊接中与标准的条件有少许的偏离（如材质、干伸长或保护气体等），还可以通过个别参数的微调加以修正。

一元化功能开启时，焊工焊前只需输入焊接条件，焊机里的微处理器便用查表插值法运算，输出推荐的焊接电流或送丝速度、焊接电压和其他脉冲焊参数，一般推荐的参数都是经过专家试验优化过的，焊工只进行简单的调试确认即可完成，省去了大量调试时间。

图 7 脉冲 MIG 产品的应用现场

通过数字化手段实现 P-MIG 的参数一元化，使得脉冲 MIG 调试简易化，给焊工带来极大的方便，极大地降低了操作复杂度和参数匹配难度（图 7）。

三、主要成果及展望

数字化技术在提高焊机性能、提升产品应用品质中获得大量的成功应用，数字化焊机得到国内外广大代理商和用户认可，为公司取得的显著经济效益和社会效益起到了关键作用。电焊机年销售额超 8 亿元，出口占比超 50%，自主品牌销量第一，取得相关各类知识产权 198 项。

焊接工艺正朝着高质量、高效、自动化和智能化的方向发展。充分利用现有的科技成果，加大力度对制约焊机发展的关键技术深入探索：

- 软开关功率变换技术，进一步提高焊机控制的响应速度、降低损耗；
- 应用新技术对传统焊接理论的再认识和突破，实现优质焊接；
- 数字化技术的深度应用，更好实现熔滴和熔池的精细控制、进一步简化硬件电路，实现更高性价比；
- 焊机和焊接生产信息融合，更广泛地实现焊接生产自动化、智能化。

佳士科技本着"以客户需求为导向推进技术革新，用工匠精神追求卓越品质，为世界焊接市场提供专业设备和服务"的使命，以"致力于让每个人都能够享受到高品质焊接技术所带来的环保、安全和健康"为目标，向着"引领通用焊接市场，拓展高端焊接领域，确立国际一流品牌地位"愿景不断进步。

案例 28 用于中厚板拼接的智能埋弧机器人焊接系统

北京时代科技股份有限公司

在锅炉压力容器、造船和石油化工等行业，由于钢板材料标准尺寸所限，生产制造过程有大量的钢板需要拼接。北京时代科技股份有限公司基于20多年的技术积累和攻关，利用龙门机床结构，设计具有回转功能的埋弧焊接机头，控制系统采用6轴数字控制系统，研制出具有自主知识产权的用于中厚板拼接的智能埋弧机器人焊接系统，具有起始点寻位、自动跟踪、焊剂自动铺设回收功能，此设备在石油化工和压力容器等领域批量生产中得到应用。

一、导语

焊接机器人是传统焊接工艺与工业机器人的完美结合，是机器人应用中的难点和热点，是智能制造的重要技术支撑，同时也是构成数字化焊接车间的基本要素。当前具备点焊、气保焊、氩弧焊、激光焊等功能的焊接机器人技术相对成熟且应用广泛，但是在承压设备的制造环节中，搭载埋弧焊接系统的工业机器人并不常见，其原因在于埋弧焊机头相对较重且丝径较粗，另外埋弧焊设备作业范围较大的技术特点也会造成机器人的采购成本过高，这严重制约了埋弧焊工艺在数字化焊接和智能化焊接中的推广应用。

因此，设计一款能够搭载埋弧焊机头及其附件（如跟踪系统和焊剂输送回收装置等）的低成本工业机器人是承压设备制造商的迫切需求，同时也是广大焊接工作者的责任。

二、主要研究内容

1. 技术路线

北京时代科技股份有限公司开发团队经过对埋弧焊工艺的特点分析，提出了采用智能埋弧焊接机器人搭载埋弧焊接系统的设计思路，并对智能埋弧焊接机器人的机械机构、传动方式以及控制器进行了研发设计，最终设计出了一款主要用于中厚板埋弧拼焊的重型机器人焊接系统（见图1），并成功实现了工程应用。

如图1所示，用于中厚板埋弧拼焊的智能埋弧机器人焊接系统包含控制系统、机械本体、焊接系统三部分。其中，控制系统是整个机器人的大脑，主要负责人机交互、机器人运动控制算法的正逆解以及协调运动执行机构和焊接系统实现自动焊接。该控制器采用 GUC 作为控制器硬件，GUC 与示教器之间进行通信，实现人机交互，GUC 与端子板之间通过通讯实现各轴伺服驱动器的控制及外设的控制。采用兼容 IEC61131-3 标准的 Auto Studio 编程环境进行编程。

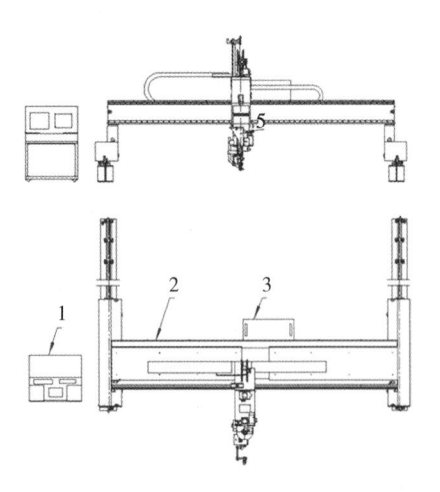

图1 用于中厚板拼接的智能埋弧焊接机器人系统
1.控制系统；2.机械本体；3.焊接系统

2. 机械本体及坐标系

智能埋弧焊接机器人的机械本体由相互垂直的 X、Y、Z 三个直线轴和围绕 Z 轴旋转的 C 轴组成，其坐标系定义符合笛卡尔坐标系。其中 X、Y 轴用于空间曲线的插补，智能埋弧焊接机器人 X、Y 轴的行程取决于工件的平面尺寸，由于机器人采用龙门行走方式，龙门跨距方向作为 X 轴，因此一般将工件焊接平面尺寸中的短轴方向作为工件坐标系的 X 轴，长轴方向作为工件坐标系的 Y 轴。

Z 轴用于焊枪高度方向的运动，由于埋弧焊接工艺上坡焊和下坡焊的角度不宜超过 $6°\sim 8°$，因此 Z 轴的行程不需要太大，主要用于焊缝的高度跟踪，另外为了方便更换导电嘴、修剪焊丝等操作，需额外增加 100 mm 行程。因此 Z 轴的行程设计为：

$$\tan 8° \sqrt{x^2+y^2} +10 = 0.14\sqrt{x^2+y^2}+10$$

C 轴主要用于焊剂输送回收系统及焊缝跟踪系统的焊接路径切向跟踪。图 2 为焊接系统在机器人末端轴上排布的俯视图。在焊接路径的方向上，线激光焊缝跟踪传感器、焊剂输送管、导电嘴、焊剂回收系统成线性前后排列。焊接过程中该系统所构成的直线要以导电嘴为相切点与焊接路径相切。

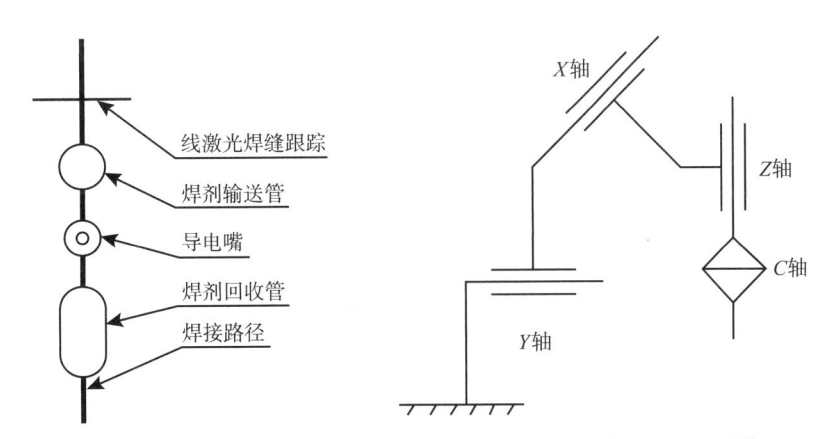

图 2 焊接系统在机器人末端的排布　　图 3 智能埋弧焊接机器人运动简图

图 3 为智能埋弧焊接机器人的运动简图。机器人整体为 4 根轴，Y 轴的底座为基础，X 轴的主体固定于 Y 轴的滑板上，Z 轴的主体固定于 X 轴滑板上，C 轴固定于 Z 轴滑板上。各轴主体均采用优质型材加工而成，强度高、稳定性好，适合扩展；各轴传动采用精密减速机加高精度齿轮齿条传动，响应速度快、定位精度高；整体结构简单、操作简捷、便于维护。

3. 机器人控制器硬件设计

机器人控制器硬件系统包含机器人示教器、GUS 和端子板。机器人示教器负责人机交互，通过 E-HMI 通讯线缆与 GUS 通讯，将人机交互信息传输给 GUS 控制器。GUS 内部集成了工业计算机和运动控制器，其中工业计算机部分采用 X86 结构，预装了嵌入式 WinCE 系统。运动控制部分采用 DSP 和 FPGA 作为硬件插补控制器。GUS 的运动控制信号以及 I/O 信号通过端子板连接各轴的伺服驱动器以及焊接系统，如图 4 所示。

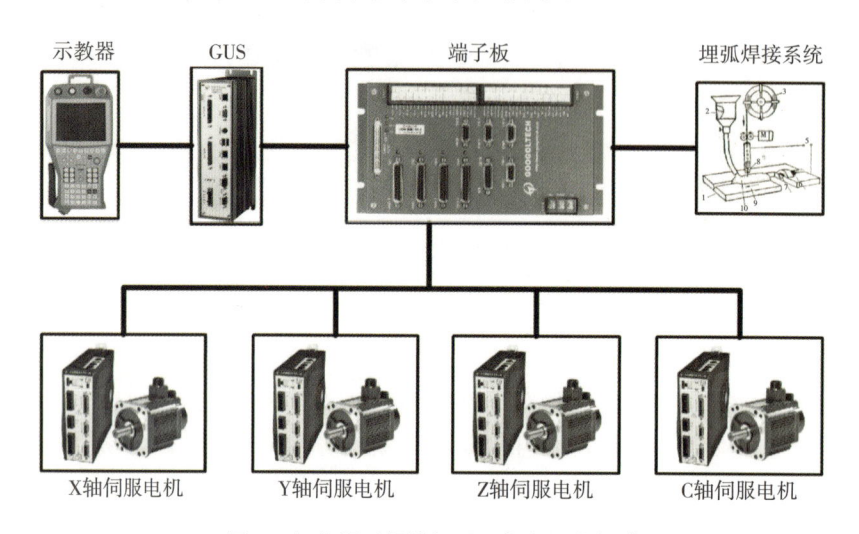

图 4　智能埋弧焊接机器人控制硬件组成

机器人示教器的外形结构如图 5 所示。其操作部分包括启动按钮、停止按钮、示教/再现选择开关以及急停按钮，触摸显示屏、键盘操作区组成，其接线图如图 6 所示，启动、暂停、示教/再现选择开关通过开关量隔离电路直接连接至示教器主控制器。根据机电产品

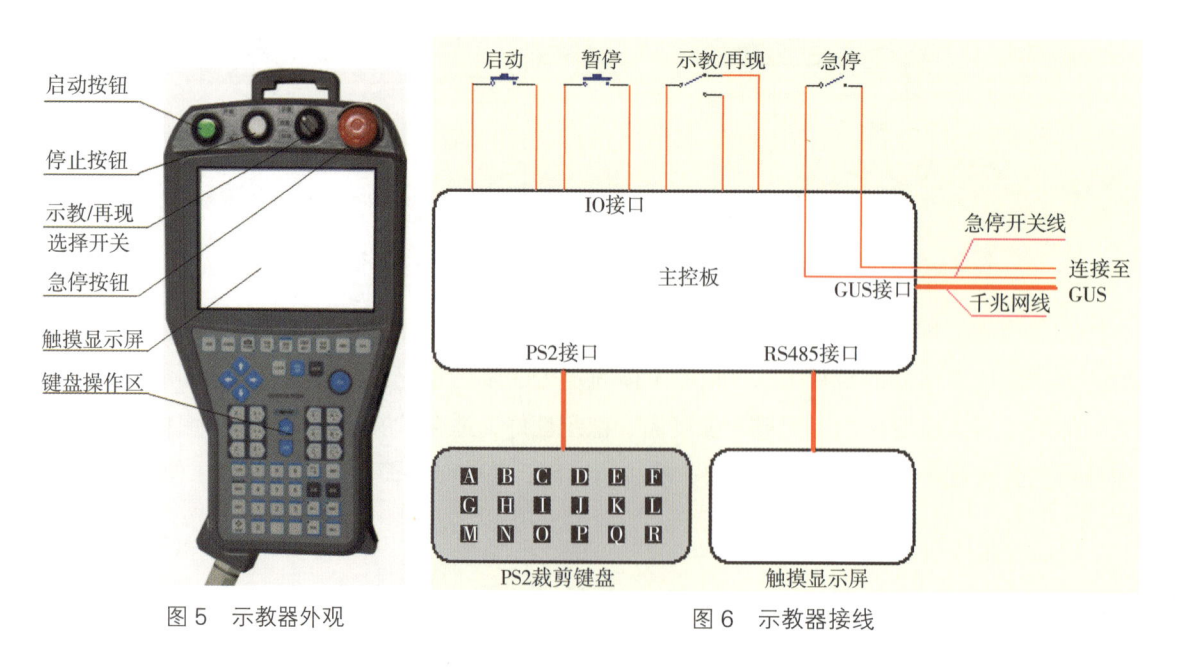

图 5　示教器外观　　　图 6　示教器接线

安全通则要求，急停按钮采用常闭开关的形式，通过硬件连线直接连接至主控制器侧。键盘采用标准 PS2 键盘裁剪的形式利用 PS2 接口连接至示教器主控板上。示教器主控板通过千兆网线连接至 GUS，一对急停开关线路连接至机器人控制柜用于急停时停止各轴和外部被控对象的工作。

GUS 是机器人控制器的主控制器。本项目选用固高公司生产的预装 CPAC 功能的 GUS-600-TG02-HDLR 型号，其功能及性能参数如表 1 所示。该控制器配合端子板可实现最大六个伺服轴的控制，以及 12 路开关量输出和 24 路开关量输入的控制功能。

表 1 GUS 功能及性能参数

项目	性能参数	备注
控制周期	250 uS	固定周期
控制轴数	6 轴	
编码器接口数量	6 路	
编码器最大脉冲频率	8 MHz	
限位及原点信号输入	每轴分配独立正负限位及原点信号各一个	
驱动器报警、使能信号	每轴分配独立报警和使能信号各一个	
运动模式	支持 S 曲线加减速及梯形加减速的点位运动	
通用数字量输入点	24 位	
通用数字量输出点	12 位	
用户程序存储空间	32G	

各轴的伺服系统选用 D1NK1 系列伺服电机及驱动器，采用位置模式控制方式。GUS 控制信号通过脉冲输出口发送给伺服驱动器，伺服驱动器控制输出 UVW 项电压及相序从而驱动电机转动，电机带动编码器将实施位置通过驱动器反馈给 GUS。GUS 可根据路径规划寄存器及 PID 算法实时调整发送的脉冲频率和数量，从而达到控制机器人各轴协调运动的目的。

4. 机器人控制器软件设计

机器人控制器的软件主要包括五大状态，它们分别为再现运行状态、示教编程状态、文件处理状态、手动操作状态和参数设置状态。

再现运行状态下，WinCE 系统根据指定的路径读取示教文件，通过文件解析和预处理，预处理后的代码发送给运动控制器执行。运动控制器根据代码执行运动控制正解算法，控制各轴伺服电机和焊接系统对示教程序进行再现。

示教编程状态为人机交互最为频繁的状态，控制器通过人机界面获得每一步示教程序如"焊接直线""焊接圆弧""空走""速度""焊接电流""焊接电压"等示教信息，并根据运动控制逆解算法求得各示教点的坐标。WinCE系统将这些信息转化为标准程序代码存储到指定的存储路径以方便再现运行时的调用。

文件处理状态下，执行的功能包括文件的新建、删除、复制、编辑、移动、重命名、导入、导出等操作，从而方便用户对示教文件进行管理。

手动操作状态下，可以手动移动机器人的每一个轴、打开或关闭各开关量外设等操作，从而方便用户对设备的位置以及外设进行灵活操作。

参数设置状态下，用户可以进行焊接速度、焊接电流、焊接电压、焊缝形式以及焊缝跟踪参数等的设置。

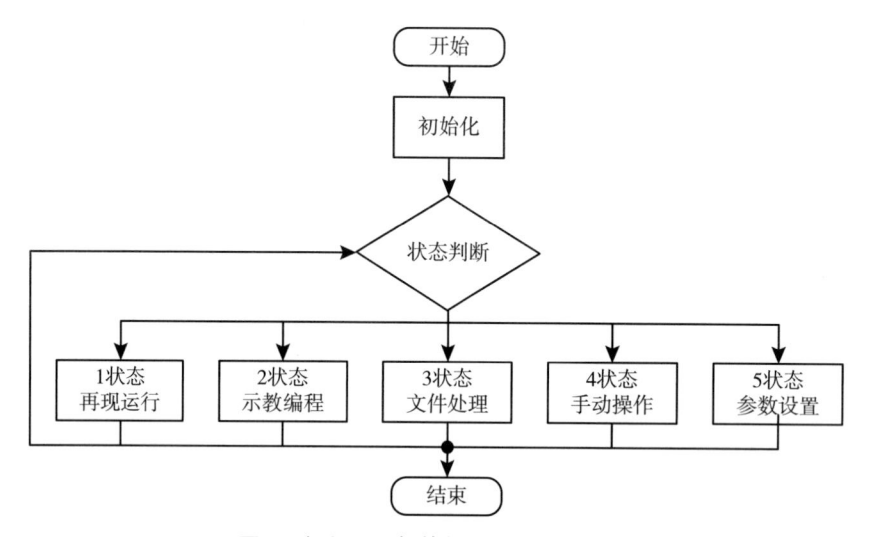

图7 智能埋弧焊接机器人主程序框架

5. 智能化焊接车间的设计

（1）智能化焊接车间的网络化布局。

一套完整的数字化焊接车间由监控服务器、智能化焊接装备、监控客户端、监控设备、焊接过程多信息整合单元、网络系统（网络交换机、路由器、网络防火墙）等组成，数字化焊接车间的各种功能服务器以及客户端都可作为网络节点接入到车间的工业以太网中，如图8所示。

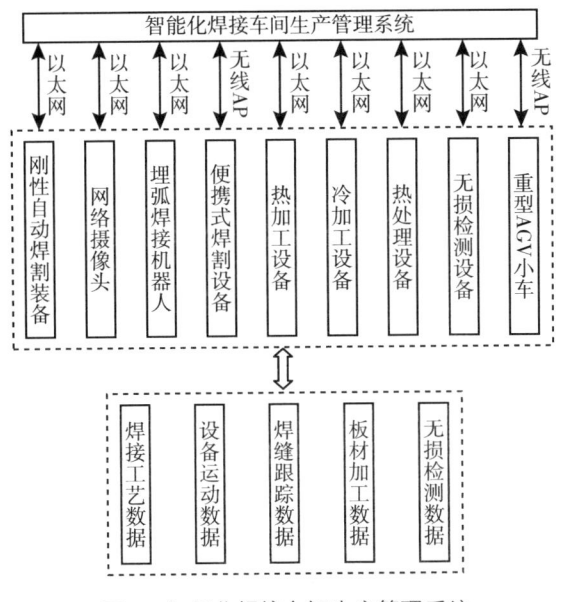

图 8 智能化焊接车间生产管理系统

（2）智能化焊接车间的控制策略及核心功能。

通常智能化焊接车间的每台设备采用配置 MES 接口的高性能 PLC；固定工位采用数据交换盒，便携式设备采用无线发射器组成分布式网络；采用工控机作为数据采集存储系统的主机，配备工业液晶显示屏，采用 WINCC 组态软件；可联网 128 套自动焊设备，共享 50 套焊接参数。

智能化焊接车间的核心功能主要包括以下 7 个方面：

1）通过硬件接口物理层连接，可加中继或进行数据传输链路的物理变换，传输协议可以根据客户的 MES 系统的需求进行编程。

2）实时掌握车间每一个工位焊接装备的运行情况，可以合理分配设备资源，同时便于维修和保养。

3）精确了解每一位焊工的业务能力，可通过考勤系统、开关机时间、有效焊接时间、工艺参数的波动等指标进行综合考核。

4）记录设备的每日运行时间（开启关闭时间、运行时长、焊接时长）、运行状态（待机、空运行、焊接、故障）、焊接工艺参数（焊接电流、电压、焊接速度），以上数据可以在设备本地保存三个月时间，从而保证 MES 系统断网状态下的数据完整性。

5）通过工艺参数的远程管理有效控制关键零部件的焊接质量，并可通过历史焊接数据的追溯分析焊缝问题。

6）精确追溯每一道焊口的生产信息，包括不同焊缝位置的焊接线能量、坡口信息、焊缝跟踪信息、焊缝图像等。

7）历史数据打印功能。设备负责将 MES 系统需要获取的数据传输给 MES 系统，MES 系统将该数据存储至其数据库中，在用户视图中进行条件检索时按其提供的特定格式显示。

6. 工程应用

（1）封头瓜瓣埋弧智能化拼焊系统。

2017 年，受俄罗斯某大型石化设备制造商委托，北京时代为其设计了一款直径范围最大为 5m 的瓜瓣拼焊专机（图 9），采用粗丝窄间隙埋弧焊接工艺，配置了机械式焊缝跟踪器、焊剂输送回收装置、视频监控系统等（图 10），具备起始点示教、坡口自动识别、焊缝自动纠偏、焊缝信息自动采集和存储等功能，可以一次性自动完成大型瓜瓣的拼接。

图 9　瓜瓣拼焊设备整体概貌　　　　图 10　瓜瓣拼焊机头部分及瓜瓣拼焊测试效果

经测试，上述设备 X 轴缝行程为 6m，Y 轴行程为 15m，可满足大型瓜瓣的埋弧拼焊作业；末轴承载能力为 100kg，重复定位精度为 ±0.2mm。

（2）厚壁不锈钢板细丝埋弧智能化拼焊系统。

2017 年，日本某冶金研究院经过近三年的综合考察和数十轮的技术沟通，最终制定由北京时代为其公司按照日本标准设计一款厚壁不锈钢拼焊工作站（图 11 和图 12），采用单层当道的高熔敷率细丝弧焊接工艺，配置时代 9 系列全数字化焊机 TDN 6300、焊剂输送回收装置、视频监控系统等，具备多点插补示教、焊缝自动纠偏、焊缝信息自动采集和存储等功能，实现厚壁（100mm）不锈钢板的可靠拼焊。

至今该设备已稳定运行了两年多，完成了近 2000 道焊缝的焊接，焊缝一次合格率达到 99% 以上，焊接效率比传统焊接工艺提高了 3 倍多，得到了日本同行的广泛好评，2019 年该公司又签订了两套同类设备。

图 11　厚壁不锈钢细丝埋弧智能化拼焊系统整体概貌 　　　　图 12　厚壁不锈钢细丝埋弧焊缝

（3）锅炉压力容器智能化焊接车间。

锅炉压力容器智能化焊接车间的设计重点在于按照工序路线合理规划焊接车间，同时布置合适的网络，为客户提供所需的焊接生产信息。图 13 和图 14 分别是北京时代为某大型压力容器企业和某大型管道生产企业所设计的智能化焊接车间。

图 13　压力容器智能化焊接车间 　　　　图 14　给排水管道智能化焊接生产线

7. 结论

（1）设计了一款基本直角坐标系的埋弧焊接机器人，将刚性自动焊接系统的负载能力强、作业范围大和焊接机器人的高度灵活性巧妙地结合起来。

（2）中厚板拼接的智能埋弧焊接系统首次成功应用于锅炉压力容器行业，为锅炉压力容器智能化焊接车间的构建奠定了良好的技术基础。

（3）基于上述技术开发出来的两款焊接新品 – 封头瓜瓢埋弧智能化拼焊系统和厚壁不锈钢板细丝埋弧智能化拼焊系统属于北京时代的独创技术，具备国际领先地位。

案例 29

长输管线焊接远程运维数字化、信息化管理系统

成都熊谷加世电器有限公司

长输管线焊接远程运维数字化、信息化管理系统是一种基于 GPS 定位和移动互联网的焊接设备远程监控系统，该系统可直接把焊接设备的多种数据上传并暂存在中转服务器内，在客户服务器开启时通过互联网将数据转发并存储到客户服务器，供客户管理终端检索。本文在介绍该远程监控系统的用途、功能、特点、工作原理的基础上，还介绍了近期应用情况。

一、导言

数字化的管道自动焊设备在实际工程应用中通常是成组使用的，如中俄东线工程的焊接机组一般都是由1台管道自动坡口机、1台管道自动内焊机和12台双焊炬管道自动外焊机组成，实行流水作业（开坡口、根焊、热焊、填充一焊、填充二焊……盖面焊）。一条输油、输气管道干线长度往往都在2000 km以上，整个工程分为若干个标段分别施工，施工场地分散，流动性很强，工程的甲方、乙方和焊接设备制造商要了解工程进度、焊接规范执行情况、设备运行状况、焊接设备远程诊断维修和系统更新都很不方便，靠传统的信息反馈方式来控制工程进度、质量很困难，且效率低下，这些主要信息大部分是可以通过现场焊接设备收集和统一处理后及时传输给各个工程相关方的，前提是现场的焊接设备都必须是数字化设备。

一套完整的数字化管道自动焊设备，需预先做好相关策划，为单台焊机或成组、成群运行的焊接设备的信息收集、整理、传输做一个整合，我们为此开发了一个长输管线焊接远程运维数字化、信息化管理系统——AS4.0产品营运数据管理系统（以下简称AS4.0系统）。

二、远程运维数字化、信息化管理系统工作原理简介

AS4.0系统原理、数据采集板软件模块如图1、图2所示。焊接设备内的数据记录板记录并存储焊接设备工作数据（焊接电流、焊接电压、气体流量、送丝速度、焊接速度、开始焊接时间、结束焊接时间、工件温度、焊接层数、焊层温度、焊接时长、焊工二维码、管道编号等）和地理位置信息，在网络条件允许时上传数据并暂存在中转服务器，最终在客户服务器开启时通过互联网将数据转发并存储到客户服务器，供客户管理终端检索。

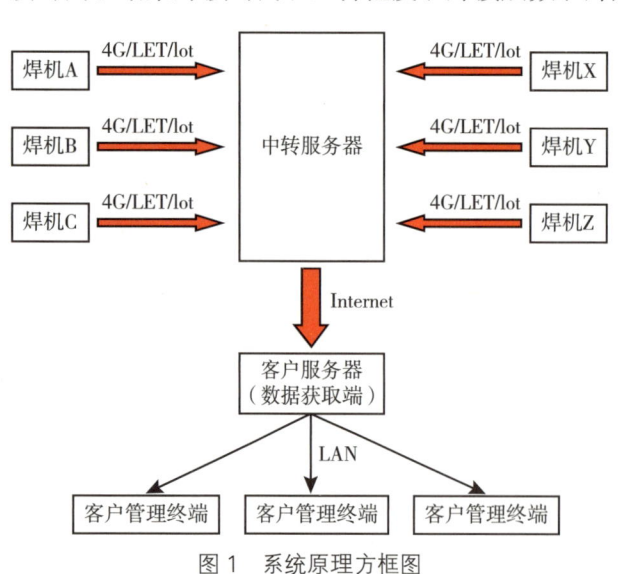

焊接设备可内置数据采集板和天线，数据采集板从焊接设备各传感器提取数据。嵌入式软件设计主要涉及数据采集、可靠存储、加密传输，GPS定位，以及时间管理。

考虑到采集板可能会受外界干扰致存储数据发生错误，所以设计将采

图1 系统原理方框图

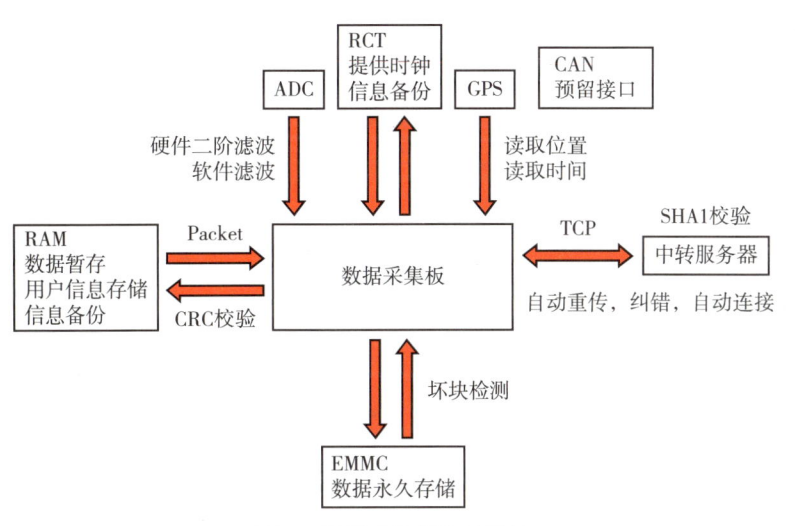

图 2　数据采集板软件模块

集数据利用数据库进行管理，保存在设备当中，确认数据传输到服务器后才从设备端清除，保证用户数据的完整性。在把数据传送至中转服务器时，处理器会预先将存储的数据进行解析，确保数据完全正确，然后通过打包并加入 SHA1 校验，确保传送过程中数据的完整性。在进行通信时，将控制整个通信的流程，包括数据库检索、握手协议（需要校验）、自动重传，确保通信过程中数据的完整性和安全性。

转发服务器（中转服务器）是基于 Linux 的软件设计，主要涉及数据存储、数据解析和数据传送，系统工作时通过 4G/LTE/Iot 与在外工作的多台焊接设备进行数据传输，收集来自焊接设备的信息，进行解析并存储，然后传送到客户服务器数据获取端，再通过客户服务器传送到各个客户管理终端，供客户查询。

三、系统的组成及运行

AS4.0 系统组成示意图如图 3。在网络条件允许时，焊接设备把数据上传并暂存在中转服务器内，在客户服务器开启时通过互联网将数据转发并存储到客户服务器，供客户管理终端检索。系统由专门制造的手工焊设备、半自动焊设备、自动焊设备、中转服务器、客户服务器组成，客户终端是基于 Windows 的软件设计，主要涉及用户界面、数据解析、数据存储、数据传输、系统升级等。

AS4.0 系统可以实现远程焊接监控和故障诊断，并实现管道自动焊系统的过程数据管理，系统具有二维码扫码模块、数据存储、数据传输模块，焊接设备可向客户服务器上传多种数

图3　AS4.0产品营运数据管理系统示意图

图4　管道自动焊机组中俄东线工程现场管口、焊工扫码操作

据、信息，可对数据进行统计分析，并设定设备的报警与消息推送。

客户管理终端是基于 Windows 的软件设计，主要涉及用户界面、数据解析、数据存储和数据传输。客户管理终端在网络信号良好时可及时地查询焊接设备工作相关数据，这些数据来自客户服务器，最终是来自每一台焊接设备。

AS4.0 系统可以对远在千里之外的相关焊接设备实施升级、焊机功能诊断，可以及时地为施工单位解决问题，省时、省事、省钱，还可以及时报告超规范焊接的行为，为保证工程焊接质量提供了有效保障。

设备的远程维护也很大程度上缩小了故障的影响范围，缩短了从产生故障到解决故障的响应时间，整个过程可以直接在线即时查找原因并作出处理，基于 4G 物联网的 GPS 定位也为设备位置跟踪和资产安全作出了铺垫。

四、推广应用情况

1. 在长输管道工程自动焊接设备上的应用

AS4.0 系统已在中俄东线天然气长输管道工程多个自动焊接机组上实际应用（图5），运行情况稳定、可靠，我们的工程师也可以通过这个系统为工程现场提供远程服务了。

在中俄东线工程施工的某油田建设公司焊接设备管理系统上，工程公司管理方、业主均可在异地查询现场焊接设备状况、焊接规范、地理位置、工程进度等信息，焊接设备提供方可提供设备的远程维修服务及设备的软件升级、更新，为工作于野外的焊接设备提供更及时的服务。

图5　中俄东线天然气管道工程某油田建设公司焊接设备管理界面（A-610双焊炬自动焊机）

2. 在通用焊接设备上的应用

AS4.0 系统即可用于长期在野外工作的石油天然气长输管道自动焊接设备，也可用于各种通用弧焊设备、内燃机驱动式焊机、自动焊设备及管道施工机具等。为了实现非数字化焊接设备的数据收集，我们开发了 SM-100 数据采集传输系统，为在更大范围内推广应用 AS4.0 系统打下了基础。

案例 30
数字化焊装车间系统

南京理工大学

数字化焊装车间系统是一套针对传统热加工车间生产全流程的数字化解决方案,通过建立车间级物联网络,开发焊接工艺专家系统,焊接计划排产与派工,焊接工艺规范自动下达,焊接过程在线实时传感传输与质量评价,焊接生产信息管理和与企业已有 ERP、PDM、MES 等数字化管控系统互联互通六大核心模块,提升企业整体效能,推升企业管理向数字化与智慧化方向发展。

一、导言

航空航天、船舶海工、承压容器、特种车辆等国内重大装备制造行业装焊车间制造模式目前主要以"离散制造"或"离散/流程混合型"为主，其中切割下料、校平、坡口加工、折弯/卷板、焊接、热处理、无损检测等传统工序缺乏数字化衔接；焊接作业指导书、工艺评定报告等采用电子版软件手工编制（word）或 CAPP，仅局部采用焊缝可视化模式；工艺设计基本依靠人工标记焊缝位置，设计经验要求高，工作量大，工艺卡质量因人而异、周期长、效率低；焊材收发虽有 ERP/库存管理相关软件，但实际焊材配额主要靠人工经验预分配，而实际消耗又难以精准记录，一定程度可能导致焊材浪费；工艺执行过程焊接参数依靠焊工自行调节，无法控制焊接严格按照工艺执行，同时又缺少无焊接过程监测平台，出现质量问题难以全程追溯。上述问题已经严重制约企业实现"提质、降本、增效"这一根本目标，急需转型升级。

南京理工大学从 20 世纪 90 年代末开始研究焊接数字化技术，经过 20 余年攻关，目前已形成焊前工艺设计、焊接生产计划排程及制造执行、焊接过程采集与质量在线评价、无损检测及缺陷智能识别等涵盖产品制造全流程的数字化管控技术体系，解决了传统 MES\PDM 等系统在装焊车间"最后三公里"落地难题，有利于大幅提升产品焊接质量稳定性、可靠性，一定程度提高生产效率，减少材料与能量的消耗，以及减少焊接工时，降低生产成本，提升整体效能，全面推升企业管理向智慧化转型升级。

二、数字化方面的主要创新点分析

1. 提出了面向焊装车间的全流程数字化管控技术体系

焊装车间级数字化技术结合焊装工艺、数字化、智能控制以及机器人等技术，涵盖焊前准备、焊接与焊后质量检验三大环节，其核心理念是焊接装备单元智能化、技术与管理网络化、工艺设计专家化、任务下达自动化、生产过程模拟与可视化、施焊工艺与质量可感知化、产品质量全程可追溯化、焊缝质量准确评价化、焊接控制智能化，适用于装焊、铆焊、总装、零部件等以焊接为主要工艺的车间及工段。数字化焊接技术是多项技术的集成。系统运行涵盖焊前工艺设计与准备（焊前）、生产任务与工艺执行（焊接）与焊后检测数据管理（焊后）三个阶段，具体涉及焊接工艺专家系统，焊接计划排产与派工，焊接工艺规范自动下达，焊接参数在线实时传感传输与质量评价，焊接生产信息管理和与 PDM、ERP、MES 等其他数字化管控系统互联互通。主要模块整体运行流程如图 1 所示。

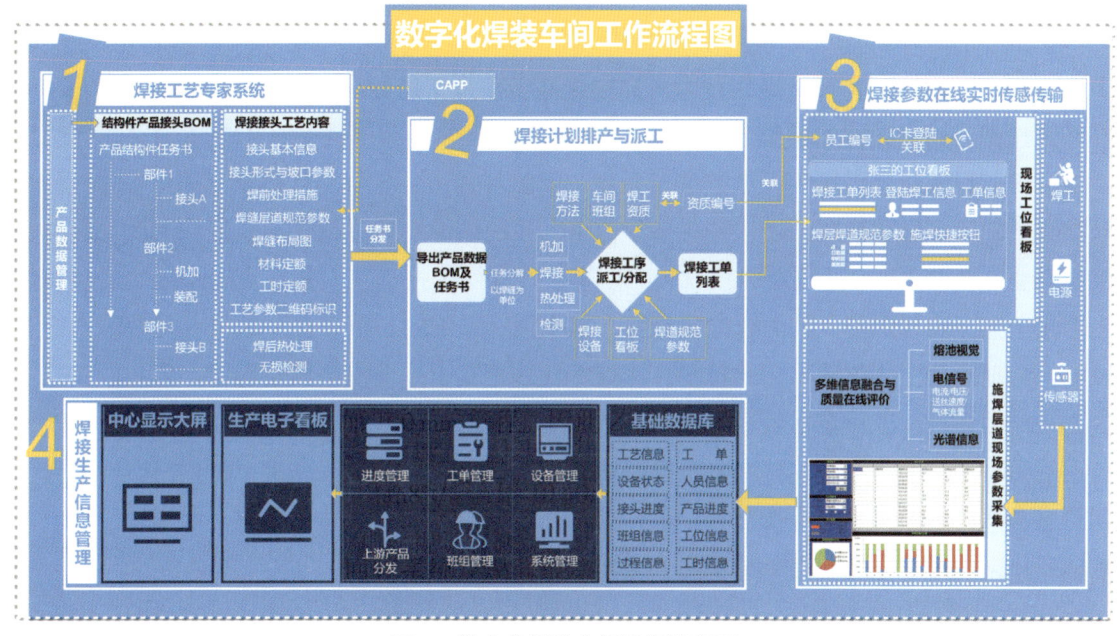

图 1　数字化焊装车间运行流程图

2. 突破了基于焊接过程多维信息传感与质量在线评估技术

采用传感器实时在线传感焊接电流、电压、送丝速度、气体流量、熔池视觉等过程信息，并通过嵌入式芯片加以分析处理，同时自动上传至远程服务器存储管理。系统通过"产品号 – 部件号 – 焊缝号"建立焊缝唯一标识，将焊缝标识信息与焊接过程参数设定信息同时存入数据库，便于后期历史信息追溯分析（图 2）。其核心思想是通过数据处理，提取焊接电流、弧压的瞬态波形和动态特征参数，对焊接质量进行初步预判与分析。结合预设焊接工艺，给出焊接工艺参数与要求的工艺的吻合程度评价，依据提取的动态和瞬态特征参数，如短路、短路时间、次数，燃弧波形形态特征参数、熔池视觉清晰度、小孔直径、后拖角等信息，评价过程稳定性、缺陷产生概率等质量要素，并根据实际需求生成质量评价报告。

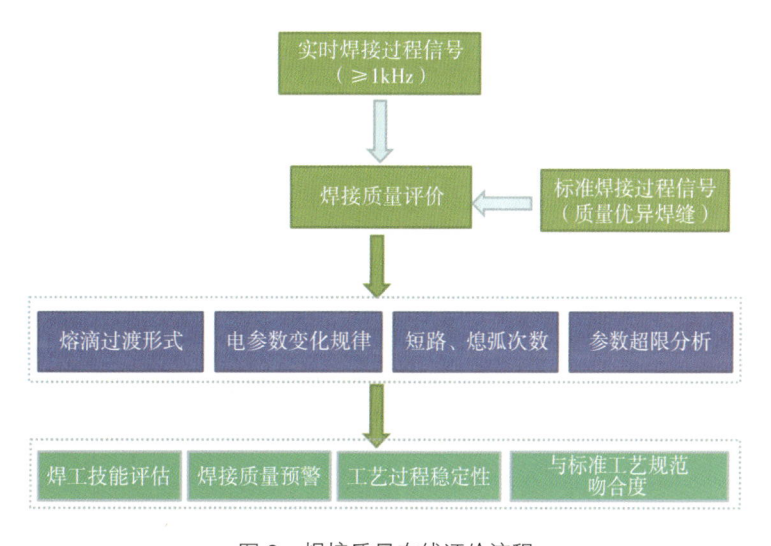

图 2　焊接质量在线评价流程

3. 突破了多层多道焊接工艺智能规划技术

多层多道焊接工艺智能规划技术内涵包含基于模型文件的焊缝特征提取、焊接方法/坡口形式选择、焊接工艺参数创建等（图3）。依据导入的产品部件图纸，自动识别并提取部件中标识的焊缝信息（接头类型、坡口角度、间隙和钝边、板材厚度等信息）。通过产品全周期管理和任务排程系统，筛选接头基本信息，并确认焊接方法和自动化程度（也可通过人机界面交互获取）。设计选择焊接材料、层道数、每层焊接工艺参数、自动焊接的摆动参数等焊接工艺，实现焊接工艺的智能化设计，其中最为关键的是依据接头坡口、材质等的输入数据，自动推理生成焊接工艺的技术。该技术核心是基于推理模型创建焊接工艺。推理模型首先是依据焊接工艺评定报告、焊接工艺数据库等企业基础数据推理焊接工艺。其次是依据技术规则推理，即当输入的材质、板厚、接头、坡口等信息在工艺评定报告数据库中难以找到符合替代规则的工艺评定报告时，依据焊接工艺参数与质量的关系规律，形成焊接工艺参数选择依据，构建焊接工艺推理的技术规则数据库。

4. 提出了面向装焊车间离散制造的动态排程及调度技术

针对装焊车间离散制造模式长期面临设计制造周期不可控难题，提出了以焊接为核心，并兼顾上下游工序的动态排程及调度技术，优化生产过程中人员、设备、原材料等要素分配效率和质量。本技术的核心要点之一是工序可视化，每个节点除了代表相应的工序类型（下料、焊接、机加、涂装、热处理等），还可设置相对应的工艺参数，该技术将焊接类型的工序节点与该产品工艺设计中的某个焊接接头/层/道工艺卡进行智能关联。本技术另外一个核心要素是一键排程，该技术深度结合生产工序流程图中的工序前后顺序、工序类型定义，借助优化算法自动生成生产任务清单。

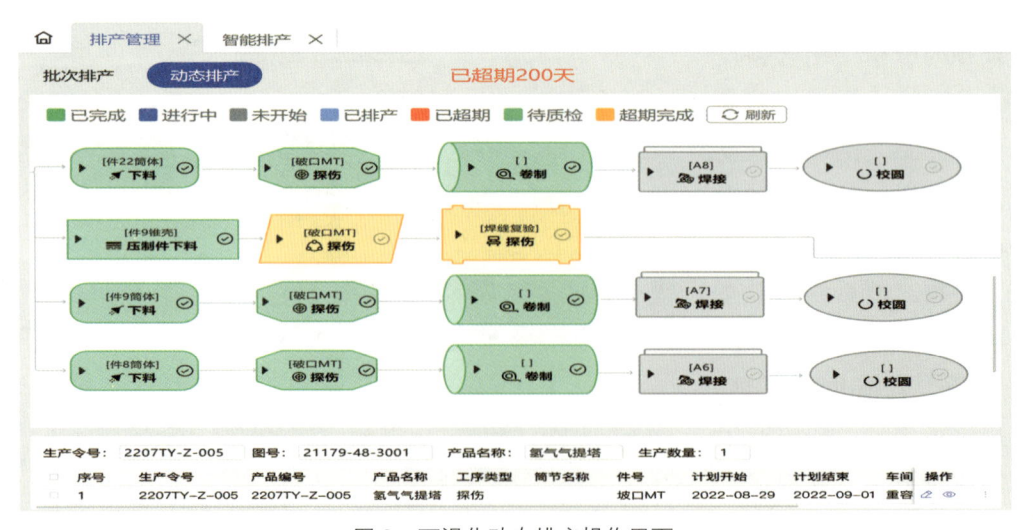

图3 可视化动态排产操作界面

5. 数字化装焊车间系统主要性能指标

（1）焊接参数采样频率≥1 kHz，满足焊接电流、弧压、气体流量、送丝速度、焊接速度等参数高精度采集；支持USB、Wi-Fi、4G/5G、以太网等传输方式，并提供断网续传和SD备份机制。

（2）适应手工电弧焊、MIG/MAG焊、TIG焊、埋弧焊、电阻焊、电子束等装焊车间各类焊接方法关键参数采集。

（3）采用微服务架构；服务器支持Windows/Linux系统，数据库管理系统支持SQL Server、Oracle、MySQL等；支持手APP、个人PC、微信小程序等接入。

（4）提供Web Service、XML、ActiveX、JSON多种数据传输方式，能较好与市场主流MES、PDM、ERP等系统实现数据协同。

（5）深耕航空航天、承压容器、特种车辆、船舶海工四大装备制造行业，完成技术沉淀和产品迭代，推出了满足上述行业生产模式的多种版本，并提供二次开发接口以满足定制化个性化需求。

三、主要成果与产业化推广应用

南京理工大学智能焊接与高效增材技术团队经过近20余年的基础、应用基础和工程化开发系统的研究，建立了面向装焊车间的全流程数字化管控体系，突破了基于焊接过程多维信息在线传感传输与质量在线评估、焊接工艺智能创建、生产智能调度等技术难题，形成了面向多个行业的典型系列产品，获得软件著作权20余项，已在船舶海工、特种车辆、航空航天、承压容器领域数十家企业获得批产应用。

（1）航空航天钣焊车间数字化管控应用。

针对航空发动机制造钣焊车间数字化管控需求，开发了焊装工艺传感传输及质量管理系统，实现工艺规范自动下达、焊缝工艺参数实时感知、焊接质量智能评价以及全程追溯功能，突破了手工TIG焊、电阻焊、电子束焊、激光焊等各类焊接方法参数采集与自动下达技术瓶颈，解决了面向薄板TIG焊的焊接质量在线评估难题；开发了面向航空航天薄板焊接的工艺智能设计与管理系统，实现接头的参数化设计、焊接工艺推理、自动批处理焊接工艺卡（规程/指导书）等功能。开发了焊接生产信息与资源管理系统，实现了焊工工时、材料、设备的精细化管理；开发ERP\MES\PDM互联互通模块，解决了当前MES、ERP、PDM数字化管控系统"最后三公里难题。"

（2）化工装备（承压容器）制造行业应用。

国内首次全场景、全链条在化工装备制造行业实施焊装车间数字化建设，实现手工焊、气保焊、TIG焊、埋弧焊等各类设备焊接参数采集，满足联网设备数量≥350台（套）、采样频率≥1 kHz，突破了承压容器大厚板多层道焊接工艺、多品种小批量非标定制条件下的焊接生产等智能规划技术难题，实现焊接工艺、焊接质量监控、焊接计划制订、生产制造执行、无损检测等核心工序无缝数字化联通，打通了原材料采购、下料、机加、热处理等工序数据流。国内首次在承压容器制造领域尝试建立以焊接接头为核心的焊接质量数字化管控体系，形成了涵盖焊接材料、工艺、施焊过程信息、检测的焊接质量评估管理关键技术，实现产品生产全流程可视化，焊接生产全过程数字化。

（3）船舶海工焊接实验室数字化管理关键技术应用验证。

针对船体建造焊接工艺实验室工艺评定数字化需求，开展了联结实验室所有焊接设备、工艺人员、各类性能检测设备的工艺评定管理全流程数字化系统建设，提出了面向船体建造的焊接实验数字化管理规范，建立了涵盖工艺设计、执行、检测的数字化操作管理规则，突破了焊接过程参数高精度传感及质量分析技术，解决了焊接实验"层道"颗粒度的工艺制定全流程精细化管控难题，实现多工艺版本的焊接实验过程数据全程可追溯。搭建了涵盖不同船级社标准的焊接工艺数据库，梳理了面向船体建造材料/结构的焊接工艺推理规则，实现了多标准下的船体建造焊接工艺智能化设计。

（4）特种车辆装焊制造数字化管控应用。

针对兵器装备、各类列车等领域特种车辆装焊制造过程数字化管控需求，开展了联结装焊制造车间人员、焊接设备、焊接材料、焊接工艺等要素的物联网络系统建设。提出了多平台协同的工艺管理方案，开发了配套软件系统解决了焊接工艺参数化、数值化难题，实现焊接工艺自动下达与智能监控。搭建了焊接过程形变可视化模拟仿真平台，实现了焊接工艺设计、验证与制造实践的有效协同，提高了产品制造质量。打通了产品工艺管理平台到制造车间的数据流，形成了适应特种车辆制造特点的焊接工艺设计、焊接生产管控的装焊车间数字化管控新模式，有效衔接了机加、冷/热成型等工序，实现了特种车辆全流程制造无纸化、可视化及数字化。

（5）积极亮相各类行业展会。

南京理工大学智能焊接和高效增材技术团队、江苏烁石焊接科技有限公司相继连续参加了埃森焊接与切割国际展览会（2017年、2018年、2019年）和江苏智能制造大会（2017年、2018年、2019年）、化工装备协会年会（2018年、2019年、2020年），重点展示推广包括车间级数字化系统、超高强钢-铜合金异种金属异种结构的多维异质异构增材样件，现场进行了系统全面的展示，获得了兵器、船舶、航空、车辆、石化、高端装备、新材料等行业大型国企，高科技企业，高校院所专家、教授和骨干技术人员的肯定和关注。

案例 31
焊条制造的一体化升级

天津市金桥焊材集团股份有限公司

传统的焊条生产工艺及装备，整体自动化、信息化水平不高，大部分工作需依靠人力来完成。同时因焊条生产过程中需要使用多种粉末状物质作为原材料，生产过程中会对环境造成不同程度的污染。面对我国资源约束趋紧、环境污染严重的现实，天津市金桥焊材集团股份有限公司通过十余年的系统研究，在生产工艺、自动化、数字化、一体化等方面均取得了重大突破，推动了新一代焊条绿色自动化生产制造转型升级的步伐。

一、导语

焊接材料市场是以钢材消费量为基础，随着国民经济的发展，每年需要应用大量的焊接材料来满足市场需求。焊条作为焊接材料的重要组成部分，国内年产量占焊材总产量的近40%，而当前国内焊条生产仍以半自动、分段式、高耗能的生产方式为主。随着中国大力推进低碳、环保、数字化智能制造，依靠大量消耗能源、高污染、高人工、低效率的生产方式已不适应新的发展要求。焊条制造必须同步向节能环保、数字化智能制造方向迈进。

高效、环保、绿色、数字化、一体化制造已成为焊条生产制造行业的新课题，天津市金桥焊材集团股份有限公司（以下简称"金桥焊材"）通过多年的积累与创新，通过自主研发，实现行业首创，在焊条高效一体化、数字化生产制造方面取得重大突破。

二、主要研究内容

1. 绿色生产工艺及装备提升

焊条由焊芯和药皮两部分组成，生产过程一般分为盘条拉拔、切丝、药粉配制、加入黏结剂搅拌、压涂成型、烘干、包装几个部分。传统的生产工艺中，上述工作均需大量人工完成，同时由于设备及工艺的限制，生产过程一直处于高能耗、高污染、低效率的状态。金桥焊材以技术创新为主线，以全流程绿色化、自动化为目标，十余年来一直致力于传统焊条生产工艺及生产装备的全面改造。

（1）新型CRD辊模切拔丝装备及其自动化控制系统研制。

焊条制造业主流拉拔生产工艺及装备是基于传统拉丝模具的应用，对盘条进行拉拔减径处理，由于传统拉丝模具是纯滑动摩擦拉拔，在拉拔过程中会产生极大的阻力，必须与拉丝润滑粉配合使用，拉丝润滑粉在使用过程中不仅会在生产现场产生大量粉尘污染环境，而且会在焊芯表面附着残留，影响焊条的焊接品质，在焊接时会产生较大的烟尘和刺鼻气味。同时由于传统拉丝模具的拉拔阻力大，对整体设备性能及生产效率均产生很大影响，设备能耗高，生产过程中断线频率高，生产速率很难提升，切拔丝工序已成为焊条整个生产周期的瓶颈工位。

CRD辊模作为一种新型拉丝模具，较传统拉丝模具有其明显的特点及优势：辊轮由高等级的硬质合金材料制成，抗磨损；变滑动摩擦为滚动摩擦，使拉拔阻力减小，拉拔线材表面质量好，断线率低、拉拔能耗低；同时可避免润滑粉的使用，避免应用润滑粉带来的环境和产品质量问题。

金桥焊材多年来不断研究辊模在盘条拉拔过程的应用，对旧式生产模式不断进行改良优化，配套研发出了CRD辊模拔丝机，见图1。拔丝机主体将老旧开放的积线式替换为低噪音密封较好的高速直线式，并集成了除尘功能，配套多工位PLC自动化控制系统。在盘条拉拔减径过程中各减径工位均配置一组张力设施，张力设施中配有传感器，传感器在拉拔减径过程中可将线材张力数据转化为数字信号，从而控制各工位的运转速度，实现拔丝速度的自动匹配。同时将拔丝设备与切丝设备有机结合，切丝处配有速度传感器，控制系统通过切丝速度的采集，来匹配整体拔丝设备的运行速度，使拔丝、切丝形成一个整体，出线就是合格焊芯，实现了切拔丝工序的效率提升和自动化一体化改造。通过不断改良，以3.2规格焊芯为基准，生产效率已达到1800根/分以上，焊芯单吨能效下降7.8%，制造现场噪声、粉尘情况均有大幅度改善。同时辊模拉拔的应用对焊条产品品质有所提升，焊接烟尘少，气味小。

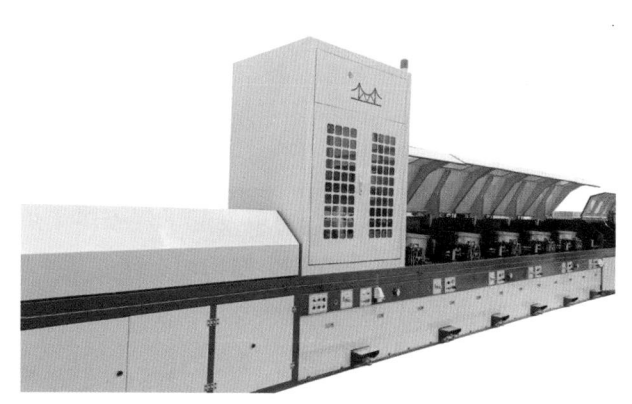

图1 CRD辊模拔丝机

（2）焊条压涂工序自动化数字化升级。

通过信息化手段，对焊条压涂工序工装设备进行改造提升，实现了药粉自动加入黏结剂、自动搅拌、药粉与焊芯自动匹配输送到螺旋机、自动生产的一体化联动控制。

具体表现为，当搅拌锅缺料时发出缺料信号并进行提示，LED屏上显示缺粉生产线号，输送系统接收到缺料信号后将配制好的药粉自动运输至生产线对应位置将药粉放到搅拌锅内，黏结剂添加系统根据不同产品制造工艺要求，自动分次加入黏结剂，系统依据工艺要求自动定时进行拌药操作，保证药粉的均匀性。搅拌完成后，搅拌锅排料门自动打开，系统自动将搅拌好的药粉输送至螺旋机续药仓中，续药装备中设有传感器，通过监测续药压力的大小控制续药装备的运转速度，从而保证续药工作的连续性及供入螺旋机的药粉压力稳定性。螺旋机对药粉进行增压，自动送丝系统匹配螺旋机运转速率供给焊芯，将焊条压涂成型后送入传送带中，在传送带上在线进行磨头磨尾操作，随后送入烘干工序。

整个系统的网络结构分为三个层次：监控层、控制层、设备层。监控层是基于工业以太网的网络形式，上位机监控设备运行状况，利用工业控制计算机的系统软件、应用软件采集存储控制过程相关数据。控制层是整个系统核心，接收现场实时数据，经过PLC控制器计算与处理后，对取料装置、称重装置、加入黏结剂系统、搅拌锅运行及排料阀体等进行控制，并把经处理后数据信息上传上位机。PLC对现场发来的数据信息经过处理，把处理的数据信息通过以太网上传上位机。设备层由I/O模块、称重传感器、称重仪表、流量计、变频器、电磁阀等，通过 MDBUS 通讯方式与控制层的 PLC 连接，接收输入信号和控制输出信号。

（3）烘干工序绿色化、数字化改进。

在焊条烘干工序中实施"煤改燃"工程和工艺控制点在线监测数字化改造，实现节能、数字化控制的目标。

早在 2014 年，金桥焊材就发起了焊条烘干炉的"煤改燃"工程，拆除了原有工业燃煤锅炉，更新为燃气燃烧机，全部采用天然气烘干电焊条，见图 2。还以创新优化烘干工艺为前提，自主研发了新型焊条烘烤炉，实现了烘烤炉三种温度分区：风干温度、高温（内部水分）、低温（浅层温度）烘干温度的自动控制，实现焊条进炉、出炉物料输送的自动化。与同行业现有烘干炉相比可节能 20% 以上，节约的能耗有效地抵消了改用燃气所增加的成本。

新型烘干炉配备工艺控制点数字化在线监测系统，在各个工艺控制点处安装温度检测控制表，对各个工艺控制点温度实时监测监控。采用工业网络通信方式，将所有的温控表数据集中采集到 PLC 中。PLC 将实时数据传送到 LED 显示屏，进行车间现场大屏显示。触摸屏连接 PLC，可在触摸屏上设定工艺控制点的工艺要求温度，当实时监测温度超出工艺要求范围，显示屏闪烁提示并响铃提醒。通过力控组态软件，PC 和 PLC 进行通讯，传输数据信息。电脑接收到工艺控制点的温度，进行实时显示并记录存储。当控制点温度超出工艺要求范围时，进行报警转储，记录报警点、报警时间、报警时温度、超限温度等相关信息。

实施工艺控制点在线监测工程实现了集中控制工艺点数据，帮助生产人员迅速判断故障点位置，并对相关超差数据进行电脑存储，可实时查询数据。通过实时温度数据监控，控制焊条生产过程中的工艺控制点的温度，提升工艺控制质量，提高焊条生产合格率，并且将工艺参数进行存储并可实时查询，实现了车间数据信息化生产。

（4）焊条包装工序自动化解决方案。

焊条的包装形式分为小包和大包，以 3.2 规格为例，需要先将焊条包成 5 kg 的小盒包装，然后 4 小盒再包成 20 kg 的大盒，之后进行码垛入库作业。传统的焊材包装工序，大部分工作都是依靠人力通过单点设备或手动设备进行作业，需要配备大量人力，生产效率低。

金桥焊材针对上述问题对生产设备进行了自动化改造，自主研发了自动装盒机解决了小盒自动包装的自动化需求，并在行业中率先开发更新了集自动化、信息化、数字化为一体的焊材自动包装生产线，并已规模化投产，见图 3。焊条自动包装生产线实现了自动装盒、自动装箱、自动打标、自动打包、自动称重计量、自动剔除重量缺陷产品，最终由机器人自动码盘，AGV 自动入库。

焊条自动装盒机的上线应用使金桥焊材在同行业内首先完成了焊条装盒工序的自动化数字化生产，将当前焊条生产制造行业普遍使用的人工叠盒、人工装盒、人工封口的生产方式，改为由设备自动实现开盒、装盒、封口等工作，通过多种传感器的硬件应用和自主研发的软件控制系统，实现焊条生产的小盒计重分堆、送条、开盒、装盒、封口等自动一体化连续生产。减员增效的同时,进一步降低了员工劳动强度,并提升产品包装质量,降低人工成本和包装物成本。

图 2　焊条自动装盒机

图 3　焊材自动包装生产线

全自动转运装箱部分,设有分道机构、进料整理机构、侧推机构、推包机构、开箱机构、主驱机构和分包机构等,整个系统电控部分采用 PLC 作为控制元件,并设有显示操作终端(触摸屏),所有机构用户数据全部内建,由显示操作终端进行设定。

自动称重环节采用高精度传感器,基于最先进高速的数字信号处理技术,实现高速、稳定检测,可进行动态重量自动补偿,具备零点自动分析和跟踪技术。预设多组产品编码,可进行快速产品切换和自动调整相对应的产品分选速度。配套 LED 触摸操作系统,可进行人机交互。从上游输送带运送过来的产品经由导入输送带整理成等间距物料后,进入计量输送带。使用时当产品经过位于计量输送带前端的光电感应器时,重量检测机开始计量该产品。当产品经过计量输送带的这段时间内,重量传感器完成对产品的计量作业并把计量数据显进行现场显示。微电脑将显示的计量数据与预设的基准值、上限值、下限值进行比较,并进行正品、超重品、轻欠品的辨别,非正品最后将被分选部分选出,各种计量作业的信息可全部输出到统计打印机。

码垛机器人系统方面,利用标准的工业计算机,并配有 SmartPAD,具有示教、编程、存储、检测、安全保护、绝对位置检测记忆、PLC 可编程功能。

整线设备集成到总控系统中,各台单机设备通过电器总控连成一体,组成自动化生产流水线。各台单机的工作情况,通过光电开关、传感器、PLC、数据连接线将各台单机的实际工作情况传输到总控制柜。总控柜根据接收到的信号,作出判断,再将对应的指令发送给各台单机。单机再根据接收到的指令作出响应。当其中任意一台单机设备出现故障或运行不正常的情况时,整条生长线将自动全线停机,并声光报警通知维护人员。维护人员排除故障后,整线恢复联动生产。

智能打标系统可以将信息部生成的一物一码通过物联网技术，实时在包装箱上打码，消费者通过扫描包装箱上的二维码，可追溯产品信息。

2. 焊条自动化生产线的建设

2019年金桥焊材继续以创新发展为目标，推进自主研发，研制新一代"焊条自动化、数字化、一体化生产线"，实现从原物料的输入到成品的输出，全自动一体联动作业，减少生产人员的配备；并且配套生产线数据监测与采集控制系统，实现数据的自动采集、设备控制、参数调节以及信号预警设备（图4和图5）。

图4　焊芯高切及自动转向　　　　　图5　一体化压涂生产线

（1）设备集成。

通过上线全自动封闭式配粉系统，使药粉的配置工作处于一个封闭的环境下进行，局部无法完全密封的部位通过上线除尘设施，使现场环境一直处于优良状态。

通过进一步提高瓶颈工位的生产效率来匹配一体化生产线需求，保证单线切拔丝、螺旋压涂、烘干、包装各工序生产速率的一致性，将几个工序能串联成一条生产线，减少搬运作业。

在各工序之间增加线上半成品物料缓存系统，单工位设备出现问题需要解决时，短时间不影响其他工位正常生产，从而使各工序集成为一个整体。

（2）数据采集与监控系统。

利用导入条码和RFID系统来支持生产过程及现场物料流转的数据自动记录，利用手持PDA对生产过程产品质量进行记录跟踪等。

设备数据采集方面，通过生产现场无接触传感器和智能流量表的应用，自动采集各生产线的运行数据，通过工业内部无线网络，实时监测分析，异常报警。同时监控设备正常、停机或维修等设备状态。利用现场总线连接智能设备和通信网络，将生产现场分散的PLC、RTU、DTU、智能仪表等连为一体，将不同厂商的现场总线产品集成在同一套FCS中，完成生产现场数据的采集、数据处理、控制运算和数据输出等功能。

整套数字化生产线将物联网实际应用到生产全过程，将工业总线、条码扫描、标签感应、移动 PDA、PLC 控制等技术有机融合，并将数据汇总采集到企业数据中心，形成数据库，为后续的数据应用做准备。

（3）执行系统运行。

建立生产执行系统（MES），支持从 ERP 生产工单同步、车间计划、切拔丝加工、压涂加工、烘干、包装、ERP 入库的生产车间全过程管理。

MES 系统管理模块包含基础资料管理、生产计划管理、生产执行管理、质量管理、设备管理、数据采集、工时统计、生产看板、系统管理等系统功能模块。

车间生产计划员细化每个订单生产计划并建立对应关系，并在车间现场使用 PDA 设备实现实时采集生产数据，MES 系统提供生产进度实时看板，计划人员和市场人员可以实时查询订单的车间生产情况。

根据生产现场布局图，结合订单生产计划，通过现场的实时数据采集，配置企业的订单生产的车间看板信息，既可以查询订单生产进度，也可以实时查询车间的生产效率和质量信息。

三、主要成果与工业应用

随着焊条生产制造从分段式升级到一体化连续式，生产过程自动化、数字化水平得以大幅提升，实现减员增效的目的。焊条一体化自动生产线的建成，在同产能下与之前相比，耗用人力减少 60.7%，占地面积减少 23.3%，生产效率提升 10%，并减少生产周期，全面提升焊条生产设备自动化、数字化水平，实现生产过程的数据化管理。依据大数据实现分析和挖掘，在生产制造中有效推动企业进一步精细化管理，实现工业生产的清洁化、绿色化，并推动焊条行业装备发展的新方向，显著提升企业核心竞争力。

案例 32
焊条制造的数字化转型升级

四川大西洋焊接材料股份有限公司

传统的制造模式制约着我国焊条行业的发展，焊条制造业普遍存在产品附加值低、生产作业环境恶劣等行业共性问题。四川大西洋焊接材料股份有限公司近年来一直在加快企业的转型升级，将数字化、网络化、智能化技术应用于焊条制造过程中。通过工艺布局优化，设备、生产线自动化水平提升，信息与制造深度融合，创新了焊条制造模式，改善了作业环境、提高了生产效率和产品质量，降低了生产成本、缩短了产品交货期。

一、导言

焊条制造业本是劳动密集型行业，在多年的发展中，焊接制造设备经过一代一代的更新，在生产技术和效率上得到了长足的进步。但在焊接生产各工序间的原材料、半成品以及成品的流转和管理仍由人工进行，停留在多年前的低效水平，成为进一步提升焊接生产效率的瓶颈。同时，焊接生产过程缺少信息化管理，车间数据采集系统不完善，在人工进行生产机台排程时，管理人员难以对加工设备状况、产品质量参数、物流以及仓储信息等生产加工过程中的数据进行实时监控，制定出的生产机台指令在多工序多机台同时生产时不能做到完美衔接，造成上下工序缺料、等料，导致实际生产反馈滞后，影响各工序间的生产节拍，降低了生产协调性。这些问题制约着焊条制造技术水平和生产效率的进一步提升，需要能过对生产制造技术的自动化、数字化来进行改善。

二、主要研究内容

本项目打破了焊条的传统生产和管理模式：一是通过对MES系统与EPR系统的高度集成，建立系统性的生产调度指挥中心，实时对整个生产系统以及产业的上下游进行实时分析和规划，不仅实现生产线实时监测和优化，而且将整个产业链纳入生产管理中，有效地带动了整个产业的自动化、数字化建设步伐。

二是在焊条生产行业中率先实现智能物流、数字化生产和数据采集，建立基于AGV/RGV、立库的智能储运系统，实现了物流系统与生产业务系统的无缝衔接；将所有设备纳入到数字化控制和监测，配备先进的数字化设备或对现有设备进行升级改造，实现整个制造流程的数字化采集、分析和控制，实现生产物流的实时调度、设备状态的实时监测、生产节拍的实时优化、生产效率得到显著提升。

三是实现数字化制造与绿色制造的深度融合，贯彻节能环保的生产理念，用技术推动生产方式的变革，改善生产现场作业环境，降低对员工身体健康的影响和对生态环境的影响。改进工艺方案，充分利用生产现场的各种资源，以实现效益最大化、能耗最小化。

1. 系统的总体构建

四川大西洋焊接材料股份有限公司（以下简称"大西洋公司"）转型升级聚焦于制造方式和制造模式的转变，通过运用物联网、大数据技术等新技术，基于MES系统与遍布生产现场的智能物流设备、智能仓储系统、数字化生产线的无缝集成，构建基于软硬一体化、人–

物料－设备－信息系统互联互通的数字化制造体系（图1），迈向自动化、网络化、数字化，实现绿色、低碳、环保、高效的数字化制造。

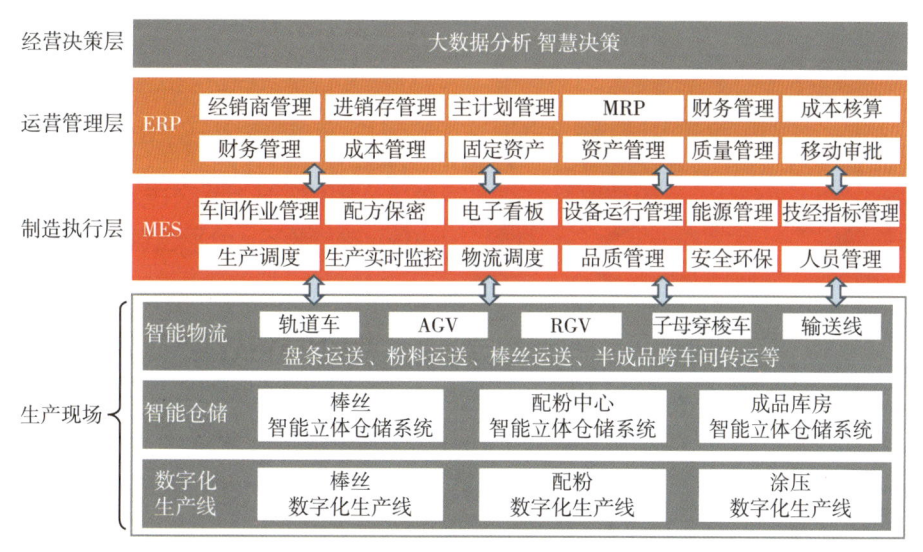

图1 系统构架

在管理环节，从生产组织结构入手，成立一级组织管理机构——生产调度指挥中心，打破以往生产体系的多头管理，撤销原有的普焊分厂、特焊分厂等生产建制，同时将涉及与生产相关技术、装备、品管、物资、储运等要素部门的人员，全部整合到生产指挥中心当中，形成一个高效协同的生产指挥运行体系。

在制造装备环节，引入了AGV、RGV、子母穿梭车、园区轨道车、气力运输线、机器人、立体库等一系列自动化装备，为数字化转型奠定了基础。通过MES系统与轨道车、AGV、RGV、气力输送系统、配粉系统的集成互联，使焊条生产基本实现了基于工序作业全过程自动化、数字化、少人化。

在信息系统环节，将ERP系统和MES系统集成，成为焊条生产指挥大脑，实现了生产过程的透明可视、动态监控和科学调度；在大生产调度指挥中心，生产排程、库存、产品、能耗、设备、质量、环境排放等参数实时掌控，真正做到了大数据分析、科学调度。

2. 多系统的深度融合，实现制造环节的数字化

随着装备制造业、核电军工业的发展，客户个性化定制需求越来越多，传统的计划管理模式已经不能满足个性化需求日益增长的需要。在某些领域，客户要求有严格的订单交期、性能指标、全生命周期质量追溯等，在传统的管理模式带来了极高的管理难度和成本，企业需要在柔性制造、项目制造、协同制造方面实现网络化、数字化，实现从销售订单、生产排程、质量监控到物流发货的全流程实时管控。

为解决上述问题，通过 MES 系统与已经部分建成的 ERP 系统的信息集成，建立生产调度指挥中心（图 2）和现场生产运行的信息协同，实现生产计划管理、车间管理、质量管理、设备管理、能源管理、安环管理、供应链管理的集成；通过物联网技术、SCM 等，实现生产全过程质量追溯管理；通过 MES 系统实现园区物流和工序物流调度指令直接与 AVG 和 RGV 双向通讯；通过制造设备 PLC 等生产线控制硬件，实现拉丝切丝设备、自动配粉机构、园区及工序物流 RGV、AGV 等、空气传输装置、智能立体仓库等设备的数据集成，最终在生产计划排程层面和生产执行控制层面间建立顺畅的信息数据流通道。整个焊条的生产过程中已完全实现了 MES 系统与 ERP 系统、RGV、AGV 物流系统、自动配粉、气体输送等控制系统以及立库系统的无缝集成，实现了信息系统与制造业务的深度融合。

图 2　生产调度指挥中心

焊条数字化制造过程中（图 3）通过制造执行系统（MES）接收来自 ERP 计划管理的生产计划信息，进行车间级别的作业分配和物料规划→向仓储物流提出物料配送请求，据此生成物料配送计划、各仓储区主动读取计划并通过仓库控制系统和 AGV/RGV 调度系统执行物料配送任务→车间各工位在 MES 系统的作业指导下完成工位作业，关键工位向系统反馈完工及质量信息。车间数据采集系统作为 MES 的信息采集支持系统实现生产过程数据采集及监视→MES 将生产信息、质量信息、能源耗损信息、人员上岗信息反馈到 ERP 系统，完成整个生产的信息流闭环控制，从而实现焊条制造数字化的生产制造模式。

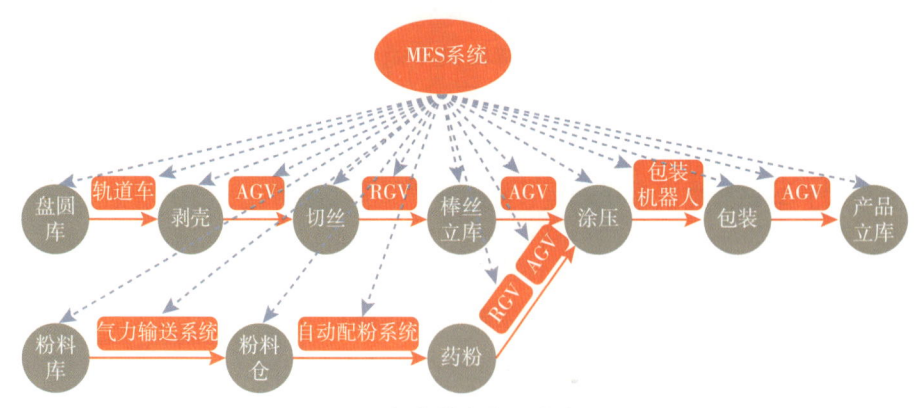

图 3　焊条数字化制造流程

3. 装备现代化，降低员工劳动强度

劳动力密集、劳动强度比较大是焊条制造企业的显著特点，尤其是在物料转运环节如原

料的转运、半成品的流转存储、成品的查验包装和入库仍由人工、叉车搬运完成，造成物流效率低下。随着劳动力资源成本的变化以及劳动力供给和需求的变化，过去更多依靠体力参与传统制造业的劳动力越来越稀缺，而且用工成本越来越高。随着信息技术的发展，用机器替代简单并且繁重的劳动，降低员工的劳动强度已成为必然趋势。

本项目大量使用现代化、自动化、智能化装备（图4）。在物流环节，按照焊条生产的属性，配置棒丝、粉料、成品3个自动化立体仓库（图4）。根据焊条生产中各工序的物流流转，从原材料仓库到剥壳工序部署园区物流轨道车，剥壳工序到切丝工序部署工序物流AGV小车、切丝工序到棒丝立库部署RGV小车、棒丝立库到涂压工序部署AGV小车等物流装备。这些物流设备与MES系统互联互通，并通过MES系统统一调度与管理。MES系统直接获取物流系统数据并向物流设备发送指令，提高了物流效率，实现物流方面从人工推拉向物流自动化、数字化、智能化的转变。在配粉环节，使用全自动气体输送系统配合全自动配粉生产线，使原来的手工配粉全部向自动配粉转型升级。在包装方面，大量使用智能机械手组成的全自动包装线，极大地降低原来员工的劳动强度。

4. 环境治理数字化

近年来，制造业面临的一个明显的变化体现在环保的约束和代价越来越大。在过去传统的制造企业，生产过程中排些粉尘，有些噪声，排些废水，环保治理成本投入较低。可随着国家对环保的重视，企业必须加大对环保治理的投入。焊条的制造主要产生噪声和粉尘是两个高排放的源头，本项目通过工艺设备优化、除尘设备应用等减少了生产噪声和粉尘。

通过污水处理系统实现生产生活用水净化处理和中水回用，极大减少水资源消耗。

在大西洋公司生产调度中心，可以通过数据采集系统对安环设施实时运行监控，实现安环方面从高排放、高粉尘、高噪声向绿色、低碳、环保、节能转变。

图4 各种智能化装备

室内粉尘排放（mg/m³）

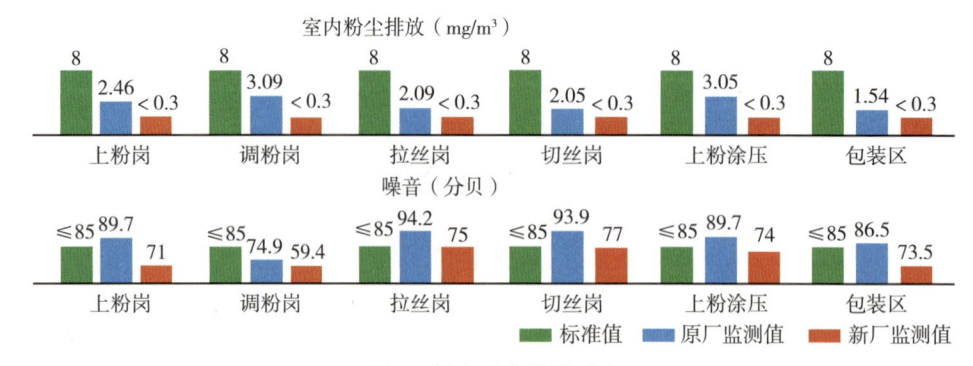

岗位	标准值	原厂监测值	新厂监测值
上粉岗	8	2.46	<0.3
调粉岗	8	3.09	<0.3
拉丝岗	8	2.09	<0.3
切丝岗	8	2.05	<0.3
上粉涂压	8	3.05	<0.3
包装区	8	1.54	<0.3

噪音（分贝）

岗位	标准值	原厂监测值	新厂监测值
上粉岗	≤85	89.7	71
调粉岗	≤85	74.9	59.4
拉丝岗	≤85	94.2	75
切丝岗	≤85	93.9	77
上粉涂压	≤85	89.7	74
包装区	≤85	86.5	73.5

图 5　粉尘噪音排放对比

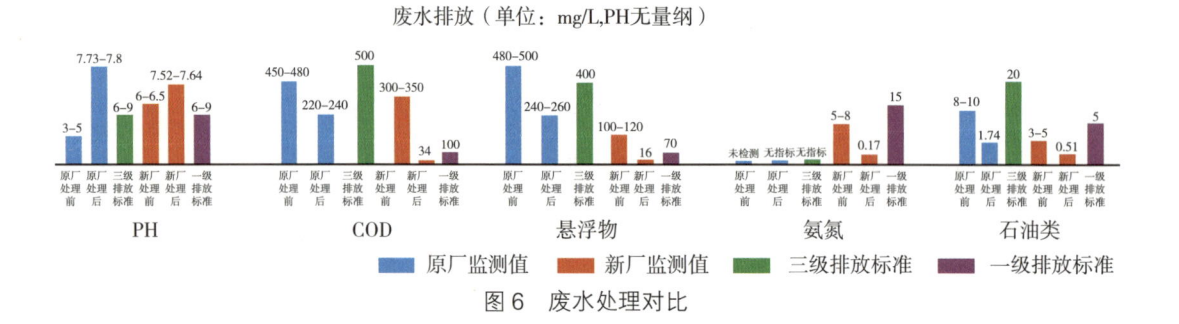

废水排放（单位：mg/L, PH无量纲）

指标	原厂处理前	原厂处理后	三级排放标准	新厂处理前	新厂处理后	一级排放标准
PH	3-5	7.73-7.8	6-9	6-6.5	7.52-7.64	6-9
COD	450-480	220-240	500	300-350	34	100
悬浮物	480-500	240-260	400	100-120	16	70
氨氮	未检测	无指标	无指标	5-8	0.17	15
石油类	8-10	1.74	20	3-5	0.51	5

图 6　废水处理对比

5. 制造过程精细化

传统的焊条制造企业在生产过程中的自动化程度还较低，由于缺少企业信息化建设（如MES、ERP等的应用），企业顶层的生产计划排程指令仍大量依靠传统的人力传达到各生产线上去，生产效率较为低下，同时由于车间数据采集系统不完善，管理人员难以对加工设备状况、产品质量参数、物流以及仓储信息等生产加工过程中的实时数据进行实时监控，导致车间数据的反馈滞后，不能进行快速响应，不能满足精细化制造的管理要去，这些问题严重制约着国产焊条制造技术水平，所以这也迫切需要国内焊条生产制造企业提高制造技术自动化、信息化水平。

本项目以数据采集系统为核心建立的生产运行监视体系在生产指挥调度中心能时时监控每个机台、生产线、岗位的生产情况，时时监控库存信息、物料流转情况，时时监控各设备的能耗情况，由原来的粗放时生产转变为精细化生产，从而达到降低物耗、能耗的目标。同时为保障各种生产设备的正常运行，借助物联网等先进技术，实现人与设备、设备与设备、设备与系统之间的互联互通，通过数据采集及仿真、PDA点巡检维护、维修、备件管理等设备资产管理系统应用，提高设备可靠性，减少主体生产线的等待时间，在设备管理方面实现了从低效向效率最大化的转变。

6. 质量检验标准化

传统的焊条生产过程管理粗放、产品质量追溯困难：产品由哪个供应商供应？是哪个批次原料？经过哪些设备生产？生产过程的工艺参数、质量指标如何？等。

本项目借助原料附码系统，在每卷盘采购到库后都由库管员重新称重，并将供应商、炉次号、重量等信息转为二维码，通过二维码完成从产品到原材料的相关单据的质量信息关联，同时通过在每个关键环节的投料防错装置等质检设备集成以及质量巡检等一系列技术手段，实现从人工事后质检管理向投料防错、在线分析等实时质检转变，并实现了质量可追溯，提升了质量管控能力。

三、主要成果

（1）坚持用数字化、自动化和信息化改造提升传统制造产业，广泛应用新一代数字技术，实现焊条制造全生产流程 MES 系统的集成，ERP、MES 与智能装备的融合互联，实现了焊条制造的数字化管控，为企业自身培育了新的比较优势。同时为整个焊接材料制造行业提供数值化转型升级的可参照借鉴的宝贵经验。

（2）实现焊条生产与数字化改造深度融合，极大提高了企业的生产柔性和满足个性化市场需求的能力，传统产品附加值将提高 15%，交货期将缩短 40%，有效提高客户满意度，拓展市场规模。

（3）建立了几百块能源计量仪表对生产线的全覆盖，完成了针对单机单人的能效考核，极大提高了每个员工的节能意识。同时，在全国首创了焊条干燥"温湿双控"新工艺和集中供热、余热回收新模式，万元增加值综合能耗降低 30% 以上，实现低碳制造。

（4）推进生产流程、生产工艺、生产装备、管理模式颠覆性创新，通过自动仓储、自动配粉、自动包装等诸多自动化系统的建设，对专用生产装备进行深度创新和改造，首次实现多工序无人值守，使企业的劳动生产率提高一倍以上（见图 7），同等规模焊条制造用工人数减少 50%。

（5）采用自主开发新工艺和

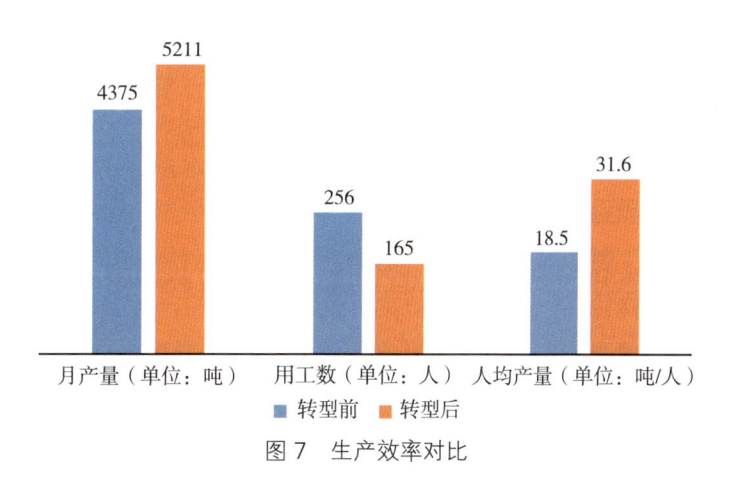

图 7 生产效率对比

新装备，对焊条制造中产生的噪音、废水、废气、粉尘等，进行了分类归集、集中处理和综合循环利用，大幅度改善员工的作业环境（见图8）和工作舒适度。

图8 新旧作业环境对比

四、展望

目前，我国正进入产业结构调整和转型升级的重要时期，焊条的总体内需呈平缓下降态势，但是产能过剩的状况日益凸显，企业的转型调整成为必然。国内焊条制造企业众多，但产量、技术水平和经营管理水平普遍不高，低等次和非市场因素层面的竞争异常激烈。随着人口红利逐渐降低，生产成本不断提高，焊条的利润持续下降，反过来也必然会促进企业的生产模式的改进和升级。

大西洋公司作为同行业的先行者，探索先进的生产模式，着力向数字化制造转型升级。新的制造模式将在同行业内形成示范效应，推动焊接材料制造企业由传统生产模式向先进生产模式转型升级，与此同时将逐步淘汰产能落后、产品缺乏核心竞争力的中小企业，从而逐步提升我国焊接材料制造企业的总体制造实力。

案例 33
全流程自动化实心焊丝生产线

天津市金桥焊材集团股份有限公司

传统实心焊丝制造工艺在国内已有几十年的发展历史，其生产过程污染重、劳动强度大、生产效率低等问题一直制约着焊丝行业的发展。随着国家对高端制造和绿色制造提出的更高要求，天津市金桥焊材集团股份有限公司成立专项科研攻关团队，经过多年生产工艺和设备创新研究，在自动化控制、数字化管理、绿色生产等方面均取得了重大突破，研制出全流程一体自动化实心焊丝生产线，解决了制约实心焊丝制造业发展的难题。

一、导言

优质的焊接材料是我国基础建设和高端科技的重要基础之一。在焊接材料领域，相比焊条、药芯焊丝，实心焊丝由于其生产率高，并具有可连续焊接、焊接成本低、能耗低、焊接变形小、适用范围广、抗锈能力强以及焊后不需要清渣等优点，现已成为焊材行业的主流。同时由于其可进行不同厚度工件的各种位置焊接，便于实现自动化生产，推动了焊接机器人的应用，使其成为焊接向智能化、高效化发展的主导方向。

传统实心焊丝生产过程具有污染重（硫酸、液碱、硼砂、粉尘），强度大（生产不连续导致人力周转工字轮、塑料轴、成品焊丝等），效率低（传统镀铜工艺生产速度为6 m/s）的缺陷，并且一直未能有效解决，严重制约了实心焊丝制造业的发展。天津市金桥焊材集团股份有限公司从战略性角度出发，研发出全流程自动化实心焊丝生产线，推动实心焊丝制造工艺的进步。

新的生产线研发并采用环保型工艺、装配全自动化设备、实现一体化生产，同时搭建MES系统，实施数字化生产和管理，集环保、节能、高效、自动化、信息化于一体，对实心焊丝制造工艺产生了颠覆性的推动作用。

二、主要创新内容

全流程自动化实心焊丝生产线项目定制化研发并建设了新型实心焊丝拉拔镀铜自动一体化生产线，改变原有经过粗拔、细拔、镀铜、层绕、包装五个分开工序进行焊丝制造的生产模式及生产工艺，使原材料盘条投入生产设备后，下线就是成品焊丝。

进厂原材料盘条贴条码标识后经过前处理进入设备拉拔部分，该拉拔部分设备利用无接触传感器通过总线调控完成各拔丝罐的变频器速度匹配，使拉拔过程逐步减径而不断丝，保证丝在拉拔过程张力恒定。在线材拉拔过程中智能设备采用3000次/秒以上的频次，采集检测焊丝直径，同时利用高速机器视觉技术在线检测焊丝表面划痕，超差自动报警。拉拔过后的合格线材无需进行酸、碱处理而直接进入镀铜工艺设备，研发配备国际最先进的镀铜生产工艺流程，而不产生污染物。线材下线前再次经过在线线径及外观检测系统的检测，保证焊丝产品质量。

系统依据拔镀下线工字轮条码信息，通过重型自动机械手将其自动传输到所需层绕机上，再由机器人配合层绕设备实现自动层绕操作。层绕过程中，乱线后有检测传感，自动倒车功能。焊丝盘的标识条码由自动贴签机器人根据系统信息完成。

贴有条码的焊丝盘由层绕机出来自动将焊丝盘放入自动汇流输送线，经输送线进入自动视觉分拣系统自动识别条码信息。依据条码信息自动分流占存，占存满足一垛时自动输出进入自动套膜收缩机，收缩机感测到产品后把产品套上塑料膜，输送到收缩炉里加热收缩，并由输送机输送到一片式裹包机上，设备自动把纸箱折叠成型并喷胶封口。滚筒输送机将包装后的焊丝成品箱输送到自动整列机构上，由机器人进行移栽码垛，自动物流系统进行入库作业。

1. 一体化生产工艺的优势

传统的实心焊丝生产线包括粗拔、细拔、镀铜、层绕、包装五工序，由于各工序单线效率不同，使得各工序相对独立，生产过程中物料（工字轮、塑料轴、成品焊丝、托盘）需要多次人工转移，存在人员劳动强度大、物料等待、生产效率低的缺陷。

全流程自动化实心焊丝生产线，通过工艺创新和设备研发改进，集成简化传统工序，实现了从原材料到成品入库的一体化生产，避免了半成品多次转移、物料等待的问题，全面提高了生产效率。

创新：通过设备和工艺改进将传统五工序集成简化，并通过物料自动转移系统使整个车间实现一体化生产。简化了生产过程和现场操作（工字轮的周转次数由3次人工转移减少到1次自动转移，塑料轴和成品焊丝实现全自动周转）；提升了生产效率。

2. 全面自动化生产

传统实心焊丝生产线从原料拉拔、物料输送转移到成品下线入库等各个环节，人工操作占主要比重。

全流程自动化实心焊丝生产线利用先进的自动化生产设备替换传统的低效瓶颈工位，整合提高生产效能，对生产线进行定制化、柔性化改造。利用机器人和AGV等自动物流智能装备系统以及控制系统，从原材料拉拔、物料输送转移、成品层绕包装到成品运输入库实现全流程自动化控制，同时实现了自动贴签、塑料轴自动配送、激光打印和防伪码自动识别，从整体到细节实现了全流程自动化生产。

（1）工字轮自动转移系统。

传统焊丝生产需要人工推动工字轮进行转移，劳动强度大，存在安全隐患（图2）。全流程自动化实心焊丝生产线工字轮自镀铜下线到层绕放线，通过运转小车和重型机械臂配以信号控制程序实现自动周转，无需人员操作（图1）。

图1 普通车间人员推动工字轮 　　　　图2 重型机械臂自动转移工字轮

（2）层绕机械手、三坐标机械手。

传统焊丝生产需人工操作层绕设备进行层绕作业、人工搬动成品焊丝盘（20kg）；全流程自动化实心焊丝生产线通过机械人（臂）实现自动层绕作业、自动搬运成品焊丝盘，降低人员劳动强度，人员效率从1台车/人提升到4台车/人。

（3）自动包装系统。

传统焊丝包装全部由人工完成，全流程自动化实心焊丝生产线从成品转移、缠防锈纸、封膜、装箱到成品码垛、运输入库全部实现了自动连续生产，同时实现了自动检测、激光打标、二维码防伪（图3和图4）。

图3 自动包装生产 　　　　图4 标签信息监测

（4）塑料轴自动转运。

传统焊丝车间塑料轴由人工进行分拣转移，全流程自动化实心焊丝生产线通过立库存储、机械手分配、轨道传送、轻型机械臂上料实现自动化控制。

（5）AGV叉车（成品自动入库）。

AGV叉车是网络信息传递，激光导航定位的自动输送工具。在生产线发出成品入库请求后，AGV叉车自动将货物由生产线运送到仓库，然后返回起始点待命，准备运送下一托盘成品。

3. 数字化和信息化建设

全流程自动化实心焊丝生产线能够对生产过程状态、工艺数据、能源数据实现自动采集，在解决手工记录问题的同时，也解决生产设备状态实时采集的问题，并可以在故障时自动报警。同时将物联网的手段实际应用到生产全过程，将工业总线、条码扫描、标签感应、移动PDA、PLC控制等技术有机融合，并将数据汇总采集到企业数据中心，形成数据库，为后续的数据应用做准备。

（1）工艺管理。

全流程自动化实心焊丝生产线通过完善的数据采集实现生产、工艺和设备管理。通过生产现场无接触传感器和流量表的应用，自动采集各生产线的运行数据，包括水、电、气、溶液浓度、温度、液位、线材运行速度等，通过工业内部无线网络，上传到存储器中，实时监测分析，异常报警和自动调控，稳定生产工艺参数，保证产品质量。

（2）设备管理。

全流程自动化实心焊丝生产线利用标准的工业总线将生产线上不同厂牌的生产设备、定制装备、机器人、物流线、控制器、上位机等集成在一个网络中，打通数据通信层面的壁垒，将物联网的手段实际应用到生产全过程。利用数据采集技术，实现对生产各个环节的过程监控与自动调控，同时监控设备正常、停机或维修等状态。

根据状态监控所获得信息，结合已知的结构特性和参数，以及环境条件，结合该设备的历史记录，对设备可能要发生或已经发生的故障进行预报和分析、判断，确定故障的性能和类别、程度、原因、部位，指出故障发生及发展趋势及其后果，提出控制故障继续发展和消除故障的调整、维修、治理的对策措施，并加以实施，最终使设备恢复到正常状态。

（3）质量管理。

在质量把控方面，每段工序由系统自动高频次采集速度检测焊丝直径，同时利用高速机器视觉技术在线检测焊丝表面质量、超差自动报警。线材下线前再次经过在线线径及外观检测系统的检测，保证焊丝产品质量。

全流程自动化实心焊丝生产线导入条码和RFID系统来支持生产过程数据记录和现场物料流转，其中包括利用RFID对盘条信息进行采集记录，利用手持PDA对生产过程产品质量进行记录跟踪。

（4）生产管理。

建立生产执行系统（MES），支持从ERP生产工单同步、车间计划、生产加工、包装、ERP入库等生产车间全过程管理。

MES系统管理模块包含基础资料管理、生产计划管理、生产执行管理、质量管理、设备管理、数据采集、工时统计、生产看板、系统管理等系统功能模块。

生产车间计划排程中心，负责整个车间的物料产线生产计划的下达，监督整个车间生产计划执行情况，根据上次计划实际生产执行情况合理下达本次生产计划数量，或者对已下达生产计划进行任务调整。

4. 工艺创新和绿色生产

传统实心焊丝生产工艺具有污染重（硫酸、液碱、硼砂、粉尘），效率低（传统镀铜工艺生产速度为6 m/s）的缺陷；全流程自动化实心焊丝生产线通过工艺创新和改进，实现了绿色、高效的生产模式。

工艺创新：

1）去除硼化工艺，消除有毒物质硼砂。

2）去除碱洗工艺，消除腐蚀液体液碱。

3）去除酸洗工艺，消除强腐蚀液体浓硫酸。

4）采用一体化高速焊丝生产工艺，生产速度可达30 m/s；是传统镀铜速度（6 m/s）的五倍。

5）电磁烘干适应高速拉拔，且占地长度面积仅为传动烘干设备的6.7%左右。

优点：全流程自动化实心焊丝生产线生产工艺去除了硼砂、液碱、硫酸等有毒有害物质，通过机械方法实现焊丝涂粉和除脂，实现绿色生产目的；采用新的镀铜工艺，使镀铜生产速度提升400%。

5. 生产效率、人员和能耗

（1）镀铜生产速度。

全流程自动化实心焊丝生产线，镀铜速度达到30 m/s；是传统镀铜速度（6 m/s）的五倍。

（2）人员配置。

全流程自动化实心焊丝生产线与传统生产线相比，同产能下人员配置节省了60%以上。

（3）能耗。

电耗：全流程自动化实心焊丝生产线拔丝电机和收线电机全部采用永磁电机，比传统三相异步电动机能耗降低约15%。

水耗：全流程自动化实心焊丝生产线水耗与传统生产线相比，节约用水量约70%。

三、主要成果和展望

通过实验室焊接实验和工程机械、石油化工、汽车零件等多个领域的实际应用，全流程自动化实心焊丝生产线产品，在表面质量（铜膜、光泽、覆盖率）、焊接性能（电弧、飞溅、成型）以及抗锈性等方面均达到或优于传统工艺实心焊丝。

全流程自动化实心焊丝生产线，将传统焊丝生产线升级为全自动一体化生产，减少了中间物料和半成品的运输，通过机器人的应用实现物料运输自动化，大幅缩短运输时间和生产产品周期，提高场内物流效率；完成了机器换人、自动生产的目的，在国内焊丝生产领域率先实现了自动上下料、多工序自动流转的柔性制造单元解决方案；实现了绿色生产目标；完成了生产现场信息化建设和管理，并采用绿色生产工艺，实现了自动化、一体化、数字化的全新生产模式，在生产效率、人员效率、产品质量、能源消耗等方面实现了巨大的提升，在焊丝生产制造行业内起到了引领推动作用，是未来实心焊丝制造业发展的必然方向。

案例 34
药芯焊丝成套生产技术与数控装备

天津大学　天津三英焊业股份有限公司

药芯焊丝是第四代焊接材料，属焊材中的高技术领域。由于它的特殊性和复杂性，国内过去大量引进国外生产线，未能实现自主制造。天津大学与天津三英焊业股份有限公司开发了药芯焊丝成套生产技术与数控装备，自行设计并制造了药芯焊丝数字化生产线和全套辅机，生产能力和精度达到国际先进水平。研发的药芯焊丝生产制造数控装备销往国内外多家公司，为我国焊材制造业的发展做出了重要贡献。

一、导言

药芯焊丝作为第四代焊接材料具有适应性强、工艺性能好、熔敷速度快、综合焊接成本低等一系列优点。药芯焊丝的制造对过程控制精度要求非常严格，必须保证皮材金属和药芯所含成分的精确配比。同时焊丝截面形状、药芯颗粒大小都对焊接工艺性能与冶金性能具有重要影响。

药芯焊丝的制造涉及成套生产装备（生产线）、相关制造工艺和药芯配方等三个方面。由于药芯焊丝的特殊性和复杂性，国内过去大量依赖于引进国外生产线，未能实现自主制造。天津大学与天津三英焊业股份有限公司合作开发了药芯焊丝成套生产技术与数控装备，包括数控精密药芯焊丝成型机组和直线调谐式拉丝机组，其综合性能完全达到国外同类设备的先进水平，生产的药芯焊丝通过了中、美、英、德、挪、日、法、意、韩、越10国船级社认证。药芯焊丝成套生产技术与数控装备是近年来天津大学和天津市一项标志性的科技产业化成果，为创建和发展我国的药芯焊丝产业，推动我国钢结构产业的技术进步和焊接学科的发展做出了重要贡献。

二、主要研究内容

1. 药芯焊丝结构特征

药芯焊丝按结构类型可分为有缝型和无缝型两类。有缝型焊丝制造工艺简捷，设备投资少，产品价格较低，但是药粉容易吸潮，防锈性能稍差。无缝型焊丝制造工艺复杂，设备投资大，产品价格较高，但是药粉不吸潮，防锈性能好。由于有缝型药芯焊丝的缺点可以通过改善配方、改善焊丝截面结构、增加焊丝表面预处理、加强防潮、防锈包装等方法解决，因此，目前国际上除瑞士奥林康公司和日本新日铁公司之外，90%以上厂家均生产有缝型药芯焊丝。另外，考虑我国市场的承受能力，本项目面向有缝型药芯焊丝的生产制造开展研究。

有缝型药芯焊丝在接缝处有对接接口和搭接接口两种形式。对接接口由于在减径时的回弹造成接口处有大约0.02 mm的间隙，而搭接接口的间隙很小，可以大大提高了防潮能力。此外，从结构上看搭接接口焊丝在挤压、扭转变形时不容易漏粉，焊丝的刚度也更大，有利于送丝。因此，本项目研发可生产搭接接口截面药芯焊丝的生产线。

2. 药芯焊丝生产线工艺流程

图 1 展示了基于冷轧带钢轧拔法的药芯焊丝制造工艺流程。图 2 展示了整个成型机结构原理，成型机组如图 3 所示。在研制时解决了以下关键技术问题：①搭接接口成型和减径孔型的设计以及高硬度复杂孔型轧辊的精密加工；②高精度轧制机架和整机机械传动的设计和制造；③药粉填充率绝对偏差 <±0.5% 的高精度给粉系统的设计和制造；④变频调速电气传动及计算机自动控制系统的设计、调试等。

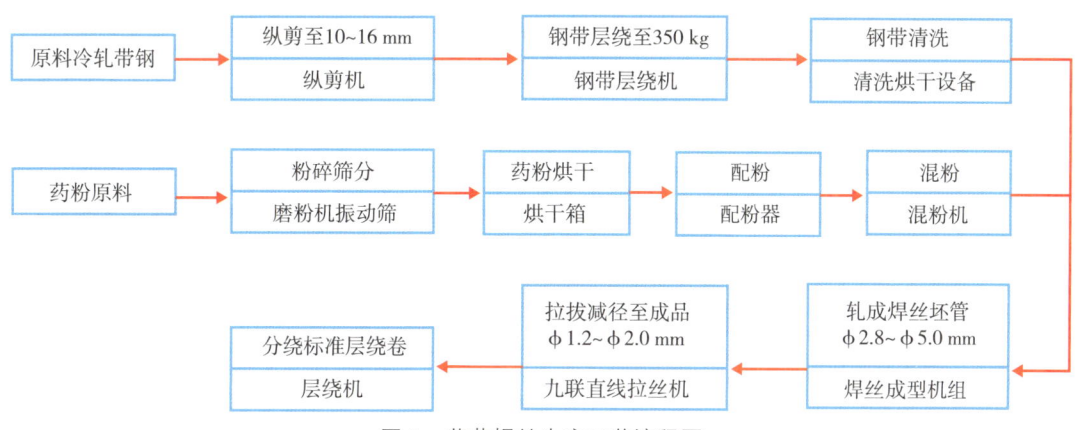

图 1 药芯焊丝生产工艺流程图

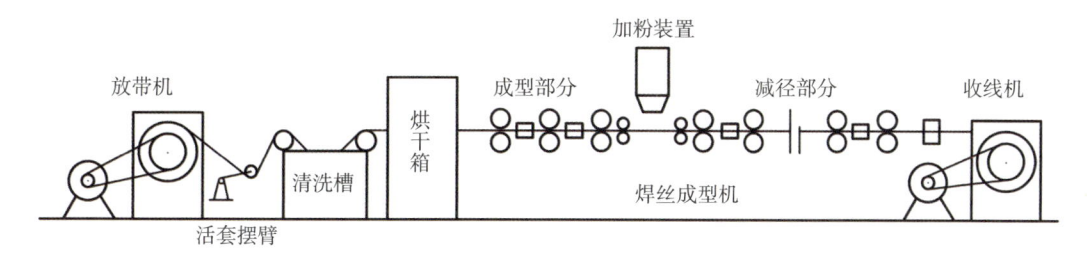

图 2 药芯焊丝成型机组结构原理

图 3 成型机照片

在该机组中，焊丝成型机是其核心部分。钢带进入成型机后先被轧成U形，加入药粉后再合成O形。然后逐步减径到φ2.8~3.2mm。在成型部分轧辊的孔型设计采用了非对称"W"成形法，可加大钢带边缘的变形量，使合口后的焊丝截面更圆滑。减径部分轧辊的孔型按5%左右减径率设计。轧辊选用特殊耐磨钢和表面硬化工艺。精加工后的轧辊可一次连续生产焊丝百吨以上，并可多次修复使用。

主动轧辊按水平悬臂式结构设计，用分体传动变频调速方式，程序控制由PLC完成。用一台计算机监控整个成型机组的运行情况。成型机组的各机架电机速比、放带机跟随速比、收线机跟随速比、药粉填充率控制等参数均在计算机中设定并存储，运行时计算机将各项参数下发给PLC，而且还可以在高速运行中实时修正上述各项参数。

加粉装置为皮带式送粉，使用伺服电机闭环控制系统驱动加粉器，根据测速系统测量的钢带运行速度信号经计算机处理后输给伺服电机控制系统，随时修正伺服电机的转速，以保证药粉填充率的绝对误差在±0.5%以内。在加粉器的后面设有电子检测装置，一旦发现钢带中无药粉时马上报警，并自动停车，以确保不会出现"空管"现象。

成型机出口处有出口稳速装置牵引焊丝，出口稳速装置为成型机提供较大的后张力已满足焊丝成型和减径的需要。在出口稳速装置和收线机之间设有速度差缓冲检测装置，将工字轮收线机收线时的速度波动隔离在出口稳速装置之后，避免对成型机运行速度的干扰。

经实际生产测试，生产线主要技术指标如表1所示。

表1 生产线技术指标

序号	项目	指标	序号	项目	指标
1	焊丝截面形状	O形搭接	4	拉丝机出口焊丝最小直径（mm）	1.2
2	成型机出口焊丝直径（mm）	3.2	5	拉丝机出口焊丝最大速度（m/s）	20
3	成型机进口钢带最大速度（mm/min）	100	6	生产线最大生产能力（吨/年）	3000

3. 直线调谐式拉丝机组

成型后的药芯焊丝毛坯还需要在拉丝机上拉拔减径，使其直径达到成品规格。由于药芯焊丝是有缝型的，在拉拔过程中必须防止产生轴向扭转。因此采用了目前国际上先进的直线调谐式拉丝机，产品如图4所示。

拉丝机正常工作的关键是要求各卷筒之间的速比能保证焊丝体积秒流量相等。因此在运转时卷筒间的速比要随时进行调节，调节过程是依靠各卷筒之间的张力检测环节完成的。张力检测环节由调谐辊和传感器组成。

图4 直线调谐式拉丝机

电气传动采用了先进的交流变频调速系统。用PLC构成中央集中控制器，控制各分部程序工作。各分部的交流变频调速系统与动态协调器独立完成对每个卷筒的速度控制。其运行方式一方面受集中控制器的设定控制，而同时受系统实时检测的运行速度及焊丝张力的控制，使得每个卷筒控制系统在满足自身转速调节的过程中，又很好地实现了系统运行转速的跟踪与调节，从而保证在高速拉拔时不会断丝。为实现恒张力收线，在收线机与拉丝机之间设有活套轮箱。在活套轮箱中靠调节气压来调整收线张力的大小，同时通过位置传感器调节收线机的瞬时转速，保证收线张力不变。

4. 生产应用效果

（1）药芯焊丝生产成套数控装备。

药芯焊丝成套生产技术和数控装备成为三英焊业公司又一支柱产业。自主研发、生产了纵剪机、高精度电子配粉站、系列药芯焊丝成型机、直线拉丝机、焊丝全自动包装生产线及全套药芯焊丝生产主、辅机。

（2）焊丝的外观质量。

生产得到的几种药芯焊丝截面形状见图5。图5（a）为新研制的生产线生产的搭接型焊丝截面形状，呈良好搭接状，接口平滑缝隙很小。图5（b）为旧生产线生产的对接型焊丝截面形状，从图中可见对接型接口间隙较大。

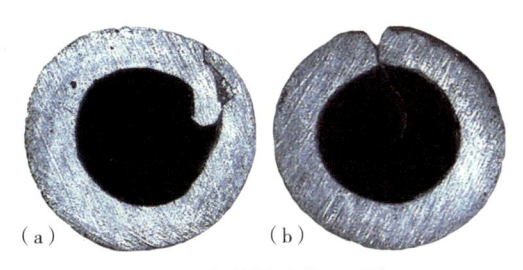

图5 药芯焊丝截面形状

（3）焊丝的送丝性能。

根据生产使用经验，送丝性能可以用松弛直径和固定送丝条件下的最大焊接电流来评价优劣。松弛直径是焊丝从焊丝盘上取下并让其自由散开的最大直径，其值越大送丝越滑顺。由于 CO_2 焊机为平硬特性，送丝速度越快焊接电流越大，因此当送丝条件（送丝机构、压力、电压调节）固定时，焊接电流越大则表明送丝速度越快，即送丝性能越好。现取几种市售的进口药芯焊丝与本项目生产焊丝进行比较，其数值见表2。可见本项目生产的焊丝松弛直径大于进口焊丝，而焊接电流与进口焊丝相当，整体上本研究焊丝送丝性能优于进口焊丝。

表2 焊丝送丝性能对比

	本研究焊丝	进口焊丝1	进口焊丝2	进口焊丝3
原始直径（mm）	215	190	200	220
松弛直径（mm）	480	470	370	360
电压（V）	26	26	26	26
电流（A）	210	200	200	210

（4）生产率。

经现场测试，焊丝成型机出口速度为 154.3 m/min，每米焊丝重 65 g，按每天三班，每班 7 h，每年 250 天工作，计算出年产量为 3159 t。拉丝机现场测得出口焊丝速度 662 m/min，每米焊丝重 7.8 g，按每天三班，每班 7 h，每年 250 天计算年产量为 1626.5 t。如果用一台成型机配两台拉丝机可达年产量 3000 t 以上。

（5）焊丝药粉填充率测量结果。

药粉填充率的大小直接影响到熔敷金属化学成分，从而影响到它的力学性能，同时对焊丝的工艺性能也有重要影响。因此，药粉填充率的稳定性是衡量药芯焊丝性能的重要指标之一，也是衡量药芯焊丝生产线水平的重要指标之一。填充率实测数据与平均值的偏差均在 0.5% 之内，达到了预定的研制目标。通过以上实测数据可见该生产线的生产能力达到设计要求，所生产焊丝质量已达到或超过国外同类产品。

三、主要成果

天津大学和天津三英焊业股份有限公司近 20 年来完成了多项丰硕科技成果，拥有包括"一硬（药芯焊丝成套装备设计、制造技术）两软（药芯焊丝系列配方和生产工艺）"全部自主知识产权。项目开发的药芯焊丝成套生产技术与数控装备不仅装备了三英公司自身，还装备了国内近 20 家工厂，并销往包括世界一流焊接企业伊萨（ESAB）公司在内的数家知名焊材生产企业。十几年共完成省部级科研项目 12 项，横向及企业自筹经费项目数十项，总计完成项目经费 1500 余万元。在各类学术刊物发表论文 50 多篇占国内同类论文 20% 左右。累计申请专利 61 件（发明专利 22 件，实用新型专利 39 件）。拥有授权专利共 28 件，其中发明专利 7 件实用新型专利 21 件。

四、当前存在问题和展望

项目开发的药芯焊丝成套生产技术与数控装备近 20 年来得到了快速发展和广泛应用，但目前存在以下问题有待深入研究：

（1）尽管装备的自动化和数字化水平有了一定的提高，但是在信息化及智能化上面还需要进一步完善，以提高生产效率，降低工人劳动强度。

（2）设备制造精度及整体稳定性有待于进一步提高。

（3）随着安全环保要求的逐步提高，设备设计制造过程中要把这些纳入其中，为客户提供更优质的服务。

案例 35
烧结焊剂制造工艺创新与自动化数字化系统构建

郑州凤凰新材料科技有限公司

传统的烧结焊剂工艺设备生产，大部分工作需要依靠人力完成，产品生产成本高、质量不稳定、环境污染明显。郑州凤凰新材料科技有限公司通过 20 余年的系统研究与不断实践，对传统烧结焊剂工艺装备技术不断改进、优化、创新，在焊剂生产自动化、数字化、系统一体化等方面均取得重大突破。研制出完全拥有自主知识产权的焊剂生产工艺装备，推动了国内烧结焊剂行业自动化、数字化的生产转型升级。

一、导言

烧结焊剂制造由多种矿物质粉按一定比例进行配比,经混合、制粒、烘干、筛分、烧结、包装等几个部分组成。传统的生产受工艺及设备的局限性,以上单元工作均需大量人工完成,生产方式以半自动、分段式、高耗能生产为主,生产过程一直处于高能耗、低效率的状态。而随着中国大力推进低碳、环保、数字化智能制造,依靠大量消耗能源、高污染、高人工、低效率的生产方式已不适应新的发展要求。烧结焊剂制造必须同步向节能环保、数字化智能化制造方向迈进。

绿色环保、高效数字化、一体化制造已成为烧结焊剂生产制造行业的新趋势,郑州凤凰新材料科技有限公司以技术创新为主线,以全流程低能耗、自动化、数字化为目标,不断对传统烧结焊剂生产工艺和设备进行更新和改进。通过多年的积累与创新,在全自动流水线生产工艺设计,自动配粉系统、高效造粒、数字化烧结系统、自动包装系统等新技术的应用上取得了重大突破。

二、主要研究内容

以创新发展为思路,以"烧结焊剂全自动化、数字化、一体化生产线"为目标,实现从生产计划、原材料的输入成品的输出整个过程全自动作业,减少生产人员的配备;配套生产线数据监测与采集控制系统,实现生产过程状态、工艺数据、能源数据实现数据的自动采集、参数调节以及信号预警,并可以在故障时自动报警。同时将物联网的手段实际应用到生产全过程,将工业总线、条码扫描、标签感应、移动PDA、PLC控制等技术有机融合,并将数据汇总采集到企业数据中心,形成数据库。通过对数据的实时计算,系统将当前生产线计算结果与过去历史记录、企业目标或客户需求作比较,在线显示或输出相应报告,辅助管理者进行对产品性能,过程运作进行改进和提高。

1. DTS上料防纠错及数据追溯管理系统开发应用

烧结焊剂有多种系列和规格,不同系列产品配方及原材料需求设计差异显著;目前传统生产工艺中原材料的上料基本上为人工,且为连续生产,人工主观识别上料错误风险较大,质量不稳定因素增加,产品质量信息追溯性困难。

DTS上料防纠错及数据追溯管理系统是一种对原材料从入库开始进行验证并进行标准标识挂牌,通过仓管、发货、计划、上料、料仓进料阀门装置等多道流程的控制和条码识别,同时对进出库、投料数据全程记录、统计、分析的数字化管理系统。系统明显的特点及主要功能：解决仓库原料没有标准标识和生产投料过程投错料的问题；保证后续生产、质量控制等数据的可追溯。系统结构采用 C/S 结构，即由现场工作站应用软件（执行层）+后台数据管理软件（管理层）+SQL 数据库 +PDA 等组成。

DTS 上料防纠错及数据追溯管理系统，工作人员根据领料通知单在各自的产品线用扫描枪扫描原料，对应原料的投料口自动打开，操作人员可执行物料投料，投料后操作站点或显示屏上结束按钮，投料口自动关闭；操作人员可以根据屏上的提示信息操作。

通过 DTS 上料防纠错及数据追溯管理系统，做到了数据控制系统通过数字平台完成可视化操作，物料及 BOM 维护、料仓管理、数据分析、一键启停机。投料数据可以实时查询、下载、打印。通过设备的应用和不断更新，强调上料过程控制关键环节，杜绝上料出错，同时生产过程也具备物料安全库存预警、排产优化功能，原材料数据可追溯性。

2. 配料制粒成型一体化提升

配料制粒成型在烧结焊剂生产中至关重要，郑州凤凰新材料科技有限公司经过不断研究，依据多年来在产品研发、生产工艺等方面积累的一体化自主创新宝贵经验，对配料工艺进行深度分析，硬件和软件改造提升，制粒成型机改造，进一步通过数字化技术实现自动配料、自动加碱、自动造粒等自动生产一体化联动控制。

（1）原料配料。

原料配料根据烧结焊剂所需原材料的特性，料仓安装解包器及配套除尘管路，解决了上料过程中的粉尘污染问题，同时也解决粉尘交叉污染不好处理的问题。计量称和制粒成型搅拌机采用双蝶阀控制，启动配料后，每个料仓通过计量单元分别按任意设定顺序及在允许范围内任意设置定量值向计量称进行多种速度的加料。加料完毕进行数字显示判断，加料精度达 2‰，直至所有物料配料按要求完成。其中设定顺序通过设定数字比较进行排序工作；多种速度通过监控软件跟 PLC、称重数字模块、称重传感器、变频器进行总线通信来实现无级调速，所有与设定工艺参数需求存在差异情况，系统软件会自动修复调整，其结果均会在主监控画面予以显示及报警提示。

在整个配料过程中，对自动配料中出现的任何报警进行窗口提示，高效实现人机会话，记录配料数据并保存，故障报警均有历史记录并保存，数据具有可追溯性、权限控制、远程控制，总重及速度均可以任意调整。计量单元采用耐磨、定制计量螺旋，控制系统中关键零部件全部采用进口元件，开发的整套软件控制系统可灵活扩展多种接口，与外围数据对接。可编程序控制器 PLC 通过 Ethernet 及 PROFIBUS 总线与各分路控制单元模块通讯，做到了通讯方式响应时间短，维护方便，运行安全可靠。该技术已经通过专利保护授权。

作为先进的智能化控制系统，配方管理系统是必不可少的。它可以实现产品规格的一键式转换，原材料的精确配比，减少残次品的出现，避免了人为操作造成的质量问题。并且可以把配方长期保存在配方管理系统内，优化好的工艺配方可以直接上传保存。

（2）制粒成型机。

通过总结30年来在实际产品研发、生产、工装、工艺等方面积累经验技术优势；经过大量的实际实验数据验证、调整、建模、再实验过程。研发成功完全拥有自主知识产权的行业内第一台全自动、多功能、数字化的一体成型制粒机。

制粒成型机通过干搅、湿搅、再搅拌、放料等几大步骤实现全自动制粒成型。主体上方有观察孔，便于观察物料成型状况，制粒成型机出料料门使用液压驱动结构，密封性好。整个设备的电气控制特点：运转控制经PLC、接近开关、变频器等信号跟中控室上位机进行数据通信，上位机完全能监控到设备运转情况：速度、温度、时间。

泡花碱经阀门、液体流量计量装置、控制阀门等跟PLC通信控制，保证各个元件逻辑动作及安全连锁保护，监控软件监控并记录保存瞬时及累计数据。流量装置同样总结多年的失败经验、创新尝试、选定而成，属于行业内首次使用。该计量设备，适应能力强、控制精度高、确保物料造粒效果。加碱计量单元的测量数据通过通信、PLC逻辑运算的质量、温度、累计量、设定值均能在多个客户终端显示和权限修改。

（3）制粒成型控制。

当原料及辅料碱配料完成后，上位机监控出现每种物料的完成信号处等待状态；整体配料完成后，制粒成型机就开始启动。制粒成型过程中各个运转速度、时间都可以在监控画面上进行设定和监控，通过总线通信和数字量、模拟量的转换来实现。

整个配料制粒成型一体化系统的网络结构分为3个层次；监控层、控制层、设备层。监控层是基于工业以太网的网络形式，上位机监控设备运行状况，利用工业控制计算机的系统软件、应用软件采集存储控制过程相关数据。控制层是整个系统核心，接收现场实时数据，经过PLC、称重模块、计量仪表等控制器计算与处理后，设备层称重装置、加碱单元、制粒成型机及排料阀体等进行相应动作，并把经处理后的反馈数据信息上传PLC。PLC对现场发来的数据信息经过处理，利用客户端对现场设备再进行控制。并把处理的数据信息通过以太网上传上位机。设备层由I/O模块、称重传感器、称重模块、流量计、变频器、电磁阀等，通过MDBUS、DP等通讯方式与控制层的PLC连接，接收输入信号和控制输出信号。

3. 烘干、烧结、余热利用系统自动化数字化升级

依托多年来企业在产品研发、生产、工装、工艺等方面积累的一体化自主创新能力，通过多次的试验和行业交流考察，自主研发了新型的烘干烧结加热系统。充分利用烧结炉内余热和烧结炉出口物料余热，实现了对焊剂半成品进行预热烘干，保证烘干烧结温度分区：风干、预热、高温的自动控制，实现温度自动调节，超低温报警，无人值守全自动化控制，实

现了工艺控制点在线监测数字化,实现节能、温度控制自动化、监测自动化、数字化。烘干、烧结系统与同行业现有烘干烧结炉相比可节能30%以上。

为了充分利用余热,烘干、烧结的内部结构进行了技改:①烘干炉管内壁前后分抛光及二次制粒、直板扬料、倾角扬料、低角度翻料4个区域。烘干炉没有其余单独加热源,充分利用余热,同时有效地保证了物料的粒度及均匀性。②烧结炉内壁前后分进料段、加热段、保温段3个区域。烧结炉主体采用特制材料、耐磨、耐高温等特性的特殊材料组成。具有良好的隔热效果,有效地降低能耗(图1)。

图1 烧结及烘干预热系统

温度控制结合数字化、智能化采用红外测温,红外能量聚焦在光电探测仪上并转变为相应的电信号。该信号经过放大器和信号处理电路按照仪器内部的算法和目标发射率校正后转变为被测目标的温度值。采用温度反馈的闭环式控制系统,通过输出信号的反馈量与输入量作比较产生偏差信号,利用偏差信号实现对输出量的控制或者调节,系统的输出量能够自动地跟踪输入量,减小跟踪误差,提高控制精度,抑制扰动信号的影响。天然气电子点火喷射及比例调节,提高了温度控制精度和天然气燃烧充分性。烧结炉燃烧系统集可编程智能温度控制仪表,压力检测开关、点火控制器、火焰检测装置、泄漏报警等到总控制柜,温度设定有远程和就地控制两种方式,整个温度显示都有温度记录仪进行数据保存,以便数据追溯。经过自动化智能化改造以后,烧结燃烧系统热量传输效率高、温控稳定、调节灵活,可满足不同系类产品对生产工艺的差异化需求。

余热利用装置由管道、旋风除尘分离装置、离心风机等组成。收集的余热进入造粒炉内部,对湿料进行加热。离心风机采用变频器进行控制,根据现场压力、温度检测来自动调整风速,所有温度、压力、风速通过仪表、变频器、PLC等控制器汇总到上位机和各单元终端,便于管理和控制。

4. 烧结焊剂包装自动化、数字化提升

传统的焊材包装主要依靠配备大量人力进行作业,生产效率低,凤凰科技联合自动包装行业专业设备制造单位,集成各自优势,在行业中率先开发更新了集自动化、信息化、数字化为一体的焊剂专用自动包装生产线(图2)。

烧结焊剂自动包装生产线实现了自动称重计量、热合、缝包、喷码、倒包、整形、重检复磅、自动检测剔除,最终由机器人自动码垛入库。整个系统电控部分采用PLC、称重仪表、称重传感器、变频器、光电开关等作为控制元件,并设有显示操作终端(触摸屏)进行设

定。对包装线上的合格品、不合格品进行数据统计汇总。上述自动称重环节采用高精度传感器，称重仪表基于最先进高速数字信号处理技术，实现高速，稳定检测，具备自动置零，同时可进行动态重量自动补偿功能。

码垛机器人系统方面，利用标准的工业计算机，I/O信号、多种总线接口，具有示教、编程、存储、检测、安全保护、绝对位置检测记忆、PLC可编程功能。

图2 自动包装线

整线设备集成到总控系统中，各台单机设备通过光电开关、传感器、PLC控制连成一体，相互连锁，组成自动化生产流水线。当其中任意一台单机设备出现故障或运行不正常的情况时，整条生长线将自动全线停机，并声光报警通知维护人员。

三、主要成果与展望

烧结焊剂生产装备通过自动化、数字化提升后，从生产能力、能耗、人员配备方面来看：单日单线产量由15t提升到90t，单日单线产能增长5倍，年均同比增长2万t；能耗由原来的400~600元/吨到现在的200元/吨，吨能耗成本下降60%；生产人员由原来一条生产线需要10人到现在单条生产线只需3个人，生产效率大幅提高；配粉精度、产品一次合格、过程控制等明显提升，质量稳定性明显改善，见表1。

通过生产装备的智能化升级，全面提升了烧结焊剂生产设备水平，实现生产过程的数据化管理，提升企业核心竞争力，社会效益及经济效益显著。同时推动引领烧结焊剂行业装备朝着更加自动化、绿色环保、数字化、智能化方向快速发展，为我国高端焊材的自主化生产提供坚实的制备基础。

表1 产品技术关键数据对比分析

时间/项目	一次合格率	颗粒强度%	配粉精度‰	控制温度（℃）	过程控制因素
2013年	65%~75%	2.5~4	5	±50	人为主观因素明显
2019年	80%~85%	1.5~2.5	2	±10	客观稳定
提升对比	10%~15%	1~1.5	3	±40	稳定可控